新・マクロ経済学

木村正信――◎著

創 成 社

はしがき

　本書は初学者向けに書かれたマクロ経済学のテキストになります。マクロ経済学は一国経済全体の経済の変動を分析する学問で，具体的には一国経済全体の活動水準がどのような仕組みで決まるのか，それらがなぜ短い時間で変動するのか，それらの変動をやわらげるためにはどのような政策を政府が行うべきかといったテーマを考えます。

　本書でも他の入門書と同様に，複雑な現実経済のうち重要な部分を取り出し単純化した経済モデルからまず分析を進め，徐々により現実経済に近い複雑なモデルへとブラッシュアップしていきます。

　マクロ経済学では経済を生産物市場や金融市場，労働市場の３つの市場（＝取引の場と取引の仕組み）に分けますが，最初は財とサービスの取引の場である生産物市場のみを考えます。しかし財・サービスの取引には貨幣の流通もともなうので，金融市場の中でも貨幣市場の仕組みについて考え，そして両市場間の相互作用をみます。ところで財・サービスの生産には労働者の存在が不可欠です。そこで労働を取引する仕組みである労働市場の働きを考え，最後に生産物市場と貨幣市場，および労働市場の３つの市場の相互作用を分析するという具合に，最初は基本的なところから進め徐々に複雑化していきます。

　本書には際立った特徴はありませんが，初学者向けのテキストであることを意識してできるだけ平易で親切な説明を心掛けました。初学者向けのマクロ経済学とはいっても，さまざまな経済用語や経済現象が次々と登場するため，本書を読み進めていく中で，すでに説明された経済用語や経済現象であっても忘れてしまう場面も多いでしょう。そのため索引を付けてあることはいうまでもありませんが，別の章であったとしても，重要な経済用語や経済現象が最初に登場した章・節を示すことで，忘れたとしても立ち戻れるように配慮しました。また，初学者は文章や数式だけで理解することには慣れていないため，本文の

説明の中で図表を多用したり，実際に問題を解くことで理解を助けることができればと考え，例題と解答も複数題用意したりしました。

本書を読み進めることでマクロ経済学の一層の理解の一助になればと希望しております。

最後に，マクロ経済学の教科書を執筆する機会を与えてくださった，塚田尚寛氏，西田徹氏，（株）創成社の皆様に心から感謝申し上げます。

令和 6 年 9 月 9 日

木村正信

目　次

はしがき

第1章　マクロ経済学とは？ ——————— 1

1.1　マクロ経済学とは？　ミクロ経済学との違い ·············· 1
1.2　３つの経済主体とその活動 ························· 2
1.3　資　源 ································· 4
1.4　生産物市場 ····························· 6
1.5　労働市場 ······························· 8
1.6　金融市場 ······························· 9
1.7　マクロ経済学の循環 ······················ 10
1.8　「フロー」と「ストック」 ················· 12

第2章　GDPとは？ ——————— 14

2.1　国内総生産（GDP）の定義 ················· 14
2.2　GDPの計算例 ·························· 16
2.3　GDPの原則 ··························· 18
2.4　帰属計算 ····························· 19

第3章　GDPと三面等価の原理 ——————— 23

3.1　生産と支出（総生産＝総支出） ·············· 23
3.2　生産と所得（総生産＝総所得） ·············· 27
3.3　三面等価の原理 ························· 29
3.4　国民総所得（GNI） ····················· 32
3.5　国民経済計算（GDP統計） ················ 34

第 4 章　名目GDP，実質GDP，GDPデフレーター —— 40

4.1　名目GDP …………………………………………………… 40

4.2　実質GDP …………………………………………………… 41

4.3　GDPデフレーター …………………………………………… 43

4.4　GDPデフレーターの物価指数としての意味 ……………… 44

4.5　経済成長率 …………………………………………………… 45

4.6　連鎖方式 ……………………………………………………… 50

第 5 章　消費者物価指数 —————————————— 55

5.1　物価指数 ……………………………………………………… 55

5.2　消費者物価指数 ……………………………………………… 56

5.3　消費者物価指数の解釈 ……………………………………… 59

5.4　消費者物価指数の入手 ……………………………………… 62

第 6 章　消費関数 ————————————————— 65

6.1　消費の決定因 ………………………………………………… 65

6.2　消費関数 ……………………………………………………… 67

6.3　短期消費関数の特徴 ………………………………………… 69

6.4　限界概念と平均概念 ………………………………………… 72

6.5　貯蓄関数 ……………………………………………………… 73

6.6　消費関数論争 ………………………………………………… 75

6.7　恒常所得仮説 ………………………………………………… 77

6.8　一時的所得の変化 …………………………………………… 79

6.9　長期的所得の変化 …………………………………………… 81

6.10　短期消費関数のシフト ……………………………………… 82

6.11　ライフサイクル仮説 ………………………………………… 84

第 7 章　生産物市場の均衡 ————————————— 89

7.1　GDPと在庫変動，均衡GDP ………………………………… 89

目　次　| vii

7.2	総供給と総需要	91
7.3	有効需要の原理	93
7.4	均衡GDPの決定	95

第 8 章　45度線分析　————————————— 104

8.1	安定化のための経済政策	104
8.2	政府支出とGDP	105
8.3	乗数効果	108
8.4	政府支出乗数	110
8.5	政府支出乗数と投資乗数	112
8.6	完全雇用GDPと潜在GDP	115
8.7	デフレギャップとインフレギャップ	118
8.8	租税乗数	121
8.9	均衡予算乗数の定理	125

第 9 章　マネーストック　————————————— 127

9.1	貨幣の定義	127
9.2	欲望の二重の一致	128
9.3	管理通貨制度	129
9.4	貨幣の範囲	131
9.5	信用創造	134
9.6	貨幣乗数	137
9.7	金融調節	144
9.8	公定歩合操作	147

第 10 章　貨幣需要の理論　————————————— 150

10.1	貨幣の3つの保有動機	150
10.2	資産の分類	151
10.3	取引需要と資産需要	153

viii

10.4	貨幣数量説と流動性選好説	154
10.5	代表的危険資産	156
10.6	債券の仕組み	156
10.7	債券の金利	158
10.8	流動性選好説	160
10.9	貨幣需要のボーモル＝トービンモデル	161
10.10	コンソル債	165

第11章　貨幣市場の均衡 —————————— 168

11.1	貨幣市場	168
11.2	貨幣需要関数	169
11.3	金利の決定	170
11.4	貨幣市場の調整メカニズム	172
11.5	GDPと金利	175
11.6	貨幣供給と金利	177
11.7	流動性のわな	181
11.8	貨幣数量説	182
11.9	貨幣数量説の解釈	183
11.10	マネタリストの金利決定	187

第12章　投　資 —————————————— 189

12.1	資本の限界効率	189
12.2	限界効率曲線	191
12.3	金利の変化と投資	194
12.4	資本の使用者費用	196
12.5	望ましい資本ストック	198
12.6	資本ストック調整原理	202

目　次｜ix

第13章　IS−LM分析 ——————————————— 207

13.1　IS−LMモデル ………………………………… 207

13.2　IS曲線の導出 …………………………………… 208

13.3　LM曲線の導出 …………………………………… 211

13.4　IS−LMモデルの計算例 ……………………… 214

13.5　財政政策の効果 ………………………………… 216

13.6　財政政策の無効 ………………………………… 222

13.7　金融政策の効果 ………………………………… 226

第14章　AD−ASモデル ——————————————— 231

14.1　AD曲線 …………………………………………… 231

14.2　労働力状態の分類 ……………………………… 237

14.3　労働市場の古典派の第一公準 ……………… 240

14.4　ケインズの雇用理論 …………………………… 243

14.5　AS曲線 …………………………………………… 245

14.6　ケインズによる失業の分類と失業均衡 ………… 250

第15章　古典派の雇用理論 ——————————————— 252

15.1　労働供給曲線 …………………………………… 252

15.2　労働需要曲線 …………………………………… 255

15.3　労働市場の需給調整 …………………………… 257

15.4　古典派の非自発的失業 ………………………… 260

15.5　摩擦的失業と構造的失業 ……………………… 263

15.6　UV分析 …………………………………………… 264

第16章　失業とインフレーション ——————————————— 267

16.1　オリジナルフィリップス曲線 ………………… 267

16.2　フィリップス曲線 ……………………………… 269

16.3　物価の決定とフィリップス曲線 ……………… 272

16.4 自然失業率仮説 …………………………………………… 274

16.5 NAIRU ……………………………………………………… 283

索　引　285

第1章 マクロ経済学とは？

1.1 マクロ経済学とは？ ミクロ経済学との違い

本書のテーマである**マクロ経済学**（macroeconomics）とは一国経済全体の変動を分析するための学問です。マクロ経済学の目的は，主に

マクロ経済学の目的

---

① 一国経済全体の活動水準がどのような仕組みで決まるのか？
② それらがなぜ数か月から長くても5年程度という短い時間で変動するのか？
③ それらの変動をやわらげるためにはどのような政策を政府が行うべきか？

の3つを考察することです。短期の変動を分析する以外にもマクロ経済学には，「経済成長論」といって，長期にわたる一国の経済全体の動きを研究する分野もありますが，ミクロ経済学の知識を大いに利用するため，本書では扱いません。

ちなみに，**ミクロ経済学**（microeconomics）は家計や企業の行動の結果として決まる資源の利用状況（＝資源配分）の効率性を分析する学問で，以下のような課題を分析します。

2 |

ミクロ経済学の目的

① 家計や企業はどのように行動するのか？
② どのような条件のとき，資源の利用に無駄が起こらないか，逆にどのような条件のとき，資源の利用に無駄が生じるのか？
③ 資源の利用に無駄が生じているとき，どのような政策を行えば，その無駄を無くしたり，軽減できたりするのか？

　マクロ経済学の目的①，②やミクロ経済学の目的①，②のように，現実の経済の動きを説明しようとする分析を**実証分析**（positive analysis）といいます。まぎらわしいですが，計量経済学の手法を使って経済を統計的に分析しようとすることも**実証分析**（empirical analysis）といいます。そのため，どちらの実証分析のことを指しているのかについては文脈によって判断することになります。一方，③のように，どうあるべきかに関する分析を**規範分析**（normative analysis）といいます。

1.2　3つの経済主体とその活動

　マクロ経済学では主に3つの経済主体を考えます。**経済主体**（economic agent）とは経済活動を行っている人々のことですが，その活動内容によって「家計」，「企業」，「政府」の3つのグループに分けて考えます。

図表1－1　経済主体

経済主体	特　徴
家　計	消費者，労働者，投資家の3つの立場を兼ねる
企　業	生産者（財やサービスを生み出す者）
政　府	国民に遵守させるルールを定め，公共サービスを提供する存在

民間―家計と企業

　家計（household）は企業に労働サービス，つまり時間を提供することで企業から賃金を得る「労働者」としての立場と，稼いだ所得で財やサービスを購入し効用（＝満足感）を得る「消費者」としての立場と，将来のために資産を増やしたり維持したりする「投資家」としての3つの立場を持つ人々のことです。

　一方，企業（firm）は財を生産したり，サービスを提供したりする生産者のことです。企業のことを会社（company）と呼ぶこともありますが，会社よりも企業の方が広い概念です。会社とは株式会社など「会社法」という法律に基づいて設立された組織のことをいいますが，企業は会社だけではなく，NPO（non-profit organization; 非営利組織），教育，医療，宗教といった非営利の組織，政府系の組織（公庫，独立行政法人など），さらに自営業も含まれるのです。しかし，ほとんどの企業は利潤を得ることを目的とした営利企業なので，企業を株式会社として考えても差し支えありません。

政　府

　マクロ経済学では政府（government）も重要な存在で，わが国で政府といえば国（国会，内閣，裁判所，各省庁）や地方自治体（都道府県，市町村）などを指します。経済学における政府の役割はまずルールを決めて，そのルールの範囲内で，民間に自由な活動をさせ，市場の失敗が起こり得る場合や，すでに起こっている場合にはそれを予防したり是正したりすることです。

　ここで，市場の失敗（market failure）とは民間の活動に任せておくだけでは，資源の利用に無駄やかたよりが生じてしまう現象のことです。ちなみに，経済学では資源の利用に無駄やかたよりが生じている状態を「資源配分の非効率が発生している」ともいいます。市場の失敗の事例としては以下のケースがあります。

4 |

市場の失敗の事例

- **不完全競争**：一社もしくは少数の企業だけで希少な資源が独占されているケース
- **負の外部性**：希少な資源を用い環境汚染などマイナスの影響を必要以上に第三者にあたえるケース
- **公　　共　　財**：民間企業にとって利益の出る活動ではないので，民間企業はわざわざ**公共財**（public goods）と呼ばれる「多くの国民が無料で使用している財・サービス」（道路，橋，港，空港，治山・治水など）を供給しようとしないケース。
- **不　　平　　等**：所得や資産の不平等が発生し，希少な資源が一部の家計に集中するケース

　上記のような市場の失敗が起きた場合，政府はそれらを是正するために，不完全競争や民間の活動に規制や制限を与えたり，民間の代わりに公共財を供給したり，課税制度や社会保障制度を通じた所得再分配政策を行ったりします。

　ただし，市場の失敗が経済に与える影響については明確な答えがないものが多くあり，人それぞれ意見が異なっています。そのため，政府が市場の失敗を是正するために介入しなければならないという考えに反対するひとは少ないですが，政府はどのくらい介入すべきかについては常に意見が分かれています。

1.3　資　　源

　これまでしばしば「資源」という用語が出てきましたが，ここで簡単に資源について説明したいと思います。**資源**（resource）は**生産要素**（factor of production）とも呼ばれ，生産に使用される財・サービスのことをいい，マクロ経済学では「労働」と「資本」の2種類を指します。伝統的な経済学では資源を「土地」，「労働」と「資本」の3つに分けて考えてきました。ところが，経済発展とともに，産業が農業から工業，サービス業へとシフトしたため，現代の

経済学において土地の重要度が低下してしまいました。そのため経済学で土地を含めて分析することは都市経済学など一部の分野を除いて行われません。

労　働

　労働（labor）は「貯蔵することはできない」、「必ず人によって提供される」という2つの性質を持つものをいいます。ここで「貯蔵することはできない」という性質は人の時間の有限性によるものです。お金の場合、使わなかったお金は翌日に持ち越して使うことができますが、労働はそういうわけにはいきません。例えば、1日の余暇（＝働いていない時間）が「16時間」あったとしても、翌日に労働できる時間が16時間増えるということはないということです。

　ところで、労働には、家事、育児、日曜大工、家庭菜園、ボランティアなど「無給」のものもありますが、マクロ経済学で労働といえば、上の2つの性質を持ち、なおかつ「有給」の労働のことを指します。そして、家計は企業に労働サービス（＝時間）を提供する代わりに企業から賃金を受け取ると考えます。労働は物ではなく人が提供するものなので、企業に労働時間を提供することを「労働サービスを提供する」といいます。

資　本

　資本（capital）とは将来に利潤を上げると予想されるものすべてをいいます。しかし、一口に資本といってもさまざまな形態があります。資本のうち貨幣の形態をとるものを**貨幣資本**（monetary capital）、設備、機器、建物、原材料のように物理的形態をとるものを**資本財**（capital goods）と分類します。さらに、資本財は、原材料のように一度しか使用できない資本財（これを「流動資本」という）と、設備、機器、建物などのように繰り返し使用できる資本財（これを「固定資本」という）に分類されます。

　ただし、マクロ経済学で資本といえば、設備、機器、建物など固定資本の方を指すことになります。それは一国全体の生産の動きをとらえるマクロ経済学では流動資本、つまり原材料を無視して分析できるからです。その理由については2章で明らかにされます。

1.4 生産物市場

マクロ経済学では，家計，企業，政府の３つの経済主体は，主に市場経済の システムを使って活動すると考えます。ここで**市場経済**（market economy）と は「何をどれだけどのように生産し，生産物など成果物をどのように分け合う のかを市場，つまり個々の家計と企業の活動にまかせる経済」です。

経済学でいう**市場**（market）とは，「取引あるいは売買のための場」のことを いいます。「場」といっても，豊洲市場や築地市場のように具体的な場だけで はなく，「取引（＝交換）の行われる場であると同時に，取引の仕組みや売買が 行われる組織」のことも指しています。

マクロ経済学で考える市場は「生産物市場」（これを「財市場」ともいう），「労 働市場」，「貨幣市場」の３つが主なものになります。

生産物市場（product market）とは家計と企業，企業と企業が財・サービスの 売買を行ったり，政府が民間の力を借りて，公共サービスや公共施設を生産し， それらを民間に無料で提供したりする場のことをいいます。もちろん生産物市 場という名前の場所があって，そこに家計と企業が集まっていっせいに売買す るわけではなく，オンラインや実店舗，通信販売，訪問販売などさまざまな手 段を使って売買されます。しかし，マクロ経済学は経済全体を眺める学問なの で，どのような手段で家計が購入したのか，どのような手段で企業が販売した のかといった市場内部の仕組みについては立ち入りません。マクロ経済学に おける生産物市場で重要なのは，一定期間（例えば１年間）に家計がどれだけ消 費し，企業がどれだけ投資し，政府がどれだけ支出したのかなど取引額の合計 の指標が重要になります。

家計が企業から財・サービスを購入することを**消費**（consumption）といいま す。消費には食料品や日用品，雑貨，家具，家電，自動車など「財」の購入や， 旅行や娯楽，外食，公共料金，家賃など「サービス」への支払いが含まれます。 その購入の仕組みとしては，オンラインや実店舗，通信販売，訪問販売など多 種多様なものがあります。消費については６章で説明します。

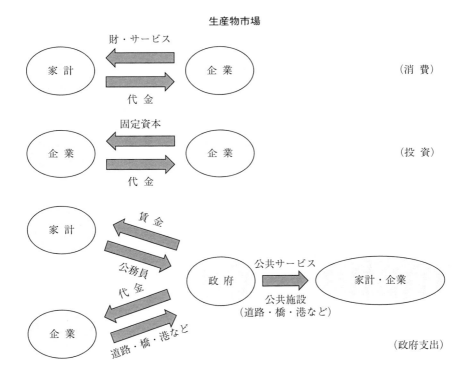

　家計と企業の間だけではなく，企業同士も財・サービスの売買を行っています。企業は他の企業から設備，機器，建物など事業のために用いる固定資本を購入します。それをマクロ経済学では設備投資，あるいは単に**投資**（investment）といいます。実は設備投資よりも投資の方が広い概念ですが，投資や設備投資については12章で説明します。

　政府も生産物市場において家計や企業と取引をしています。政府は家計の中から公務員を採用したり企業の力を借りたりしながら，国民全体や地域住民に対しさまざまな公共サービスや公共施設を無償で提供します。それを**政府支出**（government spending）といいます。公共サービスは司法や行政，警察，消防，教育，医療などが含まれ，公共施設は道路，橋，港，公園など施設の整備・管理が含まれています。

実は，外国との取引を無視すれば，家計が財・サービスの購入に使った金額（＝消費）と企業が固定資本の購入に使った金額（＝投資）と政府が公共サービスの提供に使った金額（＝政府支出）の合計がGDP（＝国内総生産）と等しくなることが知られています。GDPとその決定については2章，3章，7章で詳しく学ぶことになります。

> GDP ＝ 消費 ＋ 投資 ＋ 政府支出

1.5 労働市場

労働市場（labor market）は家計と企業の間で家計が提供する労働サービス（＝時間）を売買する市場です。売買される対象が労働サービス（＝時間）になるので，労働サービスの売り手（＝職を求めている主体）は「家計」，買い手（＝労働者を探している主体）は「企業」となることに注意してください。

もちろん労働市場という名前の場所があって，そこに家計と企業が集まっていっせいに取引するわけではありません。実際にはハローワークや求人情報誌，求人サイトなどさまざまな労働市場の仕組みを通じて採用活動や求職活動が行われています。そのような仕組みの種類とは関係なく，ある仕組みで家計が求職活動をし，企業が求人活動を行えば，「家計と企業は労働市場に参加した」という表現を使います。

マクロ経済学は経済全体を眺める学問なので，企業がどのような方法で求人したのかであるとか，家計がどのような方法で求職したのかといった市場内部の仕組みについては立ち入りません。マクロ経済学における労働市場で重要

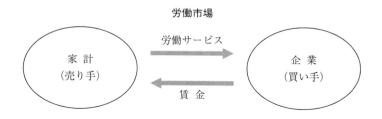

第1章　マクロ経済学とは？ | 9

なのは，一定期間（例えば1年間）にどれだけの家計が求職活動を行い，どれだけ採用され，どれだけ失業しているのかという数字や，企業の採用数や未充足求人数など合計の指標が重要になります。労働市場については15章で説明します。

1.6　金融市場

　金融市場（financial market）は資金余剰主体（＝余った資金を貯蓄したり運用したりする人）と資金不足主体（＝資金を必要とする人）が出会い，資金余剰主体から資金不足主体へと資金を融通する市場です。

　資金余剰主体は主に家計となります。それは家計が住宅資金，子供の学費，老後の生活費など将来の支出に備えて，収入の一部を貯蓄するからです。一方，資金不足主体は主に企業と政府となります。企業は事業を起こしたり拡大したりと大きな資金を必要としています。政府も国民からの税金だけでは，国民に公共サービスを行ったり，公共施設を整備したりする資金が足りないため，税金以外の資金を必要としています。そのため，政府と企業が資金不足主体の中心となります。

　そこで，家計が保有している資金を政府や企業が借りることができれば，政府は公共サービスや公共施設の充実をはかることができますし，企業は新しい事業やプロジェクトを立ち上げたり，生産設備を充実させたり，技術開発をしたりすることができます。

　金融市場では家計の資金を企業や政府へと流す働きをしています。初歩的なマクロ経済学では金融市場を大きく「貨幣市場」と「債券市場」の2つに大別します。しかし，金融市場が「貨幣市場」と「債券市場」の2つしかないとき，2つの市場のうちどちらか一方の市場だけを考えればよいという「ワルラス法則」が成立します。したがって，金融市場の代表として，債券市場を取り上げても貨幣市場を取り上げてもどちらでもかまわないのです。マクロ経済学では伝統的に貨幣市場を金融市場の代表としていますので，本書においても貨幣市場を金融市場の代表として分析します。なお貨幣市場の「ワルラス」法則につ

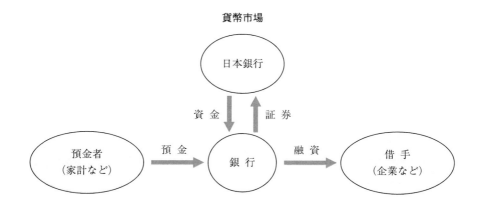

いては10章で詳しく説明します。

ところで，金融市場の代表である**貨幣市場**（monetary market）とは銀行を通じた貨幣の貸し借りが行われる場のことをいいます。具体的には銀行が家計などから集めた預金や日本銀行に証券を売ることで得た資金（＝準備預金）を家計や企業に融資するという仕組みのことです。貨幣市場については9章，10章，11章で説明します。

1.7 マクロ経済学の循環

マクロ経済学では，家計，企業，政府の3つの経済主体が，生産物市場，労働市場，貨幣市場の3つの市場で経済活動を行っていると仮定します。当然，それぞれの市場が独立して存在しているのではなく，お互い密接につながっており，影響を与え合っています。

例えば，家計と企業しかいない経済を考えます。ここで，家計は財・サービスの買い手であり，労働サービスの売り手であり，資金余剰主体であるとします。一方，企業は財・サービスの売り手であり，労働サービスの買い手であり，資金不足主体であるとします。

この経済における生産物市場と労働市場との関係について考えてみましょう。家計は労働市場に参加し，企業に労働サービスを提供する代わりに企業か

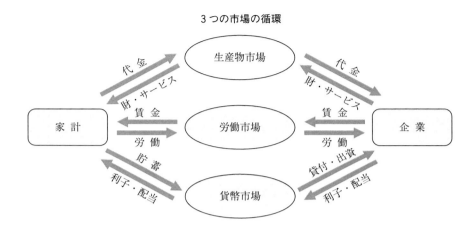

ら賃金を得ます。家計は稼いだ賃金の中から生産物市場で財・サービスを購入するので，それらは企業の売上となります。企業は売上の中から家計に賃金を支払います。したがって，労働市場が存在しなければ，つまり働く場を仲介するシステムがなければ，家計は働き先を，企業は働き手を探すことが困難になります。家計が働けなければ賃金を得られず，財・サービスを購入することができなくなります。また，企業が家計を採用できなければ，財・サービスを生産することもできなくなります。このことから，労働市場がなければ生産物市場も機能せず，生産物市場がなければ労働市場も機能しなくなります。

　生産物市場と労働市場だけ機能しても経済はうまく循環しません。それら2つの市場に加えて貨幣市場が必要になるのです。家計が財・サービスを購入するための資金の多くは，企業から得た賃金です。家計は稼いだ賃金のすべてを財・サービスの購入にあてれば，企業の売上額と企業の賃金の支払い額が等しくなるので，企業は売上金を使って家計に対し賃金を支払うことができます。

　しかし，家計は子供の学費，老後の生活など将来の支出に備えようとするため，稼いだ賃金すべてを財・サービスの購入にはあてずその一部を貯蓄します。家計の貯蓄額が多ければ，その分，企業の売上が減少するので，売上だけでは賃金を支払うことができなくなってしまいます。

　そこで，貨幣市場の存在が重要になります。家計は貨幣市場で貯蓄できれば

将来に備えることができます。企業は貨幣市場から資金を借りることができれば，家計に賃金を支払い，事業の継続もできます。

逆にもし，貨幣市場が存在しなければ，企業は銀行を通じ家計から資金を借りることができなくなるので，企業は倒産します。企業が倒産するということは，人手もいらなくなるので，家計は働く場を失ってしまいます。働く場を失い賃金を得ることができなくなると，家計は財・サービスを購入することができなくなります。このように貨幣市場がなければ，生産物市場や労働市場も成り立たなくなり，最終的には自給自足の経済に戻ってしまうでしょう。

生産物市場と貨幣市場の相互依存関係は13章で，生産物市場と貨幣市場と労働市場の相互依存関係は14章，15章，16章で説明します。

1.8 「フロー」と「ストック」

マクロ経済学は一国全体の経済の動きを研究するので，家計や企業や政府の経済活動を集計し，数値で示すことが重要になります。この集計した数値を**マクロ経済変数**（macroeconomic variables）といいます。そのため，経済活動ごとにさまざまなマクロ経済変数が存在します。例えば，2章で説明する「国内総生産」（GDP），4章で説明する「GDPデフレーター」，5章で説明する「消費者物価指数」（CPI），14章で説明する「完全失業率」や，9章で説明する「マネーストック」などが主なマクロ経済変数となります。

マクロ経済学では経済活動を一定期間，例えば1年ごと，3カ月（四半期）ごと，1カ月ごとに区切って観察することが多いので，それぞれの経済活動を集計したマクロ経済変数も時期や期間によって大きく，「フロー」と「ストック」の2種類に分類できます。

フロー（flow）とは「<u>ある一定期間中に行われた経済活動を集計した指標</u>」のことです。例えば，国内総生産（GDP）は1年間という一定期間に国内で生産されたあらゆる財・サービスの付加価値の合計金額を示しているので，フローに分類されます。また，消費者物価指数（CPI）は消費者が購入する代表的商品の価格の加重平均値で，1カ月ごとに調査した数値なので，この変数もフ

第1章　マクロ経済学とは？　│　13

図表1－2　フローとストック

マクロ経済変数	フロー	ある一定期間中に行われた経済活動を集計した指標 （例）GDP, GDPデフレーター, CPI, 完全失業率, 為替レート, 金利, 株価指数など
	ストック	ある時点までに行われた経済活動を集計した指標 （例）マネーストック, 国債残高, 固定資本ストック, 金融資産残高など

ローに分類されます。同様に，完全失業率は労働力人口に占める完全失業者数の割合を1カ月ごとに調査した数値なので，これもまたフローです。これら以外にも，為替レート，金利，株価指数も日々変化しているのでフローに分類されます。

　一方，**ストック**（stock）とは「<u>ある時点まで</u>に行われた経済活動を集計した指標」です。例えば，マネーストックはある時点までに人々が保有している現金と預金の合計を示す指標なので，ストックに分類されます。また，国債残高はある時点までの国の借金の合計を示す指標なのでストックに分類されます。これら以外にも，固定資本ストック（＝ある時点までに民間企業や政府の設備と家計の住宅の合計）や家計の金融資産残高（＝ある時点までに家計が保有する現金・預金，債券，株式，投資信託，保険などの大きさ）などもストックです。

第2章　GDPとは？

2.1　国内総生産（GDP）の定義

GDPは"Gross Domestic Product"の略で，日本語では国内総生産と訳され，以下のように定義されます。

> **国内総生産（GDP）**
> ある一定期間中に国内で生産されたあらゆる財・サービスの付加価値の合計額

一定期間

定義の中にある「一定期間」とは通常，1年間もしくは3カ月になります。ただし，1年間に関しては，そのくぎり方は暦（こよみ）の1年間と，年度の1年間の2通りあります。暦の1年間のことを暦年（れきねん）といいますが，暦年はカレンダー通りの1月1日から12月31日までの1年間です。それに対して年度は4月1日からスタートして翌年の3月31日までの1年間です。例えば，2023年のGDPは2023年1月1日から2023年12月31日にかけての大きさを示していますが，2023年度のGDPは2023年4月1日から2024年3月31日までの大きさです。2023年GDPと2023年度GDPのどちらが新しい数字かというと，2023年度GDPは2024年にまたがっているので，2023年GDPより新しい数字ということになります。

国　内

「国内」とは地理的領土内を指します。日本人（＝日本の居住者）が生産しよ

第2章　GDPとは？　│　15

うが外国人（＝外国の居住者）が生産しようが，どこの国籍を持っているのかどこに住んでいるのかということとは無関係に，日本国内で生産されたものは日本のGDPに含まれます。

生　産

「生産」といえば農林水産業と工業などモノ作りをイメージするかもしれませんが，GDPに含まれる生産とは，農林水産業や工業に限らず，電気，ガス，水道，運輸，通信，小売，卸売，旅行，娯楽，金融，保険，不動産，公務などのサービスも含まれます。

財・サービス

農林水産業や工業で製造されるような形のある商品を「財」といいます。一方，電気，ガス，水道，運輸，通信，小売，卸売，旅行，娯楽，金融，保険，不動産，公務など形のない商品を「サービス」といい，その中でも交換（＝売買）の対象となる財・サービスの生産額をGDPに含めます。

付加価値

「付加価値」とはある企業の生産額から，他の企業から購入した原材料額，光熱水費などを差し引いたものです。他の企業から購入した原材料額や光熱水費のことを，**中間投入額**ともいいます。

> 付加価値 ＝ 生産額 － 中間投入額

GDPは日本語では国内総生産と訳すので，各企業が1年間に生産した生産額のすべてを合計すればよいと考えがちですが，実際は各企業が1年間に生み出した付加価値の合計額がGDPとなります。名称と異なり生産額の合計ではなく付加価値の合計にする理由は，二重計算を避けるためです。

各企業の生産額の中には，他企業が生産した財・サービス（＝中間投入物）が含まれています。つまり，製造業者は他企業が生産した財・サービス（原材料など）を仕入れて，それを加工して自社の生産物として販売したり，あるいは

小売店は他企業が生産した商品を仕入れて販売したりしています。そのため，中間投入額を引かずに生産額の合計だけをとると他企業が生産した部分も含まれてしまい，その分だけGDPの金額が水増しされてしまいます。このような水増し計算のことを**二重計算**といいます。二重計算を避けるため，GDPを計算するときは，必ず生産額から中間投入額を引きます。このことにより，マクロ経済学を考える上で，原材料の取引のような企業同士の中間投入額の売買を無視することができます。

2.2 GDPの計算例

GDPの計算例を示します。小麦，小麦粉，パン，パン販売の4種類だけの財・サービスが生産されている架空の経済のGDPを計算してみます。ちなみに小麦と小麦粉とパンは財で，パン販売はサービスとなります。

農家は小麦を生産し，それを製粉会社に10万円で販売します。簡単化のため農家の仕入れは0円と仮定します。そして，農家から小麦を10万円で仕入れた製粉会社は小麦粉を製造し，それを製パン会社に100万円で販売します。製粉会社から小麦粉を100万円で仕入れた製パン会社は，それを使って500万円分のパンを生産し，スーパーなど小売店に販売します。小売店は製パン会社からパンを500万円分仕入れ，それを消費者に販売し600万円の売上を得ます。

この小さい経済におけるGDPを計算するには，以下のように農家と製粉会社と製パン会社と小売店の付加価値を計算し，その合計をとる必要があります。

- 農家（小麦の生産）の付加価値 ＝ 10万円 － 0円 ＝ 10万円
- 製粉会社（小麦粉の生産）の付加価値 ＝ 100万円 － 10万円 ＝ 90万円
- 製パン会社（パンの生産）＝ 500万円 － 100万円 ＝ 400万円
- 小売店（販売サービスの生産）＝ 600万円 － 500万円 ＝ 100万円

付加価値の合計は,

GDP（＝付加価値の合計）＝ 10万円＋90万円＋400万円＋100万円＝600万円

　同じことですが，以下のように，まず農家と製粉会社と製パン会社と小売店の生産額の合計（＝国内生産額）を求めて，そこから中間投入額を引いても，GDPを計算できます。

GDP ＝ 国内生産額 － 中間投入額
　　　＝ 10万円＋100万円＋500万円＋600万円
　　　　－（10万円＋100万円＋500万円）＝600万円

　上記のようにGDPは600万円と計算できましたが，この数字は最終的に小売店が家計に販売した金額に等しくなっています。このような最終的な販売額のことを「最終生産物の価値」といいます。GDPと最終生産物の価値がそれぞれ600万円でお互いに等しい金額となりますが，これは偶然でありません。最終生産物（＝パン販売サービス）の価値がわかれば，1つ1つの付加価値を計算しなくともGDPは計算できます。

　ここでは最終生産物はパン販売サービスの1種類だけでしたが，現実の日本経済を見てもわかるように，日本で生産した財・サービスのうち，家計や企業，政府，外国が最終的に買い手になっている財・サービスは無数にあります。これら無数にある最終生産物の価値を1つ1つ調べ，それらの合計をとれば，付加価値の合計をとったことと同じになり，GDPを計算することができます。

　以上よりGDPの計算方法をまとめると以下の3つになります。

● GDP＝付加価値の合計金額
● GDP＝国内生産額－中間投入額
● GDP＝最終生産物の価値の合計金額

2.3 GDPの原則

世の中にある数多くの財・サービスのうちどれをGDPに入れるかについて以下の2つの原則があります。

原則1：交換の対象となる（要するに売買された）財・サービスのみをGDP
　　　　　に入れる。
原則2：新たに生産された財・サービスのみをGDPに入れる。

原則1

　GDPは財・サービスの生産額に価格をかけ合計した国内生産額から，仕入量に仕入価格をかけた中間投入額を引いた値で求められるので，GDPに含めるためには価格のある財・サービスでなければなりません。したがって，売買されない無償（ただ）の財・サービスはGDPに含めることはできません。

　例えば，家事，育児，DIYなどの家庭サービスは大きな価値を生み出していますが，これは家庭に対する無償サービスなので，GDPに含めることができません。同様に，趣味やボランティアなどの余暇の時間に生み出した価値も計測できませんので，GDPには含まれません。もちろん，人を雇って家事を行ってもらう場合にはそのサービス料を支払いますので，そのような家事代行はGDPに含まれます。

　価格が付いていてもGDPに含まれないものもあります。株式，債券，土地などの資産の売買は資産の所有者が移るだけで，それによって付加価値が生まれているわけではないので，資産の売買や売買益はGDPに含まれません。

原則2

　今期発生した在庫品（＝売れ残り品）は今期に新たに生産したものなので今期のGDPには含まれます。しかし，昨期以前に生産され今期に在庫品として売れ残っているものは，過去のGDPに含まれているので，今期のGDPには含ま

第2章　GDPとは？ | 19

れません。

　中古品は過去に生産されたものですが，中古品の販売業はGDPに含まれます。例えば2016年に生産されたある車（200万円）が2023年に100万円で中古自動車店に売却され，その中古車が150万円で売れたとします。この場合，中古車のもともとの価格200万円は2016年のGDPに含まれていますので，2023年のGDPには含めません。しかし，中古車販売業は100万円で仕入れてそれを2023年に150万円で売却できたので，50万円（＝150万円－100万円）の付加価値を2023年に生んだことになります。そのため，この50万円は2023年のGDPに含まれます。

2.4　帰属計算

　原則1と原則2に即して，どの財・サービスをGDPに含めるか決まりますが，原則1の適用を受けない例外があります。つまり，売買されていない財・サービス，つまり価格のない財・サービスも例外的にGDPに含めることが決まっているものがあります。その代表例としてしばしば取り上げられるのは，次の3つの財・サービスです。

帰属計算の対象となる財・サービス（例）

- ● 農家の自家消費分
- ● 持ち家の居住サービス
- ● 公共サービス

農家の自家消費分

　農家が生産した農作物のうち自家消費した部分は売買されなかったものですが，農家が生産した農作物は，他人に売ったものであろうと，自分で消費したものであろうと，それを区別することなく，農家の生産額はすべてGDPに含めます。この理由は，販売用も自家消費用も同じ農地，肥料など使って生産されているにも関わらず，販売用だけをGDPに含め，自家消費用をGDPに含め

ないというのは矛盾しているので，両者を区別せずGDPに含めます。

持ち家の居住サービス

　家や部屋を借りる場合，借主は家主に家賃を支払いますが，それは家主が提供する居住サービス（＝生活するための空間）を一定期間だけ利用させてもらうということです。原則1で説明したように，取引はすべてGDPに含まれるので，借主が家主に支払う家賃も当然，GDPに入ります。それでは持ち家に住んでいる人はどうでしょうか。持ち家に住んでいる人は家賃がいらないので，それをGDPに含めることはできないはずですが，持ち家の場合でも，自分が自分に貸しているとみなしてGDPに入れます。

　これは，持ち家に住んでいた人が賃貸に引っ越しただけでGDPが増加し，逆に，賃貸に住んでいた人が持ち家に引っ越しただけでGDPが減少することになるので，持ち家と賃貸とで扱いに差を設けない方がよいからです。

　また，国によって持ち家よりも賃貸が一般な場合もあります。例えば，イギリスの持ち家率は日本よりも低いようです。賃貸の家賃だけがGDPに含まれるとした場合，賃貸の少ない日本の方が賃貸の多いイギリスよりもGDPを計測するときに不利になってしまいます。持ち家に対する文化的，習慣的違いだけでそのような差が出ては客観性を失うので，持ち家と賃貸を区別することなくGDPに含めます。

公共サービス

　行政，司法，国防，警察，消防，教育，医療など政府による国民に対するサービス（＝公共サービス）は無料なので，本来それらをGDPに含めることはできません。しかし，公共サービスは，本来なら民間が行うべきもので，政府は民間の代理としてそれらを行っているに過ぎないと考えることができます。そのため民間が行えばGDPに含め，政府が行えばGDPには含めないということでは矛盾してしまうので，公共サービスもGDPに含めます。

　公共サービスは無料で提供され家賃のような価格はないですが，公共サービスを提供しているのは公務員であり，公務員には給与やボーナスが支払われま

第2章　GDPとは？ | 21

す。そこで，公務員の人件費などを公共サービスの価値ということにして
GDPに計上します。ちなみに役所の光熱費，水道料金や備品の購入などは，
公共サービス生産のための中間投入額にあたりますので，もちろんGDPの計
測から除外されます。

　農家の自家消費や持ち家の居住サービス，公共サービスなどのように，本来，
売買されていない財・サービスを売買されたものと仮定して，GDPに含める
手続きのことを**帰属計算**（imputation）といいます。

例　題　次の経済行為の中からGDPに含まれるものには○を，含まれな
　いものには×をつけなさい。
　（1）あるビール工場がアルミ缶を購入した。
　（2）ある個人が株式を購入した。
　（3）ある農家がコメを生産し自宅で消費した。
　（4）ある個人が家政婦を雇い家事をしてもらった。
　（5）ある企業が電気代を支払った。
　（6）ある企業が研究開発にお金を使った。
　（7）ある個人がアパート代金を支払った。
　（8）ある自治体が公務員に給与を支払った。
　（9）ある個人がスマートフォンの通信料を支払った。
　（10）ある個人が土地を購入した。

（解答）
（1）×（含まれない）
　　　ビール工場にとってアルミ缶は中間投入物になるので，GDPには含ま
　　れません。
（2）×（含まれない）
　　　株式の売買は単なる資産の移動に過ぎず生産とはいえません。そのため
　　株式に限らず資産の売買はGDPに含まれません。ただし，株式売買にと
　　もなう顧客からの手数料収入は，証券会社が株式の売買を手伝うというサ

ービスを顧客に提供した見返りですので，GDPに含まれます。

（3）○（含まれる）

（4）○（含まれる）

（5）×（含まれない）

企業にとって電力は中間投入物になるので，GDPには含まれません。

（6）○（含まれる）

かつて研究開発は中間投入物でGDPに含まれませんでしたが，現在は
研究開発をGDPに含めるというルールになっています。

（7）○（含まれる）

（8）○（含まれる）

（9）○（含まれる）

（10）×（含まれない）

株式と同様，土地の売買は単なる資産の移動に過ぎず生産とはいえませ
ん。ただし，土地売買にともなう顧客からの手数料収入は，不動産会社が
土地の売買を手伝うというサービスを顧客に提供した見返りですので，
GDPに含まれます。

第3章 GDPと三面等価の原理

3.1 生産と支出（総生産＝総支出）

1年間にどれだけ財・サービスが生産され（＝総生産），どれだけ財・サービスが購入され（＝総支出），どのくらい所得が得られたか（＝総所得），総生産と総支出と総所得が等しくなる関係を「三面等価の原理」といいます。

> **三面等価の原理**
> 総生産 ＝ 総支出 ＝ 総所得

最初に「総生産＝総支出」の関係を示します。ある1年間に国内で販売された財・サービスは，その年に国内で生産された財・サービスの合計（＝国内生産額）と，昨年までの売れ残りと輸入した財・サービス（＝外国から購入した財・サービス）の3つです。したがって，

　　販売された財・サービス ＝ 国内生産額 ＋ 輸入 ＋ 昨年までの売れ残り

が成立します。

一方，財・サービスを購入するのは，「家計」，「企業」，「政府」，「外国」の4主体です。

家　計

家計（household）は効用（＝満足度）を充たすため，さまざまな財・サービスを購入します。その経済全体の購入額の合計を**消費**（consumption）といいます。ただし，家計による住居の購入だけは消費とは言わずに**住宅投資**（housing investment）といいます。

企　業

　企業は生産のため中間投入物といわれる原材料などを購入したり，設備，機器，建物など固定資本に資金を使ったりします。ちなみに中間投入物の購入額のことを2章では「中間投入額」といいました。一方，設備，機器，建物など固定資本の経済全体の購入額の合計を**設備投資**（facility investment）といい，同じ企業の支出でも中間投入額と設備投資は区別されます。ここでは家計の住宅投資と企業の設備投資を合わせて，**投資**（investment）と呼ぶことにします。株式や債券など金融資産を購入することも投資といいますが，マクロ経済学で単に投資といった場合，固定資本の購入のことを指します。

政　府

　国内では図表3－1で示されているようにさまざまな財・サービスが生産されます。その中には家計が購入するものや企業が購入するものが含まれています。政府はその中でも，公務員が行う行政や司法，外交，警察，消防，教育，医療など公共サービスや，道路，橋，港，空港，治山・治水，上下水道など公共施設を購入し，国民に提供しています。

　政府が公共サービスを購入することを**政府消費**（government consumption）といい，その内訳は公務員に支払う給与・賞与，医療機関に支払う医療費などが

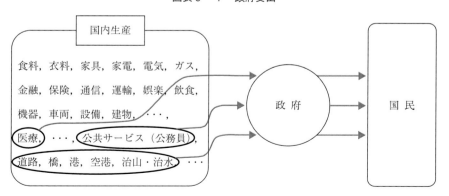

図表3－1　政府支出

主なものです。一方，道路，橋，港，空港，鉄道，治山・治水など公共施設は国民が共同で利用するものであり，公共施設のことを**社会資本**（social overhead capital）といいます。そして，社会資本の整備や維持・管理にかかる支出のことを**公共投資**（public investment）といいます。以下では政府消費と公共投資の合計を**政府支出**（government expenditure）と呼ぶことにします。

政府支出 ＝ 政府消費 ＋ 公共投資

外国

外国も日本の国内で生産した財・サービスを購入しています。言い換えると，日本は外国に財・サービスを販売しています。一般的にそれを**輸出**（export）といいます。日本が国内で生産された自動車や素材，工作機械などの財を外国に販売すれば，それは日本から外国へ財を輸出したといいます。また，外国が日本の航空会社を利用したり，日本に観光に出かけそこでお金を使った場合（例えば，ホテルの代金を払ったり，お土産を買った場合），それは日本から外国へサービスを輸出したといいます。このように，財だけではなくサービスも輸出されます。

以上より，1年間に購入された財・サービスは，家計の消費と住宅投資，企業の中間投入額と設備投資，政府の政府消費と公共投資，外国への輸出の合計額となることがわかります。

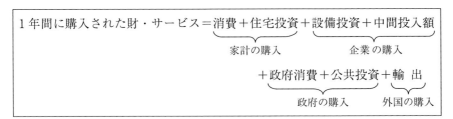

今年の年末に売れ残りがなければ，1年間に販売された財・サービスの大きさと，家計，企業，政府，外国によって1年間に購入された財・サービスの大きさが等しくなります。

1年間に販売された財・サービス ＝ 1年間に購入された財・サービス

しかし，販売したものがすべて購入されたとは限らないので，以下のように，「今年までの売れ残り」を加えないと上の式は等しくなりません。

1年間に販売された財・サービス
＝ 1年間に購入された財・サービス ＋ **今年までの売れ残り**

国内生産額＋輸入＋昨年までの売れ残り
　　　　　1年間に販売された財・サービス

＝消費＋住宅投資＋設備投資＋中間投入額＋政府消費＋公共投資＋輸出
　　　　　　1年間に販売された財・サービス

＋今年までの売れ残り

上の式を整理すると，

国内生産額 － 中間投入額 ＝ 消費 ＋ 住宅投資 ＋ 設備投資 ＋ 政府消費
　＋ 公共投資 ＋ 輸出 － 輸入 ＋ 今年までの売れ残り － 昨年までの売れ残り

2章より「国内生産額－中間投入額」はGDPの大きさです。「住宅投資＋設備投資」を投資，「政府消費＋公共投資」を政府支出，「輸出－輸入」を**純輸出**（net export），「今年までの売れ残り－昨年までの売れ残り」を**在庫変動**（changing inventories）と呼ぶと，上の式は

GDP ＝ 消 費 ＋ 投 資 ＋ 政府支出 ＋ 純輸出 ＋ 在庫変動　（1）
　　　（家計の購入）（企業・家計の購入）（政府の購入）（外国の購入）（売れ残り増）

国内総支出（GDE）

となります。

ここで右辺の「消費＋投資＋政府支出＋純輸出＋在庫変動」を**国内総支出** (gross domestic expenditure; GDE) といいます。(1)式から1年間に国内で生産された財・サービス (=GDP) は必ず家計，企業，政府，外国のいずれかの主体が購入し，購入されなかったものは在庫変動として来年，再び販売されることになります。

3.2 生産と所得（総生産＝総所得）

3.1節では「総生産＝総支出」を示しましたが，この節では下の図表3－2を使って「総生産＝総所得」を示します。

図表3－2　生産と所得

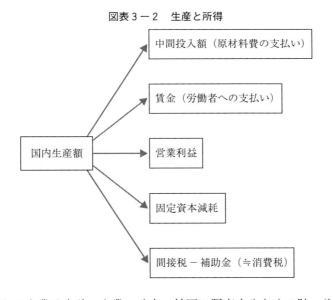

それぞれの企業は家計，企業，政府，外国に販売するための財・サービスを生産し販売します。その経済全体の合計額が「国内生産額」，要するに経済全体の売上高になります。企業はそこから原材料代金などを業者に支払い（＝中間投入額），従業員に賃金を支払います。また政府に消費税など生産額に対しかかる税金を納めなければなりません。図表3－2の「間接税－補助金」が政府

28

に納める消費税などになります。営業利益と固定資本減耗が残っていますが，これらが企業の取り分です。同じ取り分でも営業利益と固定資本減耗は分けて考えます。

　営業利益はもちろん企業が本業で稼いだ利益のことですが，固定資本減耗は企業がすでに保有している固定資本（設備，機器，建物など）を買い替えるための毎年の貯蓄です。固定資本は企業経営にとって必要不可欠なものなので，固定資本が壊れて使えなくなってしまうとそれを買い替える必要が出てきます。しかし固定資本を買い替えるには膨大な資金が必要になるため，固定資本の耐用年数（＝寿命）を考えた上で毎年少しずつ買い替えのための資金を貯蓄します。それが固定資本減耗です。

　以上の説明と図表3－2より，以下の関係式が必ず成立します。

$$国内生産額 ＝ 中間投入額 ＋ 賃金 ＋ 営業利益 ＋ 固定資本減耗$$
$$＋ 間接税 － 補助金$$

さらに，上の式を整理すると，

　　GDP ＝国内生産額－中間投入額

　　　　＝賃金＋営業利益＋固定資本減耗＋間接税－補助金　　（2）

　　　　　　　　　　　国内総所得（GDI）

　（2）式の「賃金＋営業利益＋固定資本減耗＋間接税－補助金」を**国内総所得**（gross domestic income; GDI）といいます。（2）式から労働者が受け取った賃金，企業が受け取った所得（＝営業利益＋固定資本減耗），政府が受け取った収入（＝間接税－補助金）を足し合わせることでもGDPを求められることがわかります。

　固定資本減耗（depreciation）とは「企業がすでに保有している固定資本（機器，設備，建物など）を買い替えるための毎年の貯蓄」のことでした。
　具体的には，国が固定資本の平均寿命から固定資本ごとに償却率を設定し，償却率に基づいて各企業が毎年の減価償却を算出します。例えば，300万円の車両があり，その

償却率が「1/5」と設定されているとします。これは5年で車両の価値すべてが失われることを意味します。最初，300万円の価値のあった車両が1年目に60万円，2年目にも60万円，3年目にも60万円，4年目にも60万円，5年目にも60万円と毎年60万円ずつ価値が失われ，5年を過ぎると車両の価値がゼロになるということです。

　つまり，毎年，車両の価値が目減りしていき，最終的に価値はゼロになり車両を買い替えなければならなくなります。買い替え時に300万円すべてを一気に支払うと，その時だけ大きな赤字を生むかもしれないので，毎年，摩耗部分の60万円ずつ貯蓄を増やすことで，5年後の買い替えに備えます。買い替えのための毎年の貯蓄60万円が固定資本減耗になります。

3.3　三面等価の原理

　3.1節ではGDP＝GDE（(1)式）を示し，3.2節ではGDP＝GDI（(2)式）を示しました。(1)式と (2)式から，

$$GDP = GDI = GDE \qquad \text{（三面等価の原理）}$$

となることがわかります。この関係式が成立することを**三面等価の原理**（principle of equivalence of three aspects）といいます。

　GDPは付加価値の総額（＝GDP）から求めることができ，家計，企業と政府が受け取った所得の合計（＝GDI）から求めることもでき，さらに，家計，企業，政府や外国が国内で購入した金額の合計（＝GDE）からも求めることができます。どの求め方でも金額が等しくなるということを三面等価の原理は示しています。

　ところで，(1)式のうち在庫変動を投資に含めて考えると，つまり「投資＝住宅投資＋設備投資」ではなく，「投資＝住宅投資＋設備投資＋在庫変動」と考えると[1]，生産された財・サービス（＝GDP）は家計と企業と政府と外国が購入するので，それぞれの購入額を示す消費，投資，政府支出，純輸出の合計に等しくなります。GDPをY，消費をC，投資をI，政府支出をG，純輸出をNXという記号で表すと，(1)式は

$$Y = C + I + G + NX \qquad (3)$$

と書くことができます。

　一方，(2)式はGDPが家計と企業と政府が国内で稼いだ所得の合計，つまり国内総所得（＝GDI）に等しくなることを示しています。家計の所得には所得税，企業の所得には法人税が課税されます。家計は稼いだ所得から税を国に納め，残りの部分を消費や貯蓄に回します。一方，企業は稼いだ所得から税を納め，残りの部分を貯蓄（＝内部留保）に回します。そのため経済全体の所得の合計を示すGDIは，家計の消費と，家計と企業の貯蓄と，政府への納税額の合計に等しくなります。このことを式で表すと，

$$Y = C + S + T \qquad (4)$$

となります。ここで，GDIはGDPと等しいので，GDIもYで表しています。さらに，貯蓄はS，納税額はTで表されています。

　(3)式と (4)式よりYを消去すると，

$$C + I + G + NX = C + S + T$$

となりますが，Cは相殺されるので，

$$I + G + NX = S + T$$

になります。さらに整理すると，

$$(G - T) + NX = (S - I) \qquad (5)$$

となります。

$(G - T)$

　まず，ここで (5)式の $(G - T)$ がプラスであれば，それは財政赤字の大きさを表しています。Gは政府支出，つまり政府による財・サービスの購入額を表し，Tは納税額，つまり税収を表していたので，GがTより大きい，つまり

（$G-T$）がプラスであれば，国民からの税金だけでは財源が不足していることになります。その不足分のことを財政赤字といいます。税金だけでは足りない部分は国民から借金をするしかないので，（$G-T$）は政府による新たな借金の大きさでもあります。

逆に（$T-G$）がプラスであれば，言い換えると（$G-T$）がマイナスであれば，それは**財政黒字**の大きさを表しています。TがGより大きい，つまり（$T-G$）がプラスであれば，税金が余ってしまうことになるので，政府支出を増やすか，あるいは減税することで余った税を国民に返還することが必要になります。

NX

次に，NXは「輸出－輸入」であり「貿易・サービス収支」ともいいます。その値がプラスであれば，そのプラスの大きさだけ貿易・サービス収支は黒字ということです。輸出は外国へ財・サービスを売って得た金額なのに対して，輸入は外国から財・サービスを買って支払った金額なので，輸出の方が輸入より大きい，つまりNXがプラスであるということは，外国から受け取る金額の方が外国へ支払う金額より多くなります。逆にNXがマイナス，つまり輸入が輸出より大きければ，外国へ支払う金額の方が外国から受け取る金額より多くなります。

$(S-I)$

最後に（$S-I$）はプラスであれば，それは貯蓄超過を表しています。Sは家計と企業による貯蓄ですが，例えば，貯蓄は銀行預金などの方法で行われます。銀行が預かった預金は家計に貸し出され，家計は住宅を購入します（＝住宅投資）。また，企業にも貸し出され，企業は設備，機器，建物などを購入します（＝設備投資）。したがって，家計や企業の貯蓄は銀行などを通じ，家計や企業が投資するための資金となるのです。貯蓄（S）が投資（I）より大きい，つまり（$S-I$）はプラスであれば，銀行が家計や企業に貸し出したとしても，まだ資金が余っている状態ということになります。

32 |

　貯蓄超過で資金が余っている場合，つまり（$S-I$）がプラスの場合，家計や企業に貸し出すだけでは資金が余ってしまうということなので，政府に貸し出すか，外貨（ドルなどの外国通貨）でためるかのどちらかです。政府に貸し出される場合は，財政赤字となるので，（$G-T$）はプラスとなります。一方，外貨でためる場合には，外国から財・サービスを買ってドルを支払うよりも，外国へ売ってドルを稼ぐ方が大きくならなければならないので，貿易・サービス収支黒字，つまり NX はプラスとなります。

3.4　国民総所得（GNI）

　GDIから**国民総所得**（gross national income; **GNI**）と呼ばれるマクロ経済指標も導き出すことができます。GDIは国内で一定期間に生み出された所得の合計額を示しているのに対して，GNIは

> **GNI**
> 　その国の居住者が一定期間に生み出した所得の合計額

を示しています。そのため，日本の居住者が外国で稼いだ所得は日本のGNIに含まれますが，外国の居住者が日本の国内で稼いだ所得は日本のGNIに含まれないことになります。

　ここで居住者とは国籍の有無とは無関係に，一定期間以上その国に居住している者（個人・企業）のことをいいます。例えば，一定期間以上（半年以上），日本で暮らしている外国人は日本の居住者として扱われ，逆に一定期間以上（2年間以上），外国で暮らしている日本人は外国の居住者として扱われます。

　GNIはGDIに「(a) GNIに含まれているがGDIに含まれないもの」を足して，「(b) GDIに含まれているがGNIに含まれないもの」を引くことで求めることができます。

$$GNI = GDI + (a) - (b)$$

海外からの所得（＝日本に居住している者が外国で稼いだ所得）が「(a) GNIに含まれ

第 3 章　GDP と三面等価の原理 ｜ 33

ているがGDIに含まれないもの」に当てはまります。

　例えば，日本の居住者が外国の債券や株式など金融資産を購入してその見返りに得た利子や配当などの所得は，日本の居住者が稼いだ所得なので日本のGNIに含まれます。一方，それは日本の居住者が外国で稼いだものなので，日本のGDIには含まれず，外国のGDIに含まれます。

　逆に，海外に対する所得（＝日本に居住していない者が国内で稼いだ所得）が「(b) GDIに含まれているがGNIに含まれないもの」に当てはまります。例えば，外国の居住者が日本の債券や株式など金融資産を購入してその見返りに得た利子や配当などの所得は，日本のGDIには含まれますが，それは外国の居住者が稼いだものなので，日本のGNIには含まれません[2]。

> **GNIとGDP**
> GNI＝GDP＋海外からの所得－海外に対する所得

ここで，「海外からの所得－海外に対する所得」を「海外からの純要素所得の受取り」と呼ぶことがあります。

　三面等価の原理でGDPとGDIが等しくなったのと同じ理由で，**国民総生産**（gross national product; **GNP**）とGNIも等しくなります。ここで，GNPは「一定期間に居住者が生産したあらゆる財・サービスの付加価値の合計」のことです。かつてはGNPがわが国の代表的マクロ経済指標でした。しかし，わが国では2000年から93SNA[3]に移行し，そのことによりGNPは国の統計から消え，その代わりにGNIが登場することになりました。

国民所得の諸概念

　GDPやGDIなど一国全体の経済活動をとらえる指標のことを，広い意味で「国民所得」と呼ぶことがあります。国民所得にはGDPやGDI以外にもさまざまな指標があり，ここではそのいくつかを紹介したいと思います。

NDPとDI

　GDP＝GDI（＝賃金＋営業利益＋固定資本減耗＋間接税－補助金）を示しましたが，GDPから固定資本減耗を差し引くことで「国内純生産」（net domestic product; NDP）

という新しいマクロ経済指標を得ることができます。国内純生産は市場価格表示の国内所得ともいいます。

$$NDP＝GDP－固定資本減耗$$

生産によって新たな財・サービスを生み出すと同時に，生産に使用された固定資本は古くなっていきます。そのため，固定資本が古くなって価値が下がった部分（＝固定資本減耗）を生産額，つまりGDPから差し引いた指標であるNDPを使った方が，一国の純粋な生産額を知るためには優れているのではないかということです。しかし，正確な固定資本減耗を計算することが難しいので，経済分析の中でNDPはほとんど使われません。

さらに，NDPから「間接税－補助金」（消費税など）を除いた指標を「要素費用表示の国内所得」あるいは単に「国内所得」（domestic income; DI）といいます。

$$要素費用表示の国内所得（DI）＝NDP－（間接税－補助金）$$

NNP と NI

GNI（＝GNP）から固定資本減耗を除いた指標を「国民純生産」（net national product; NNP）あるいは「市場価格表示の国民所得」といいます。NNPから（間接税－補助金）を除いた指標を「要素費用表示の国民所得」，あるいは単に「国民所得」（national income; NI）といいます。

$$NNP＝GNI－固定資本減耗$$
$$要素費用表示の国民所得（NI）＝NNP－（間接税－補助金）$$

3.5　国民経済計算（GDP統計）

国民経済計算（system of national account; SNA）は**GDP統計**とも呼ばれ，わが国のマクロ経済データを体系的に記録するために，国（内閣府経済社会総合研究所）が作成し公表しているものです。各国が独自の方法でGDP統計を作成・公表していては諸外国同士でGDP統計を比較することができないので，国連がGDP統計作成のための世界共通マニュアルのようなものを作成し採択しています。現在，2009年に国際連合で合意された「08SNA」というマニュアル

第3章　GDPと三面等価の原理 | 35

に準拠して，わが国ではGDP統計を作成し，内閣府のホームページなどで公表しています。ちなみに，マニュアルは「53SNA」，「63SNA」，「93SNA」と改訂され，最新のものが「08SNA」となっています。

　国が作成し公表しているGDP統計は，「四半期別GDP速報」と「国民経済計算年次推計」の2つからなっています。四半期別GDP速報は，その名の通り速報性を重視して，GDPの支出面の項目などの推計値を中心に，年に8回四半期別（3ヵ月ごと）に作成・公表しています。一方，国民経済計算年次推計は生産，所得，支出などフロー面や資産・負債などストック面を含めて，年に1回作成・公表しています。そのどちらも内閣府のホームページ（https://www.cao.go.jp/）にある「統計情報・調査結果」や，日本の統計を集めたサイトである「e-Stat」（https://www.e-stat.go.jp/）から見ることができます。

経済活動別国内総生産

　図表3－3は経済活動別に見たGDPで，2019年のGDPは557兆9,108億円，2020年は539兆824億円，2021年は549兆3,793億円となっています。2020年のGDPが2019年よりも大きく減少していますが，世界的な感染症の流行により経済活動が鈍ったためです。

国内総生産（支出側）

　図表3－4はGDPを支出側から計算したものです。表にある「国内総生産（支出側）」は本書で説明したGDE（国内総支出）に対応しており，図表3－3のGDPと同じ金額になっています。図表3－4の「民間最終消費支出」は消費，「政府最終消費支出」は政府消費，「住宅」は住宅投資，「企業設備」は設備投資，「公的」は公共投資のことです。(1) 式と図表3－4の対応関係は以下のようになります。

　　GDP ＝ 消費 ＋ 投資 ＋ 政府支出 ＋ 純輸出 ＋ 在庫変動
　　　　　　　↑　　　　↑　　　　　↑
　　「民間最終消費支出」「住宅＋企業設備」「政府最終消費支出＋公的」

図表 3 － 3　経済活動別国内総生産（GDP）

（単位：10億円）

	2019年	2020年	2021年
1．農林水産業	5,796	5,542	5,224
2．鉱　業	383	382	368
3．製造業	112,833	107,819	112,508
4．電気・ガス・水道・廃棄物処理業	17,052	17,289	15,166
5．建設業	30,434	30,809	30,156
6．卸売・小売業	69,325	68,731	74,918
7．運輸・郵便業	29,910	22,755	22,626
8．宿泊・飲食サービス業	13,837	8,950	7,677
9．情報通信業	27,178	27,413	28,044
10．金融・保険業	22,594	22,662	23,433
11．不動産業	65,710	65,762	65,568
12．専門・科学技術，業務支援サービス業	46,391	46,965	48,125
13．公　務	27,876	27,897	28,259
14．教　育	19,250	19,119	19,155
15．保健衛生・社会事業	43,784	44,094	45,648
16．その他のサービス	22,607	20,173	20,532
17．輸入品に課される税・関税	9,671	9,535	11,350
18．（控除）総資本形成に係る消費税	7,163	7,739	7,907
19．統計上の不突合	445	904	-1,470
GDP（＝1＋2＋3＋…＋16＋17－18＋19）	557,911	539,082	549,379

（出所）内閣府（2022）『2021年度国民経済計算年次推計』より作成。

国内総所得（GDI）

　図表 3 － 5 はGDPを所得面から計算したものです。図表 3 － 5 のGDIは図表 3 － 3 のGDPと図表 3 － 4 のGDEと同じ金額になっています。これで，国の統計上からも「GDP＝GDE＝GDI」（三面等価の原理）が成立していることが確認できました。図表 3 － 5 の「雇用者報酬」は賃金，「営業余剰・混合所得」は営業利益，「生産・輸入品に課される税」は間接税のことです。(2)式と図表 3 － 5 の対応関係は以下のようになります。

　GDP＝　賃　金　＋　営業利益　＋固定資本減耗＋　間接税　－補助金

　　　　　「雇用者報酬」「営業余剰・混合所得」　　　　　「生産・輸入品に課される税」

第3章　GDPと三面等価の原理 ｜ 37

図表3－4　国内総生産（支出側）

（単位：10億円）

	2019年	2020年	2021年
1．民間最終消費支出	304,365.9	291,149.0	293,986.4
2．政府最終消費支出	111,275.9	113,193.9	117,710.6
3．総資本形成	143,883.5	136,190.3	140,634.5
（1）総固定資本形成	142,532.7	137,560.1	140,608.1
a．民　間	113,368.8	107,173.7	110,098.1
（a）住　宅	21,516.9	20,017.4	20,827.7
（b）企業設備	91,851.9	87,156.3	89,270.4
b．公　的	29,163.9	30,386.4	30,510.1
（2）在庫変動	1,350.8	-1,369.8	26.4
4．財貨・サービスの純輸出	-1,614.5	-1,450.8	-2,952.2
（1）財貨・サービスの輸出	97,430.9	83,824.2	99,995.7
（2）（控除）財貨・サービスの輸入	99,045.3	85,275.0	102,947.9
5．国内総生産（支出側）（＝1+2+3+4）	557,910.8	539,082.4	549,379.3
6．海外からの所得の純受取	21.856.5	19,576.3	26,668.7
（1）海外からの所得	34,404.4	29,961.3	38,176.9
（2）（控除）海外に対する所得	12,547.9	10,385.0	11,508.2
7．国民総所得（GNI）（＝5+6(1)-6(2)）	579,767.3	558,658.3	576,048.0

（出所）内閣府（2022）『2021年度国民経済計算年次推計』より作成。

図表3－5　国内総所得（GDI）

（単位：10億円）

	2019年	2020年	2021年
1．雇用者報酬	286,784.6	283,079.0	288,639.8
2．営業余剰・混合所得	92,766.6	74,752.0	76,579.8
3．固定資本減耗	134,468.5	135,644.2	138,700.0
4．生産・輸入品に課される税	46,470.3	47,931.9	50,527.8
5．（控除）補助金	3,024.3	3,228.7	3,597.7
6．統計上の不突合	445.1	904.0	-1,470.4
国内総所得（GDI）（＝1+2+3+4-5+6）	557,910.8	539,082.4	549.379.3

（出所）内閣府（2022）『2021年度国民経済計算年次推計』より作成。

実は，GDPとGDEとGDIは理論上必ず一致するものですが，それぞれの推計方法や推計で使われる資料が異なっているため，3つの数値はわずかに一致しません。このため，GDP統計ではこのわずかに一致しない数字のことを「統計上の不突合」と呼んで，統計表に記載しています。

例題1 GDPが500兆円であるとする。このとき，間接税が50兆円，補助金が10兆円，営業余剰・混合所得が120兆円，雇用者報酬が220兆円，在庫変動が0円であるならば，固定資本減耗はいくらになるであろうか。

（解答）

「GDP＝雇用者報酬＋営業余剰・混合所得＋固定資本減耗＋間接税－補助金」より，

$$500兆円＝220兆円＋120兆円＋固定資本減耗＋50兆円－10兆円$$
$$固定資本減耗＝120兆円$$

例題2 貯蓄が55兆円，財政赤字が30兆円，貿易・サービス収支が9兆円のとき，投資はいくらになるであろうか。

（解答）

「$(G-T)+NX=(S-I)$ に貯蓄(S)＝55兆円，財政赤字$(=G-T)$＝30兆円，貿易・サービス収支(NX)＝9兆円を代入すると，

$$30兆円＋9兆円＝55兆円－I$$
$$I＝16兆円$$

【注】

1）(1)式では，在庫変動と投資をそれぞれ分けて記載していますが，在庫変動を投資の中に含めて考えても構いません。そもそも投資には「将来にわたり便益を生み出す財を購入する」という意味があります。住宅も固定資本も将来にわたり使い続けることができるも

のなので，住宅投資や設備投資は投資の一種と考えることができます。一方，在庫品（＝売れ残り品）も倉庫に保管しておき将来それを売ることができるので，在庫変動も投資の一種と考えることができます。

2）外国の居住者が短期の出稼ぎ労働によって賃金所得を得るというケースもあります。もちろん，短期の出稼ぎ労働者の賃金所得は，彼らを受け入れた国のGDIには含まれますがGNIに入りません。ドイツは戦後の労働不足を補うため，トルコやイタリアから出稼ぎ労働者（ゲストワーカー）を積極的に受け入れてきました。ゲストワーカーの言葉が示す通り，当初，出稼ぎ労働者はその国の居住者となることはなく，1〜2年のローテーションで入れ替わっていたのですが，ドイツの雇用主の希望や制度変更などもあり，やがて家族を呼び寄せ永住するようになっていったようです。当然，住みついた労働者が稼いだ賃金はその国のGNIにも含まれますが，母国のGNIには含まれません。

3）1993年に国連が定めた，GDP統計を計算するための世界共通マニュアル。日本は2000年からそのマニュアルを使ってGDP統計を出すようになりました。2000年以前はそれより古いマニュアル，68SNA（1968年に国連が定めたマニュアル）を，2016年からは08SNA（2009年に国連が定めたマニュアル）を利用しています。

第4章 名目GDP，実質GDP，GDPデフレーター

4.1 名目GDP

GDPは**名目GDP**（nominal GDP）と**実質GDP**（real GDP）の2つに分けることができます。最初に名目GDPから説明します。ある年の名目GDPとはその年の価格を使って計算したもののことをいいます。例えば，2015年の名目GDPは「2015年の価格×2015年の生産量」で計算されますし，2023年の名目GDPも「2023年の価格×2023年の生産量」，2024年の名目GDPも「2024年の価格×2024年の生産量」で計算されます。

図表4－1　価格と数量

	商品A		商品B	
	価　格	生産量	価　格	生産量
2015年	100	6	50	8
2023年	120	5	100	6
2024年	200	4	175	4

商品の種類が多くても計算方法は同じですので，図表4－1にあるような商品Aと商品Bの2種類しか生産されていない場合の名目GDPを計算します。2015年と2023年と2024年の名目GDPはそれぞれ

2015年名目GDP
  ＝ 商品Aの生産額(2015) ＋ 商品Bの生産額(2015)
  ＝ 商品Aの価格(2015) × 商品Aの数量(2015) ＋ 商品Bの価格(2015)
    × 商品B の数量(2015)

$= 100 \times 6 + 50 \times 8 = 1{,}000$

2023年名目GDP
　　= 商品Aの生産額（2023）＋ 商品Bの生産額（2023）
　　= 商品Aの価格（2023）× 商品Aの数量（2023）＋ 商品Bの価格（2023）
　　　× 商品Bの数量（2023）
　　= $120 \times 5 + 100 \times 6 = 1{,}200$

2024年名目GDP
　　= 商品Aの生産額（2024）＋商品Bの生産額（2024）
　　= 商品Aの価格（2024）× 商品Aの数量（2024）＋ 商品Bの価格（2024）
　　　×商品Bの数量（2024）
　　= $200 \times 4 + 175 \times 4 = 1{,}500$

　2015年と2023年の名目GDPを比較すると，2015年の名目GDPは1,000に対し，2023年は1,200なので，名目GDPは増加しています。しかし，2023年の生産量は減少しています。商品Aの生産量は6から5に，商品Bの生産量も8から6に減少しているのです。生産量が減っているにも関わらず2023年の名目GDPが増加しているのは，商品Aの価格と商品Bの価格がそれぞれ100から120へ，50から100へ増加していることによります。このことからわかるように，名目GDPの大きさは価格の変化によっても影響を受けるのです。これは2023年から2024年にかけても同様で，商品Aと商品Bの価格上昇により，生産量が減っているにも関わらず名目GDPは1,200から1,500へと増加しています。

4.2　実質GDP

　このように名目GDPは価格変化の影響を受けます。一方，実質GDPは価格の影響を受けないように計算されるGDPで，それは生産量の変化のみ影響を

受けます。実質GDPの計算において価格変化による影響を除去する方法は，まず基準年を定めて，その基準年の価格を使って，関心のある年のGDP（＝比較年のGDP）を計算するというものです。GDP統計の基準年は国が定めるので，基準年の設定について深く考える必要はありません。ちなみに，2023年現在の基準年は2015年です。

　例えば，基準年が2015年の場合，2023年の実質GDPは「2015年の価格×2023年の生産量」，2024年の実質GDPも「2015年の価格×2024年の生産量」で計算されます。どの年の実質GDPも常に2015年（基準年）の価格を使って計算されるので，実質GDPは名目GDPのような価格変化による影響をまったく受けないのです。

　そこで図表4－1を使って，2023年と2024年の実質GDPを計算してみましょう。

2023年実質GDP
　　＝ 商品Aの価格（2015）× 商品Aの数量（2023）＋ 商品Bの価格（2015）
　　　× 商品Bの数量（2023）
　　＝ 100×5＋50×6＝800

2024年名目GDP
　　＝ 商品Aの価格（2015）× 商品Aの数量（2024）＋ 商品Bの価格（2015）
　　　× 商品Bの数量（2024）
　　＝ 100×4＋50×4＝600

　基準年の実質GDPはその年の名目GDPに等しくなります。つまり2015年の名目GDPと2015年の実質GDPは等しくなります。

　名目GDPだけ見ても，2015年から2023年，2024年にかけて名目GDPは増加しているので，生産量が減少していることにまで気づきません。一方，実質GDPで見ると，2015年から2024年にかけての生産量減少を反映して，実質GDPは2015年の1,000から2023年の800，2024年の600へとしっかり減少し

ています。したがって，生産額ではなく生産量が増えたのか減ったのかを知りたい場合は実質GDPをみるとそれがわかります[1]。

4.3　GDPデフレーター

実質GDPと名目GDPの差を以下のように分数で示した指標を**GDPデフレーター**（GDP deflator）といいます。

$$\text{GDPデフレーター} = \frac{\text{名目GDP}}{\text{実質GDP}}$$

さきほどの数値例では，2015年の名目GDPは1,000，2023年の名目GDPは1,200，2024年の名目GDPは1,500，2015年の実質GDPは1,000，2023年の実質GDPは800，2024年の実質GDPは600でしたので，2015年，2023年，2024年のGDPデフレーターはそれぞれ，

$$2015\text{年GDPデフレーター} = \frac{2015\text{年名目GDP}}{2015\text{年実質GDP}} = \frac{1,000}{1,000} = 1$$

$$2023\text{年GDPデフレーター} = \frac{2023\text{年名目GDP}}{2023\text{年実質GDP}} = \frac{1,200}{800} = 1.5$$

$$2024\text{年GDPデフレーター} = \frac{2024\text{年名目GDP}}{2024\text{年実質GDP}} = \frac{1,500}{600} = 2.5$$

となります。

これらの数字の解釈についてですが，最初に2023年のGDPデフレーターについて考えてみます。分子の2023年名目GDPは1,200でしたが，この数字は2023年に商品AとBを購入したときに支払う金額が1,200になるということを意味しています。一方，分母の2023年実質GDPは800でしたが，この数字は2023年の商品AとBの購入量（商品A＝5，商品B＝6）をそっくりそのまま2015年に購入したときに支払う金額が800になるということを意味しています。し

たがって，1,200を800で割った2023年GDPデフレーターが意味するところは，同じ商品を2015年に買うよりも2023年に買う方が1.5倍高いということになります。

　同様に，2024年GDPデフレーターが意味するところは，同じ商品を2015年に買うよりも2024年に買う方が2.5倍高いということになります[2]。さらにGDPデフレーター同士，1.5と2.5を比較すると，2.5の方が大きいですので，同じ商品でも2023年より2024年の方が平均的に高くつくこともわかります。このように，GDPデフレーターとは2015年（基準年）と比較して何倍高くなっているかを示す指標で，さらに異なる年のGDPデフレーター同士を比較することで，物価の違いも知ることができます。

　国が作成・公表している「GDP統計」ではGDPデフレーターを100倍に指数化して公表しています。上の例では，1.5に100を掛けて150と，2.5に100を掛けて250と表記することになります。

4.4　GDPデフレーターの物価指数としての意味

　さまざまな財・サービスの価格の動きを平均化したものを**物価指数**（price index）といい，5章で説明する「消費者物価指数」がその代表的存在です。実はGDPデフレーターも消費者物価指数と同様に物価指数の一つとみなすことができます。このことを確認するために，前節で示した2023年のGDPデフレーターを利用します。2023年GDPデフレーターは次のように変形することができます。

$$2023年GDPデフレーター = \frac{2023年名目GDP}{2023年実質GDP}$$

$$= \frac{120 \times 5 + 100 \times 6}{100 \times 5 + 50 \times 6}$$

$$= \frac{100}{100} \times \frac{120 \times 5}{100 \times 5 + 50 \times 6} + \frac{50}{50} \times \frac{100 \times 6}{100 \times 5 + 50 \times 6}$$

$$= \frac{120}{100} \times \frac{100 \times 5}{100 \times 5 + 50 \times 6} + \frac{100}{50} \times \frac{50 \times 6}{100 \times 5 + 50 \times 6}$$

$$= \frac{120}{100} \times \frac{5}{8} + \frac{100}{50} \times \frac{3}{8} = 1.5 \qquad (1)$$

ここで

$$商品Aの価格の動き = \frac{2023年商品Aの価格}{2015年商品Aの価格} = \frac{120}{100}$$

$$商品Bの価格の動き = \frac{2023年商品Bの価格}{2015年商品Bの価格} = \frac{100}{50}$$

$$2023年商品Aのウェイト = \frac{商品Aの生産額}{2023年実質GDP} = \frac{100 \times 5}{100 \times 5 + 50 \times 6} = \frac{5}{8}$$

$$2023年商品Bのウェイト = \frac{商品Bの生産額}{2023年実質GDP} = \frac{50 \times 6}{100 \times 5 + 50 \times 6} = \frac{3}{8}$$

なので，(1) 式は

$$2023年GDPデフレーター＝商品Aの価格の動き×2023年商品Aのウェイト$$

$$＋ 商品Bの価格の動き × 2023年商品Bのウェイト \qquad (2)$$

ということになります。したがって，GDPデフレーターは商品Aと商品Bのウェイトを使って，商品Aの価格の動きと商品Bの価格の動きを平均化したものになっていることがわかります。

GDPデフレーター（(2)式）のような，比較年（2023年）の生産額や購入額などをウェイトとして算出される指標のことを，1874年に考案したドイツ出身の統計学者ヘルマン・パーシェ（Hermann Passche, 1851-1925）にちなんで**パーシェ指数**（Paasche index）といいます。

4.5 経済成長率

実質GDPの変化率（％）や人口一人当たり実質GDP（＝実質GDP/人口）の変

化率（％）のことを**経済成長率**（economic growth rate）といいます。実は経済成長率はGDPデフレーターの定義式

$$\text{GDPデフレーター} = \frac{\text{名目GDP}}{\text{実質GDP}}$$

からも計算することができます。上のGDPの定義式から実質GDPを求めると

$$\text{実質GDP} = \frac{\text{名目GDP}}{\text{GDPデフレーター}} \qquad (3)$$

となります。

　数学には分数の変化率をとると引き算になるという関係があります。例えば，Z＝X／Yという分数があるとします。この分数の変化率をとると，

変化率の公式
　　Zの変化率 ＝ Xの変化率 － Yの変化率

となるという関係です。この関係を(3)式に適用すると，

　実質GDPの変化率 ＝ 名目GDPの変化率 － GDPデフレーターの変化率

ここで，GDPデフレーターは物価指数の一種で，物価指数の変化率のことを物価上昇率ともいいますので，

実質GDPの変化率の公式
　実質GDPの変化率 ＝ 名目GDPの変化率 － 物価上昇率

と表すこともできます。

　人口一人当たり実質GDP（＝実質GDP／人口）の変化率のことを**経済成長率**（economic growth rate）といいました。これは実質GDPの変化率から人口成長率を引けば求められます。

第4章 名目GDP，実質GDP，GDPデフレーター | 47

> **経済成長率（人口一人当たりの実質GDPの変化率）の公式**
> 経済成長率＝実質GDPの変化率－人口成長率

> **例　題**　図表4－2から2021年の実質GDPの変化率を求めなさい。

図表4－2　名目GDP，実質GDP，GDPデフレーター

	名目GDP（10億円）	実質GDP（10億円）	GDPデフレーター
2020年	539,082.4	528,894.6	101.9
2021年	549,379.3	540,226.1	101.7

（出所）内閣府（2022）「2021年度国民経済計算年次推計」より作成

（解答）
（解法1）

図表4－2より2021年の実質GDPは540,226.1，2020年実質GDPは528,894.6
ですので，2021年の実質GDPの変化率は

$$2021年の実質GDPの変化率 = \frac{540,226.1 - 528,894.6}{528,894.6} = 0.021 \qquad ①$$

となります。

（解法2）

あるいは，以下のように2021年の名目GDPの変化率から2021年の物価上昇
率を引いても実質GDPの変化率を以下のように求めることができます。

$$2021年の名目GDPの変化率 = \frac{549,379.3 - 539,082.4}{539,082.4} = 0.019100791$$

$$2021年の物価上昇率 = \frac{101.7 - 101.9}{101.9} = -0.001962709$$

$$2021年の実質GDPの変化率 = 0.019100791 - (-0.001962709) = 0.021 \qquad ②$$

①と②の結果は同じ0.021となります。

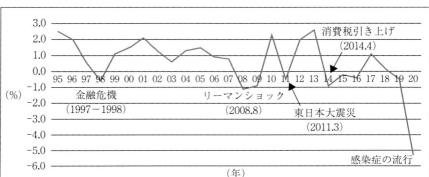

(参考) 実質GDPの増加率の推移 (1995－2020)

(出所) 内閣府 (2021)「国民経済計算年次推計」より作成

平均成長率

2019年から2021年にかけての平均成長率を求めてみます。2019年の実質GDPの変化率は2％，2020年の実質GDPの変化率は1％，2021年の実質GDPの変化率3％のとき，2019年から2021年にかけての平均成長率を求めると，

$$\text{平均成長率} = \frac{2+1+3}{3} = 2\％$$

と計算することもあります。一方で，平均をとる最初と最後の実質GDPしかわからない場合はどうでしょうか。例えば，2018年の実質GDPが500兆円，2021年の実質GDPが530兆円とわかっているのですが，2019年と2020年の実質GDPがわからない場合です。この場合，2018年から2021年の実質GDPの平均成長率をxとおいて計算すればよいです。平均成長率がxですので，2019年の実質GDPは

$$2019\text{年実質GDP} = (500 + 500x)\text{兆円} = 500(1+x)\text{兆円}$$

と推測できます。同様に，2020年，2021年の実質GDPは，

$$2020\text{年実質GDP} = \{500(1+x) + 500(1+x)x\}\text{兆円} = 500(1+x)(1+x)\text{兆円}$$

第4章　名目GDP，実質GDP，GDPデフレーター　│　49

$$2021年実質GDP = \{500\,(1+x)(1+x) + 500\,(1+x)(1+x)\,x\} \text{兆円}$$
$$= 500\,(1+x)(1+x)(1+\text{x}) \text{兆円}$$

と推計できます。ところで，2021年の実質GDPは530兆円ですので，

$$500\,(1+x)(1+x)(1+x) \text{兆円} = 530 \text{兆円}$$
$$500\,(1+x)^3 \text{兆円} = 530 \text{兆円}$$

とならなければなりません。両辺を500兆円で割ると

$$(1+x)^3 = \left(\frac{530}{500}\right) \text{兆円}$$

になります。「$y^n = z$ は $y = z^{1/n}$」という指数法則を使うと，

$$1+x = \left(\frac{530}{500}\right)^{\frac{1}{3}}$$

となり，

$$x = \left(\frac{530}{500}\right)^{\frac{1}{3}} - 1$$

Excelなどを使って，これを x について解くと，$x = 0.0196$ となります。したがって，2018年から2021年にかけての3年間の平均成長率は0.0196，パーセント表記では1.96％（約2％）と計算できます。

　このことから〇年から△年にかけての（△−〇）年間のある数値の平均成長率を求める場合は以下の公式を使うとよいでしょう。

平均成長率の公式

$$平均成長率 = \left(\frac{\text{△年の数値}}{\text{〇年の数値}}\right)^{\frac{1}{\text{△}-\text{〇}}} - 1$$

　公式を使って，2011年から2021年の10年間の実質GDPの平均成長率を求めてみましょう。2011年から2021年の実質GDPの変化率を求めて平均をとるという方法もありますが，煩雑な上，厳密でもないため，以下のように上の公式を使って求めましょう。2011年の実質GDPが510,841.6，2021年の実質GDPが540,226.1のとき，

$$平均成長率 = \left(\frac{\text{2021年の実質GDP}}{\text{2011年の実質GDP}}\right)^{\frac{1}{2021-2011}} - 1 = \left(\frac{540,226.1}{510,841.6}\right)^{\frac{1}{10}} - 1 = 0.005608488$$

計算結果から2011年から2021年の10年間の実質GDPの平均成長率は約0.56％になる

ことがわかります。

　今の例では平均成長率は約0.56％になりましたが，2021年以降もこのまま0.56％の成長が続くとした場合，いったい何年後に実質GDPが540兆円からその2倍の1,080兆円になるでしょうか。これを計算する便利な法則があります。それは以下で示した「72の法則」と呼ばれているもので，数字が2倍になる時間を計算することができます。

72の法則

$$2倍になるための時間 ＝ \frac{72}{成長率（\%）}$$

72の法則を使うと実質GDPが2倍になる時間は「72/0.56％＝129年」になります。つまりGDPが2021年の540兆円から1,080兆円へと2倍になるためにかかる時間は約129年ということです。

　72の法則の応用範囲は実質GDPの成長率に限りません。例えば，1,000万円の資金があるとします。銀行に預けると年2％の率で預金が増えていく場合，1,000万円の預金が2倍の2,000万円になる時間も72の法則で計算できます。この場合，72÷2＝36年かかることがわかります。

　72の法則を知っていれば，数字が成長する速度の推計ができるので非常に便利です。ぜひ覚えておくとよいでしょう。

4.6　連鎖方式

　これまで説明した実質GDPやGDPデフレーターは「固定基準年方式」によって求められました。しかし，2003年度の確報（年次推計）および2004年7-9月期GDP2次速報より，固定基準年方式から「連鎖方式」での公表に移行しています。固定基準年方式では，ある特定の年が基準年になるようにしましたが，連鎖方式では前年を基準年として毎年基準年が更新される仕組みになっています。

　そこで連鎖方式の計算方法を示すため，以下の数値例を考えます。図表4－3より商品Aの価格は2015年（基準年）から大きく低下しています。それによって商品Aの生産量は大きく増加しています。

第4章　名目GDP，実質GDP，GDPデフレーター　｜　51

図表4－3　価格と数量

	商品A		商品B	
	価　格	生産量	価　格	生産量
2015年	200	10	100	20
2016年	150	15	100	20
2017年	100	20	100	20

　固定基準年方式における2015年（基準年）と2016年，2017年のGDPデフレーターは以下のように計算されます。

$$2015年GDPデフレーター = \frac{2015年名目GDP}{2015年実質GDP} = \frac{200 \times 10 + 100 \times 20}{200 \times 10 + 100 \times 20} = 1$$

$$2016年GDPデフレーター = \frac{2016年名目GDP}{2016年実質GDP} = \frac{150 \times 15 + 100 \times 20}{200 \times 15 + 100 \times 20} = 0.85$$

$$2017年GDPデフレーター = \frac{2017年名目GDP}{2017年実質GDP} = \frac{100 \times 20 + 100 \times 20}{200 \times 20 + 100 \times 20} = 0.66$$

　2017年のGDPデフレーターに注目すると，商品Aの価格は2015年（基準年）の200から2017年の100へと大きく低下していますが，固定基準年方式において2017年の実質GDPを求めるときは，基準年にあたる2015年の価格200を使用します。つまり，値下がりする前の価格が適用されて分母の実質GDPが計算されてしまうのです。さらに，2015年から2017年にかけて商品Aの生産量は10から20へと大幅に増えているので，生産量の増加と合わせると，2017年の実質GDPはかなり大きくなってしまいます。当然，分母の実質GDPが大きくなると，GDPデフレーターは低下します。

　このように，ある商品の価格が基準年よりも低下しその商品の生産量が増えると，実質GDPが増加することでGDPデフレーターが下がるという現象のことを「下方バイアス」といいます。逆に，ある商品の価格が基準年よりも上昇する場合は，実質GDPの増加によってGDPデフレーターの「上方バイアス」

が発生します。

　基準年に近い年のGDPデフレーターであれば，価格や数量の大きさも基準年とくらべて大きく異なることはないので，そのバイアスは小さいです。しかし，基準年よりも離れるほど価格や数量の大きさの変化も大きくなるので，基準年に近いGDPデフレーターよりも基準年から遠いGDPデフレーターのバイアスが大きくなってしまいます。

　これが問題視されるようになったのは，急速な技術革新によって，コンピューターなどIT関連商品の価格が基準年のときよりも大きく低下し，需要も急拡大したことによります。固定基準年方式を採用していた時代は，5年おきに基準年を見直すというルールであったため，5年間は同じ基準年を使い続けなければなりません。5年前は高額だったパソコンなどIT関連商品の価格が数年で大きく低下したことにより，基準年との価格差が広がり，GDPデフレーターの下方バイアスが大きくなってしまいました。そのため，正確さの上で，バイアスの大きい固定基準年方式をそのまま使い続けることが困難になったのです。

　そこで，政府は毎年基準年の改定を行うことのできる連鎖方式に移行しました。具体的には，毎年，その前年を基準年とした固定基準年方式のデフレーターを計算し，過去のデフレーターと結合させて求めます。前年を基準年とした場合，2017年のGDPデフレーターは2016年が基準年となるので，2015年を基準年としたときよりも価格変化は小さく，バイアスも小さくなります。

　そこで，図表4−3を使って，連鎖方式によるGDPデフレーターを計算してみましょう。図表4−3では2015年からスタートですので，その前年はありません。そのため，2015年のGDPデフレーターを1に固定します。次に2016年のGDPデフレーターですが，まず，その前年にあたる2015年を基準年とした2016年のGDPデフレーターを，以下のように計算します。

$$2016年GDPデフレーター = \frac{2016年名目GDP}{2016年実質GDP} = \frac{150 \times 15 + 100 \times 20}{200 \times 15 + 100 \times 20} = 0.85$$

第4章 名目GDP, 実質GDP, GDP デフレーター | 53

　次に2017年のGDPデフレーターを計算します。2017年の場合は2016年が基準年になることに注意しながら，計算すると，

$$2017年GDPデフレーター = \frac{2017年名目GDP}{2017年実質GDP} = \frac{100 \times 20 + 100 \times 20}{150 \times 20 + 100 \times 20} = 0.8$$

となりますが，この値は2016年を基準年とした固定基準年方式による2017年のGDPデフレーターに間違いはないのですが，連鎖方式の2017年のGDPデフレーターは過去のGDPデフレーターも結合する必要があります。ここでは過去といっても，2015年と2016年しかないので，上で求めた「0.8」に2015年のGDPデフレーターの「1」と2016年のGDPデフレーターの「0.85」をかけることで，連鎖方式の2017年のGDPデフレーターが求められます。

連鎖方式の2017年GDPデフレーター
　　= 連鎖方式の2015年GDPデフレーター
　　　× 連鎖方式の2016年GDPデフレーター
　　　× 2016年を基準年とした固定基準年方式の2017年GDPデフレーター
　　= 1 × 0.85 × 0.8 = 0.68

　2015年を基準年とした固定基準年方式の2017年GDPデフレーターは0.66であったのに対し，連鎖方式の2017年GDPデフレーターは0.68へと上昇したため，下方バイアスがわずかに改善したことがわかります。連鎖方式の2018年GDPデフレーターも以下のように計算されます。

連鎖方式の2018年GDPデフレーター
　　= 連鎖方式の2015年GDPデフレーター
　　　× 連鎖方式の2016年GDPデフレーター
　　　× 連鎖方式の2017年GDPデフレーター
　　　× 2017年を基準年とした固定基準年方式の2018年GDPデフレーター

【注】

1 ）ここで説明した実質GDPは固定基準年方式となりますが，実は2003年度の確報（年次推計）および2004年 7 － 9 月期GDP 2 次速報より，固定基準年方式から連鎖方式に移行しています。連鎖方式による実質化の手法は入門レベルを超えるので，その詳細は以下の内閣府のホームページを参照してください。

「国民経済計算の実質化手法の連鎖方式への移行について」

（https://www.esri.cao.go.jp/jp/sna/data/data_list/kakuhou/files/about_old_kaku/
gizisokuho_20041118.html）（参照日2024年 5 月 3 日（金））

2 ）いま説明したケースではGDPデフレーターがすべて 1 を上回っていましたが， 1 より小さくなると，2015年（基準年）と比較して比較年は安くなります。

第5章 消費者物価指数

5.1 物価指数

　さまざまな財・サービスの価格の動きを平均化したものを**物価指数**（price index）といいます。例えば、物価指数には「消費者物価指数」や「企業物価指数」、「企業向けサービス価格指数」、そして4章で説明した「GDPデフレーター」などがあります。この章では代表的な物価指数の1つである「消費者物価指数」について説明します。

　消費者物価指数（consumer price index, CPI）とは家計が日常的に購入する、食料品、衣料品、家電、家具、家賃、通信料、電気代、外食、授業料、宿泊料、映画鑑賞料、理髪料など財・サービスの価格を調べ、その動きを平均化したものです。

　一方、生産者が製品を出荷したり、卸売業者が小売店に販売したり、企業が電気・ガス・水道を利用したりするなど、企業間でも取引が行われています。**企業物価指数**（corporate goods price index, CGPI）は「国内企業物価指数」、「輸出物価指数」、「輸入物価指数」の3つから構成され、企業間で取引される、電気・ガス・水道や、工業製品、飲食料品、農林水産物など財の価格の動きを平均化したものです。一方、企業間では財だけでなく、運輸・郵便、修理、リース・レンタル、不動産賃貸、広告、金融・保険、情報通信などサービスも取引されています。「企業向けサービス価格指数」はそのような企業同士で取引されるサービスの価格の動きを平均化したものです。

　ちなみに消費者物価指数は国（総務省統計局）が毎月、作成・公表しているのに対して、企業物価指数と企業向けサービス価格指数は中央銀行（日本銀行）が毎月、作成・公表しています。

図表 5 － 1　物価指数

	企業間取引 （企業 ⇔ 企業）	小売取引 （家計 ⇔ 企業）
財	企業物価指数 （日本銀行作成・公表）	消費者物価指数 （総務省統計局作成・公表）
サービス	企業向けサービス価格指数 （日本銀行作成・公表）	

5.2　消費者物価指数

　消費者物価指数は，日常生活で家計が購入する財・サービスのうち582品目 (2023年現在) を対象にそれらの財・サービスの価格の動きを平均化したものです。582品目には食料品，衣料品，家電，家具，家賃，通信料，電気代，外食，授業料，宿泊料，映画鑑賞料，理髪料などさまざまな財・サービスが含まれています。582品目は「家計調査」で消費者が記入した家計簿の集計結果をもとに選ばれています。「家計調査」とは国 (総務省統計局) による調査で，全国 (168市町村) から選んだ約8,800世帯に毎月家計簿をつけてもらい，1カ月間の家庭の収入と支出の内容を調べる調査です。「家計調査」から，世帯の収入がどのくらいあり，世帯がどんな財・サービスをどのくらい購入しているのかがわかるので，購入額の多い財・サービスを中心に，消費者物価指数の品目として選び出されているというわけです。

　2023年現在，582品目が選ばれていますが，5年おきに品目を見直しています。2020年に585品目から現在の582品目に見直されているので，次回は5年後の2025年に見直される予定です。

　しかし，582品目の調査だけでは少ないのではという印象を持つ人も多いと思いますが，582品目のうち上位300品目の支出で家計支出全体の90％を占めているため，指数計算にはそれより多い582品目もあれば十分ということのようです。

　消費者物価指数を求めるためには582品目の価格についても調査しなければ

第 5 章　消費者物価指数 ｜ 57

なりません。消費者物価指数の計算に使う価格は，国（総務省統計局）が「小売物価統計調査」（毎月実施）で調査している店舗・事業所（全国167市町村，価格調査には約2万8,000店舗・事業所，家賃調査には約7,000店舗・事業所）での小売価格（消費税込）を用います。

それでは数値例を使って，消費者物価指数の仕組みを説明します。その前に，消費者物価指数を求めるときの計算式を以下に示しておきます。

$$消費者物価指数 = \frac{基準年の購入量を比較年に購入したと仮定したときの購入額}{基準年の購入額}$$

上の計算式を見てわかるように，消費者物価指数を求める際，まず基準年を定めなければなりません。ただし，2023年現在，基準年は国によって2020年に定められています。基準年は品目といっしょに5年おきに見直されるので，次回は2025年の基準年が採用されることになります。

図表の5－2と計算式を使って，2022年4月と2023年4月の消費者物価指数を計算します。実際は対象となる財・サービスは582品目ありますが，とりあえず計算の仕組みだけが理解できればよいので，商品Aと商品Bの2つの商品だけを考えます。

図表5－2　価格と数量

	2020年（基準年）		2022年4月	2023年4月
	価　格	数　量 （1カ月あたり）	価　格	価　格
商品A	100	10	120	120
商品B	200	20	215	220

まず，計算式の分母の「基準年の購入額」を求めます。ここでは基準年は2020年になるので，

2020年の購入額 ＝ 商品Ａの価格 (2020年) × 商品Ａの数量 (2020年)

＋ 商品Ｂの価格 (2020年) × 商品Ｂの数量 (2020年)

＝ 100 × 10 ＋ 200 × 20

＝ 5,000

次に，分子の基準年の購入量を比較年に購入したと仮定したときの購入額を求めます。ここでは，2020年の購入量（商品A＝10，商品B＝20）を2022年4月の価格で購入したと仮定したときの支払い額を求めればよいので，

2020年の購入量を2022年4月に購入したと仮定したときの購入額

＝ 商品Ａの価格 (2022年4月) × 商品Ａの数量 (2020年)

＋ 商品Ｂの価格 (2022年4月) × 商品Ｂの数量 (2020年)

＝ 120 × 10 ＋ 215 × 20

＝ 5,500

したがって，2022年4月の消費者物価指数は

$$消費者物価指数 (2022年4月) = \frac{120 \times 10 + 215 \times 20}{100 \times 10 + 200 \times 20} = \frac{5,500}{5,000} = 1.1 \qquad (1)$$

となります。同様の計算で2023年4月の消費者物価指数は

$$消費者物価指数 (2023年4月) = \frac{120 \times 10 + 220 \times 20}{100 \times 10 + 200 \times 20} = \frac{5,600}{5,000} = 1.12 \qquad (2)$$

となります。

消費者物価指数の計算において，2022年4月の消費者物価指数も2023年4月の消費者物価指数も分母は共通しており，さらに分子の数量（商品A＝10，商品B＝20）も共通しているので，毎月の価格だけがわかれば，毎月の消費者物価指数を簡単に計算することができます。このような計算式によって求められた

第 5 章　消費者物価指数 | 59

指数のことを，**ラスパイレス指数**（Laspeyres index）といいます。これはドイツ出身の経済学者エティエンヌ・ラスパイレス（Ernst Louis Étienne Laspeyres, 1834 − 1913）にちなんでそう名づけられています。

5.3　消費者物価指数の解釈

　消費者物価指数は計算の対象となっているさまざまな財・サービスの価格の動きの加重平均値になっています。加重平均とはウェイトが平等ではない平均のことをいいます。例えば，英語90点，数学50点，国語70点のときの3科目平均点は，

$$3 科目の平均点 = \frac{90+50+70}{3} = 90 \times \frac{1}{3} + 50 \times \frac{1}{3} + 70 \times \frac{1}{3} = 70$$

となります。この平均値の取り方は英語も数学も国語も同じウェイト（＝1/3）が与えられているので，3教科とも重要度は同じといえます。しかし，3科目の中で英語が最も重要な教科と考えている人は，数学や国語より英語に加重をかけて平均を求めることもできます。例えば，英語に「2/4」，数学に「1/4」，国語にも「1/4」とウェイトを変えた3教科の加重平均を求めると

$$3 科目の加重平均点 = 90 \times \frac{2}{4} + 50 \times \frac{1}{4} + 70 \times \frac{1}{4} = 75$$

となり，英語を重視した平均点が出てきます。

　消費者物価指数で適用される財・サービスは各教科のように平等なものではなく，よく購入される商品もあればあまり購入されない商品もあります。この場合，家計がよく購入する商品には重いウェイトをかけ，あまり購入しない商品には軽いウェイトをかけた方がよいので，消費者物価指数を求める際は，購入額に占める各商品の購入割合をウェイトとします。こうすれば，よく購入される商品は購入割合が上がるのでウェイトは重くなります。逆にあまり購入されない商品は購入割合が下がるので，ウェイトは軽くなります。

そこで，2020年（基準年）の価格と数量から，商品Aと商品Bのウェイトを求めてみます。

商品Aのウェイト（＝商品Aの購入割合）

$$= \frac{2020\,年の商品A\,の購入額}{2020\,年の商品A\,の購入額 + 2020\,年の商品B\,の購入額}$$

$$= \frac{100 \times 10}{100 \times 10 + 200 \times 20} = \frac{1}{5}$$

商品Bのウェイト（＝商品Bの購入割合）

$$= \frac{2020\,年の商品B\,の購入額}{2020\,年の商品A\,の購入額 + 2020\,年の商品B\,の購入額}$$

$$= \frac{200 \times 20}{100 \times 10 + 200 \times 20} = \frac{4}{5}$$

となります。

商品Aと商品Bのウェイトが決まったので，次にウェイトをかける対象となる「商品Aの価格の動き」と「商品Bの価格の動き」を考えます。2022年4月の消費者物価指数を求めるとすると，「価格の動き」は2020年（基準年）から2022年4月の価格の動きを考えればよく，その動きを分数で示すと，

$$商品A\,の価格の動き = \frac{2022\,年4\,月の商品A\,の価格}{2020\,年の商品A\,の価格} = \frac{120}{100}$$

$$商品B\,の価格の動き = \frac{2022\,年4\,月の商品B\,の価格}{2020\,年の商品B\,の価格} = \frac{215}{200}$$

最後に以下のように加重平均をとることで，2022年4月の消費者物価指数を求めます。

消費者物価指数（2022年4月）
　＝ 商品Aのウェイト × 商品Aの価格の動き + 商品Bのウェイト

$$\times \text{商品Bの価格の動き}$$

$$= \frac{1}{5} \times \frac{120}{100} + \frac{4}{5} \times \frac{215}{200} = 1.1 \qquad (3)$$

同様に，2023年4月の消費者物価指数も求めます。

消費者物価指数（2023年4月）
　＝ 商品Aのウェイト × 商品Aの価格の動き ＋ 商品Bのウェイト
　　　× 商品Bの価格の動き

$$= \frac{1}{5} \times \frac{120}{100} + \frac{4}{5} \times \frac{220}{200} = 1.12 \qquad (4)$$

　5.2節のように消費者物価指数を求めることができますが，対象となっている財・サービスの「価格の動き」の加重平均をとっても求めることができ，どちらの方法でも同じ値となります。(1) 式と (2) 式を以下のように変形すれば，(1) は (3) と，(2) は (4) と同じ値になることを確認できます。

消費者物価指数（2022年4月）

$$= \frac{120 \times 10 + 215 \times 20}{100 \times 10 + 200 \times 20}$$

$$= \frac{100 \times 10}{100 \times 10 + 200 \times 20} \times \frac{120}{100} + \frac{200 \times 20}{100 \times 10 + 200 \times 20} \times \frac{215}{200}$$

$$= \frac{1}{5} \times \frac{120}{100} + \frac{4}{5} \times \frac{215}{200} = 1.1$$

消費者物価指数（2023年4月）

$$= \frac{120 \times 10 + 220 \times 20}{100 \times 10 + 200 \times 20}$$

$$= \frac{100 \times 10}{100 \times 10 + 200 \times 20} \times \frac{120}{100} + \frac{200 \times 20}{100 \times 10 + 200 \times 20} \times \frac{220}{200}$$

$$= \frac{1}{5} \times \frac{120}{100} + \frac{4}{5} \times \frac{220}{200} = 1.12$$

　国の統計では消費者物価指数は100をかけて示されています。例えば消費者物価指数が「1.1」である場合は「110」，「1.12」である場合は「112」と表示されます。

5.4　消費者物価指数の入手

　消費者物価指数は総務省統計局のホームページ（https://www.stat.go.jp）から入手できます。総務省統計局のホームページを開いたら，

> 「統計データ」→「分野別一覧」→「消費者物価指数（CPI）」→「調査の結果」→「全国の概況」

の順で開いていきます（2023年現在）。そして，まず，≪ポイント≫に注目してください。≪ポイント≫には以下のように直近の消費者物価指数のデータが掲載されています。

（参考①）2020年基準　消費者物価指数全国
2022年（令和4年）12月分（2023年1月20日公表）
≪ポイント≫

> （1）総合指数は2020年を100として104.1
> 　　　前年同月比は4.0％の上昇
> （2）生鮮食品を除く総合指数は104.1
> 　　　前年同月比は4.0％の上昇
> （3）生鮮食品及びエネルギーを除く総合指数は102.1
> 　　　前年同月比は3.0％の上昇

　「総合指数」とは582品目すべてカバーした消費者物価指数で，「生鮮食品を除く総合指数」とは総合指数から生鮮魚介，生鮮野菜，生鮮果物などの生鮮食

品を除いたもので「コア」と呼ばれています。生鮮食品は台風，異常気象，市況などの影響を大きく受けるため，生鮮食品の価格は他の財・サービスの価格よりも変動が激しいといわれています。そのため，生鮮食品の大きな価格変動に消費者物価指数が引っ張られないように，582品目から生鮮食品を除いた，コアも作成し公表しているのです。さらに，エネルギー価格も国際情勢や産油国の政治情勢の影響を受けやすいので，「コアコア」と呼ばれる「生鮮食品及びエネルギーを除いた総合指数」も公表されています。

　消費者物価指数の変化率のことを**物価上昇率**，あるいは**インフレ率**（inflation rate）といいます。変化率のとり方は次式で示されている通り，前年比，前年同月比と前月比の3通りあります。

$$前年比（\%）= \frac{当年の消費者物価指数 - 前年の消費者物価指数}{前年の消費者物価指数} \times 100$$

$$前年同月比（\%）= \frac{当年同月の消費者物価指数 - 前年同月の消費者物価指数}{前年同月の消費者物価指数} \times 100$$

$$前月比（\%）= \frac{当月の消費者物価指数 - 前月の消費者物価指数}{前月の消費者物価指数} \times 100$$

例えば，5.2節，5.3節の数値例では2022年4月の消費者物価指数は1.1，2023年4月の消費者物価指数は1.12であったので，2023年4月の消費者物価指数の前年同月比は

$$2023年4月の消費者物価指数の前年同月比 = \frac{1.12 - 1.1}{1.1} \times 100 = 1.8\%$$

となります。

　物価上昇率は各国の中央銀行が行っている金融政策（物価を安定させるために中央銀行が行っている経済政策）の目標値として活用されています。わが国の中央銀行は日本銀行ですが，日本銀行も2013年1月より「物価安定の目標」として消費者物価指数（コア）の前年比上昇率を2％に定め，国と協力しながらでき

るだけ早く実現するように金融政策を行っています。

　日本銀行の金融政策以外にも，消費者物価指数はGDP統計の中の項目，家計消費などを実質化するときにも利用されます。また，公的年金の給付額も消費者物価指数の変動に合わせて見直したり，賃金，家賃，公共料金を改定したりするときにも消費者物価指数の動きが参考にされるので，消費者物価指数やその変化率はわれわれの日常生活にも大きな影響を与える指数でもあります。

(参考②) 消費者物価指数前年比 (1971－2021)

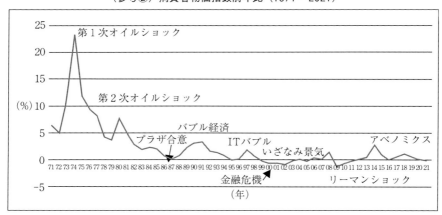

(出所) 総務省統計局 (2022)「2020年基準消費者物価指数」より作成

第6章　消費関数

6.1　消費の決定因

　3章では三面等価の原理によりGDPが消費と投資と政府支出と純輸出と在庫変動の合計金額（＝GDE）に等しくなることを学びました。

$$\text{GDP} = \text{消費} + \text{投資} + \text{政府支出} + \text{純輸出} + \text{在庫変動}$$

GDPの需要項目の中で最も大きな割合を占めているのは消費です。3章の図表3－4を見ると，家計の消費が主なものである2021年の民間最終消費支出は約294兆円もありました。2021年のGDPは約549兆円でしたので，GDPに占める民間消費支出の割合（＝民間最終消費支出／GDP）は約53.5％にもなります。つまり，それは家計が国内で1年間に生産された財・サービスの半分以上を購入していることになります。

　したがって，マクロ経済学で最も重要なテーマの1つである「GDPがどのようなメカニズムで決まるのか？」という問題を考える上で，GDPの半分以上を占める家計の消費が重要になります。つまり，消費がどのようなメカニズムで決まるのかがわからなければ，GDPもどのようなメカニズムで549兆円という数字になったのか，その理由もわからないということです。そこで，本章では消費が決まる要因とメカニズムを紹介します。

　家計がどのくらい財・サービスを購入するか，現在の消費支出を決める要因はさまざまありますが，代表的なものは以下の4つになります。

> **消費の決定因**
> - 現在の所得（絶対所得仮説）
> - 将来の予想所得（恒常所得仮説）
> - 過去の所得（相対所得仮説のうち習慣形成仮説）
> - 所属している社会階層（相対所得仮説のうち相互依存仮説）

現在の所得

　このうち現在の消費を決める最も重要な要因は現在の所得と考えられます。つまり，今年の消費の大きさを決めるのは今年の所得，今月の消費は今月の所得の影響を受けるということです。このように現在の消費を考える上で現在の所得を最も重視する考えを「絶対所得仮説」といいます。

　家計が受け取る所得には給与・賞与など賃金所得や個人事業者の事業所得が中心で，それ以外に預金，株式，債券，投資信託など金融資産から得られる利子・配当などがあります。家計は稼いだ所得を使って消費しますので，現在の所得が増加すれば，現在の消費も増加し，現在の所得が減少すれば現在の消費も減少すると考えることができます。

将来の予想所得

　現在だけではなく将来も安定した消費を行いたいと考える長期的視野を持つ家計の場合，現在の所得に加えて将来いくら稼ぐことができるのかという将来所得も現在の消費を決める上で重要な要素になります。現在の所得と将来に予想される所得の加重平均を**恒常所得**（permanent income）といいます。現在の所得が変わらなくても将来にわたり所得が増え続けると予想されれば，借金による消費をしても返済の目途がつくので，現在の消費を増やそうとします。逆に将来の所得が減り続けると予想されれば，現在の所得が一時的に増えたとしても，増えた分を貯蓄に回し現在の消費を減らそうとするでしょう。

過去の所得

　現在の消費は現在の所得だけではなく過去最大の所得の影響も受けるという

考えもあります。この考えはアメリカ出身の経済学者ジェームズ・デューゼンベリー（James Stemble Duesenberry, 1918-2009）が唱え，「習慣形成仮説」ともいわれています。この仮説は，一度ぜいたくな消費を経験したことのある人は，現在の所得が減っても現在の消費を急激に減らすことができないという消費の歯止め効果を考慮した仮説です。貧しくなったからといって，急には生活水準を落とせないというわけです。このような消費の歯止め効果のことを**ラチェット効果**（ratchet effect）ともいいます。ちなみに，ラチェット（ratchet）とは歯車と歯止め（爪）を組み合わせた工具に使われる機構のことです。

過去の所得ではないですが，過去の消費が習慣になって，現在の消費に影響を与えるという考えもあり，これも習慣形成仮説の一種となります。

所属している社会階層

現在の消費は所属している社会階層，つまり自分の身の回りにいる人々の影響を受けるという考えもあります。これを「相互依存仮説」といい，「習慣形成仮説」と同じく，デューゼンベリーが唱えた仮説で，2つの仮説を合わせて「相対所得仮説」ということもあります。

例えば，隣人や友人，知人など周囲の人々と張り合うための消費や，SNSに写真をアップするための消費などです。このような，他人に見せるために消費することを「衒示的消費」（げんじてきしょうひ）といいますが，消費に衒示的な面があるからこそ，身の回りの人々の消費に影響を受けてしまうのでしょう。

ちなみに，デューゼンベリーは消費が周囲の影響を受けることを**デモンストレーション効果**（demonstration effect）といいました。

6.2　消費関数

所得と消費の関係のことを**消費関数**（consumption function）といいます。さまざまなタイプの消費関数が存在しますが，最初に絶対所得に基づく消費関数から考えていきたいと思います。絶対所得仮説とは現在の消費が現在の所得に

依存するという考えで，それは例えば以下のように直線で表すことのできる消費関数です。

$$C = c_0 + c_1 \times Y \quad \cdot \cdot \cdot (1)$$

ここで，C は現在の消費を，Y は現在の所得を，c_0 は**基礎消費**（autonomous consumption）を，c_1 は**限界消費性向**（marginal propensity to consume）を示しています。ちなみに C は consumption（消費）の頭文字，Y は yield（所得）の頭文字からとられています。基礎消費は今年の所得がゼロ（$Y=0$）のときの消費（C）の大きさを表しています。(1)式に「$Y=0$」を代入すると，以下のように「$C=c_0$」となるので，基礎消費は c_0 となることがわかります。

$$C = c_0 + c_1 \times 0 = c_0$$

現在の所得がゼロであれば現在の消費もゼロと考えるかもしれませんが，仮に所得がゼロでも，預貯金を下ろしたり，親や親戚，友人，知人にお金を借りたりするなどして，生活に必要な最低限の消費をしないと生存できません。そのため基礎消費とは，所得がゼロでも生活のために最低限必要な消費を表しているといえるでしょう。

限界消費性向（c_1）は，現在の所得が 1 単位増加（例えば 1 円増加）するとき何単位（何円）だけ現在の消費が増加するか，逆に現在の所得が 1 単位減少（1 円減少）するとき何単位（何円）だけ現在の消費が減少するかを示しています。例えば現在の所得（Y）が 1 単位増え，「$Y+1$」単位になったとします。増加後の消費は

$$増加後の消費 = c_0 + c_1 \times (Y+1)$$

となります。増加する前の消費は「$c_0 + c_1 \times Y$」なので，現在の所得が 1 単位増加することによる現在の消費の増加量，つまり限界消費性向は，以下のように，「増加後の消費」から「増加前の消費」を引くことで求められます。

$$限界消費性向 = 増加後の消費 - 増加前の消費$$

$$= c_0 + c_1 \times (Y+1) - (c_0 + c_1 \times Y)$$
$$= c_1$$

したがって，限界消費性向の基礎消費は c_1 となることがわかります。もちろん増加した所得以上に消費を増やすことはしないので，限界消費性向は0と1の間をとります（$0 < c_1 < 1$）。

消費関数（1）を図示したのが図表6－1です。縦軸（C軸）の切片が限界消費（c_0），直線の傾きが限界消費（c_1）になります。傾き c_1 は1より小さいと仮定しているので，傾き1を示す45度よりゆるやかな右上がりの直線になります。

図表6－1　消費関数

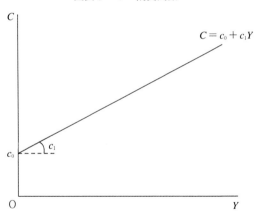

6.3　短期消費関数の特徴

以下のように消費関数に数値例を使って，消費関数（1）の特徴を考えたいと思います。

$$C = 50 + 0.8 \times Y \qquad (2)$$

(2)式の基礎消費（c_0）は50，限界消費（c_1）は0.8です。6.2節で説明したように，限界消費性向が0.8であるということは所得が1単位増加すれば消費は0.8単位増えるということを意味します。単位として円を使うと，所得が1円増加すれば消費は0.8円増えるということです。この場合，所得が10円増えれば消費は8（＝10×0.8）円増加し，所得が100円増えれば消費は80（＝100×0.8）円増加することになります。

(2)式における所得（Y），消費（C），平均消費性向（＝C/Y）の関係を以下の図表6－2に示します。

図表6－2　所得，消費，平均消費性向

現在の所得（Y）	現在の消費（C）	平均消費性向（＝C/Y）
0	50＋0.8×0＝50	50/0＝∞
100	50＋0.8×100＝130	130/100＝1.3
200	50＋0.8×200＝210	210/200＝1.05
300	50＋0.8×300＝290	290/300＝0.967
400	50＋0.8×400＝370	370/400＝0.925
500	50＋0.8×500＝450	450/500＝0.9
⋮	⋮	⋮
1,000	50＋0.8×1,000＝850	850/1,000＝0.85
⋮	⋮	⋮
10,000	50＋0.8×10,000＝8,050	8,050/10,000＝0.805
⋮	⋮	⋮
100,000	50＋0.8×100,000＝80,050	80,050/100,000＝0.8005

　図表6－2にある3つの特徴を持つ消費関数を**短期消費関数**（short-run consumption function）といいます。イギリス出身の経済学者ジョン・メイナード・ケインズが後の章で説明する「有効需要の原理」を説明するときに用いた弓型の消費関数と同じ特徴を持つことから，**ケインズ型消費関数**（Keynes' consumption function）とも呼ばれます。

第6章　消費関数 | 71

> **短期消費関数（ケインズ型消費関数）の特徴**
> ● 現在の所得（Y）が増加すれば現在の消費（C）も増加し，現在の所得（Y）が減少すれば現在の消費（C）も減少する（現在の消費は現在の所得の増加関数）。
> ● 現在の所得（Y）が増加すれば平均消費性向（C/Y）は低下し，現在の所得（Y）が減少すれば平均消費性向（C/Y）は上昇する（平均消費性向は所得の減少関数）。
> ● 現在の所得（Y）が増加すればするほど平均消費性向（C/Y）は低下していき，限界消費性向（$c_1=0.8$）に近づく。

　特徴の1つ目は，現在の消費は現在の所得に依存すると考える絶対所得仮説を示しています。特徴の2つ目の平均消費性向についてですが，平均消費性向は現在の所得に占める消費の割合を示しています。つまり現在の消費を現在の所得で割った値になります。例えば，図表6-2より現在の所得（Y）が300のとき現在の消費（C）は290ですが，このときの限界消費性向は「290÷300＝0.967」と計算されます。0.967という数字は300の所得のうち96.7％にあたる290を消費に回すということを意味します。残りの所得10は消費されず貯蓄されることになります。所得が400に増えると，平均消費性向は0.925に低下します。つまり，400の所得のうち92.5％にあたる370を消費に回し，残りの所得30を貯蓄に回すことになります。このように，所得が増えて平均消費性向が低下するということは，所得が増えて豊かになるほど，所得の中から貯蓄に回せるお金が増えるということを示しているのです。

　最後に特徴の3つ目です。図表6-2より所得（Y）が100,000のとき，平均消費性向（C/Y）は0.8005です。図表6-2に書ききれなかったのですが，所得（Y）が1,000,000になると，平均消費性向（C/Y）は0.80005までさらに低下し，所得が増えるほど限界消費性向の0.8に限りなく接近していきます。

　ところで，図表6-2に「50/0＝∞」とあります。「∞」は無限大を表している記号で非常に大きい数字という意味です。例えば，「50/1」は50です。そして，「50/0.1」は500，「50/0.01」は5,000という具合に分母を0に近づけて

いくと分数の値が大きくなっていくことがわかります。したがって，分母が0に極めて近い値になると分数の値も極めて大きくなる，つまり無限大に発散していきます。それが，「50/0＝無限大」という意味です。

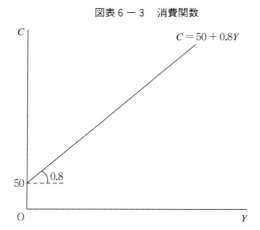

図表6－3　消費関数

6.4　限界概念と平均概念

　限界消費性向（c_1）と平均消費性向（C/Y）は言葉が似ているので紛らわしいですが，その意味するところは少し異なります。例えば，図表6－2から所得（Y）を500だけ稼いだときの平均消費性向（C/Y）は0.9になります。これは，稼いだ所得のうち90％を消費に使うということを意味しています。「稼いだ」は過去形ですので，平均消費性向は過去と関係する概念といえるでしょう。テストの平均点を求めるときも，受けたテストの平均点を示しますので，やはりそれは過去の結果であり，これから先を示すものではありません。もちろん過去の結果である平均はこれから先を予想するのに使うことはできますが，過去は過去の結果に過ぎないのです。

　一方，限界消費性向は将来へ向いている概念といえます。例えば，限界消費性向が0.8ということは，これから所得が1単位増えるときそのうち0.8単位

だけ消費を増やすということを意味します。所得が10単位増えると，消費を8（=10×0.8）単位増やし，100単位増えると80（=100×0.8）単位増やします。このように，「限界」はどちらかといいますと将来に向いている概念なのです。

　経済学では「限界効用」，「限界生産性」，「限界費用」，「平均生産性」，「平均費用」などさまざまな「限界」概念と「平均」概念が登場しますが，いずれも「限界」は将来に向いている概念なのに対して，「平均」は過去に向いている概念を示しています。

　頭の中でも無意識に「限界」と「平均」という概念を使いながら日々物事をよく考えていると思います。例えば，高校を卒業したら進学するか就職するか迷うこともあります。そのとき頭の中ではこれから大学に進学したとき（つまり教育が1単位増えると），どれだけ収入が増えるだろうかということを考えたり，大卒の平均収入は高卒よりもどのくらい高いだろうかということも考えたりしながら，将来の進路を決断することもあるでしょう。これが「限界」や「平均」という概念で物事を考えるということです。

　特に何か行動しようとするとき，無意識のうちに「限界」や「平均」の概念を使って決断していることが多いと思います。「結婚したらどうなるか？」，「仕事をやめたらどうなるか？」，これらの問いも大学進学の決断と同様に，「限界」や「平均」の概念を無意識に使いながら決断するのではないでしょうか。

6.5　貯蓄関数

　消費関数と対になる関数に貯蓄関数が存在します。**貯蓄**（savings）とは所得（Y）のうち消費（C）しなかった部分のことをいい，次の式で示されます。

$$S = Y - C$$

　ここでSは貯蓄を示しています。この式に消費関数（1）を代入し整理すると，以下のように貯蓄関数が導出されます。

$$S = Y - (c_0 + c_1 Y)$$
$$= -c_0 + (1 - c_1) Y$$

ここで, $(1 - c_1)$ を「限界貯蓄性向」といいます。

例えば, 消費関数が「$C = 50 + 0.8Y$」のとき, 貯蓄関数は

$$S = Y - (50 + 0.8Y)$$
$$= -50 + 0.2Y \qquad (3)$$

となります。ここで(3)式の0.2は限界貯蓄性向であり, それは1単位所得が増加すると0.2単位だけ貯蓄が増えることを意味しています。また「－50」は所得がゼロ（$Y = 0$）のとき貯蓄（S）が50だけ減少することを意味しています。所得がゼロでも, 家計は生存のためには消費（＝基礎消費）を50だけ行わなければなりません。今期の所得はゼロですので, 過去から積み上げてきた貯蓄を50だけ下してそれを消費にあてるしかありません。そのため, 所得がゼロのとき貯蓄が50だけ減少することになります。もちろん, 過去の貯蓄がない場合は借りることになりますので,「－50」は負債（借金）の大きさを表しているとも解釈できます。

図表6－4は(3)式における所得（Y）, 貯蓄（S）, 平均貯蓄性向（＝S/Y）の関係をまとめたものです。

図表6－4から貯蓄関数に以下の3つの特徴が観察されます。

貯蓄関数の特徴

● 所得（Y）が増加すれば貯蓄（S）も増加し, 所得（Y）が減少すれば貯蓄（S）も減少する（貯蓄は所得の増加関数）。

● 所得（Y）が増加すれば平均貯蓄性向（S/Y）は上昇し, 所得（Y）が減少すれば平均貯蓄性向（S/Y）は低下する（平均貯蓄性向は所得の増加関数）

● 所得（Y）が増加すればするほど平均貯蓄性向（S/Y）は上昇していき, 限界貯蓄性向（$1 - c_1 = 0.2$）に近づく。

第6章 消費関数 | 75

図表6－4 所得，貯蓄，平均貯蓄性向

現在の所得（Y）	現在の貯蓄（S）	平均貯蓄性向（S/Y）
0	$-50+0.2\times0=-50$	$-50/0=-\infty$
100	$-50+0.2\times100=-30$	$-30/100=-0.3$
200	$-50+0.2\times200=-10$	$-10/200=-0.05$
300	$-50+0.2\times300=10$	$10/300=0.033$
400	$-50+0.2\times400=30$	$30/400=0.075$
500	$-50+0.2\times500=50$	$50/500=0.1$
⋮	⋮	⋮
1,000	$-50+0.2\times1,000=150$	$150/1,000=0.15$
⋮	⋮	⋮
10,000	$-50+0.2\times10,000=1,950$	$1,950/10,000=0.195$
⋮	⋮	⋮
100,000	$-50+0.2\times100,000=19,950$	$19,950/100,000=0.1995$
⋮	⋮	⋮

6.6 消費関数論争

　第2次世界大戦後，各国で次第に経済統計が整備されるようになったことから，ケインズ型消費関数の特徴が現実のデータとマッチしているのかを検証する分析が盛んに行われるようになりました。初めはケインズ型消費関数の特徴を確証する研究結果が得られていましたが，アメリカの経済学者サイモン・クズネッツ（Simon Kuznets, 1901-1985）などは以下のように現実のデータとケインズ型消費関数との矛盾点を明らかにしました。

> **ケインズ型消費関数（短期消費関数）の矛盾**
>
> ● ケインズの消費関数の特徴の2つ目として，所得が増加すると平均消費性向が低下しなければならないが，長期の時系列データ[1]を使って所得と平均消費性向の関係を見ると，所得が増加しても平均消費性向はほぼ一定であり，低下する傾向はみられない。
>
> ● 短期の時系列データやクロスセクションデータ[2]から計算した消費関数はケインズ型消費関数で示される。
>
> ● クロスセクションデータから計算した限界消費性向（＝消費関数の傾き）は，時系列データから計算した限界消費性向より小さく，消費関数は時間とともに上方に移動する。

　短期の時系列データやクロスセクションデータをあてはめて計算した消費関数と，上記の矛盾点から判明した重要なことは，消費関数には短期消費関数と長期消費関数の2種類があるのではという点です。短期消費関数は短期の所得と消費のデータを集めてその形を推計すると，これまで使用してきた，ケインズ型消費関数の特徴を有する

$$C = c_0 + c_1 \times Y \quad \cdots \quad (1)$$

の形となります。しかし，長期の所得と消費のデータを集めてその形を推計すると，

$$C = \alpha \times Y \quad \cdots \quad (4)$$

の形になるということです。しかも，(1)式の傾きはc_1，(4)式の傾きはαなので，(1)式と(4)式では限界消費性向の大きさが異なり（$c_1 \neq \alpha$），データを観察するとc_1の方がαより小さくなります（$c_1 < \alpha$）。(4)式は長期の所得と消費のデータを集めてその形を推計したものなので，(4)式のことを**長期消費関数**(long-run consumption function)といいます。

　図表6−5は同じ平面に短期と長期の消費関数を描いたものです。短期消費関数（(1)式）は図表6−1で描かれたものと同じですが，時間とともに上方に

シフトしていくように描かれています。一方，長期の消費関数（(4)式）は短期の消費関数より急な傾き（=α）を持ち，原点（O）を通るように描かれています。

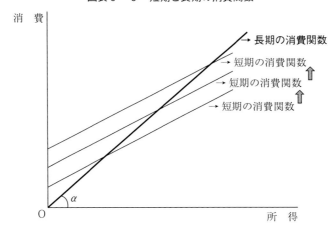

図表6－5　短期と長期の消費関数

そこで，なぜ短期と長期の2つの異なる消費関数が存在するのか，その謎を解明しようということで，多くの研究が生まれました。これを「消費関数論争」といいます。消費関数論争の中で生まれた消費関数に関する主な仮説は，6.1で説明した「恒常所得仮説」と「相対所得仮説」の2つです。以下では学会での影響力が大きかった恒常所得仮説を中心に説明し，相対所得仮説は「補論」で取り上げます。

6.7　恒常所得仮説

恒常所得仮説（permanent income hypothesis）は，アメリカの経済学者ミルトン・フリードマン（Milton Friedman, 1912-2006）が提唱した仮説のことで，「現在の消費は現在の所得ではなく将来の所得をも含んだ恒常所得に依存する」という考えです。つまり，恒常所得が増えれば現在の消費を増やし，恒常所得が

減れば現在の消費を減らすということです。ここで，恒常所得とは「現在から将来にかけての平均所得」のことです。そのため，現在の所得が一時的に増えたとしても，その増加が将来にわたって続かない限り，恒常所得はあまり増えないので，現在の消費に与える影響は小さくなります。

例えば，臨時にボーナスが支給されても，次回以降も支給され続けるとは限らないので，臨時ボーナスの支給が平均所得に及ぼす影響は微々たるものでしかないのです。そのため，臨時ボーナスが支給されても，それが一時的なものである限り，支給されたボーナスの多くを貯蓄に回し，消費をそれほど増やさないことになります。もっとも，全員がそういう行動の仕方をするというわけではなく，単なる仮説です。現実には恒常所得を気にする人は半数程度といわれています。

そこで，次に数値例を使って恒常所得仮説の仕組みについて考えてみましょう。現在の消費を C，恒常所得を Y_p と置いて，恒常所得仮説を以下のような一次関数の形で表すことにします。

$$C = 0.9Y_p \qquad (5)$$

恒常所得とは現在の所得と将来の平均所得，正確には加重平均（5.3節）で表されます。例えば，Y は現在の所得，Y_1 は 1 年後の所得，Y_2 は 2 年後の所得，Y_3 は 3 年後の所得を表しているとしたとき，4 年間の恒常所得は以下のように表すことができます。

$$Y_p = 0.4Y + 0.3Y_1 + 0.2Y_2 + 0.1Y_3 \qquad (6)$$

ここで「0.4」は Y（現在の所得）にかかるウェイト，「0.3」は Y_1（1 年後の所得）にかかるウェイト，「0.2」は Y_2（2 年後の所得）にかかるウェイト，「0.1」は Y_3（3 年後の所得）にかかるウェイトです。ウェイトの取り方は適当な数字を充てているだけですが，我々家計にとっては現在に近い所得ほど重要度が高いと考えられるので，Y（現在の所得）に最も大きなウェイト0.4をかけ，Y_3（3 年後の所得）に最も小さいウェイト0.1を充てています[3]。

$Y=300, Y_1=300, Y_2=300, Y_3=300$ のとき

このとき，Y_p（恒常所得）は (6) 式より，

$$Y_p = 0.4 \times 300 + 0.3 \times 300 + 0.2 \times 300 + 0.1 \times 300 = 300$$

となります。「$Y_p = 300$」のときの現在の消費（C）は (5) 式より，

$$C = 0.9 \times 300 = 270$$

となります。図表 6 − 6（a）では A 点に対応し，A 点においては「$Y = Y_p = 300$」となっています。

図表 6 − 6（a） $Y=300, Y_p=300, C=270$ 図表 6 − 6（b） $Y=400, Y_p=340, C=306$

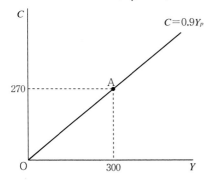
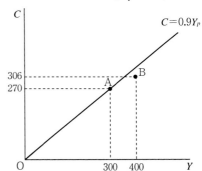

6.8 一時的所得の変化

一時的所得の増加：$Y=400, Y_1=300, Y_2=300, Y_3=300$ のとき

Y（現在の所得）だけが一時的に 300 から 400 に増加したとします。このときの Y_p（恒常所得）と C（現在の消費）は (5) 式と (6) 式より，

$$Y_p = 0.4 \times 400 + 0.3 \times 300 + 0.2 \times 300 + 0.1 \times 300 = 340$$
$$C = 0.9 \times 340 = 306$$

となります。「$Y=400$」のとき「$C=306$」となるので，図表 6 − 6（b）では

B点に対応し、現在の所得だけが一時的に「$Y=300$」から「$Y=400$」に増加すると、A点からB点に移動することがわかります。

一時的所得の減少：$Y=200, Y_1=300, Y_2=300, Y_3=300$のとき

逆に、Y（現在の所得）だけが一時的に300から200に減少したとします。このときのY_p（恒常所得）とC（現在の消費）は(5)式と(6)式より、

$$Y_p = 0.4 \times 200 + 0.3 \times 300 + 0.2 \times 300 + 0.1 \times 300 = 260$$
$$C = 0.9 \times 260 = 234$$

となります。「$Y=200$」のとき「$C=234$」となるので、図表6－6（c）ではC点に対応し、現在の所得だけが一時的に「$Y=300$」から「$Y=200$」に減少すると、A点からC点に移動することがわかります。

以上からA点（$Y=Y_p=300, C=270$）から現在の所得（Y）が一時的に増加するとB点の方向に移動し、一時的に減少するとC点の方向に移動することがわかります。図表6－6（c）のようにA点とB点、C点を結んでできる直線を求めると、

$$C = 162 + 0.36 \times Y$$

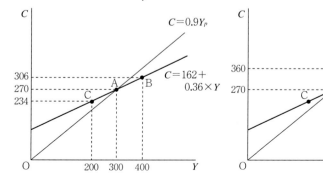

図表6－6（c）　$Y=200, Y_p=260, C=234$　　図表6－6（d）　$Y=400, Y_p=400, C=360$

となり，これはまさに短期消費関数の形状，「$C = c_0 + c_1 \times Y$」と一致しています。そのため一時的な所得の変化に対しては短期消費関数にそって消費が変化するのです。

6.9 長期的所得の変化

長期的所得の増加：Y=400, Y_1=400, Y_2=400, Y_3=400のとき

これまで一時的所得の変化を考えてきましたが，現在の所得の増加が将来も続くと予想される場合はどうでしょうか。そこで，現在の所得が「Y=300」から「$Y = 400$」に増加するだけではなく，将来の所得も「$Y_1 = 400$」，「$Y_2 = 400$」，「$Y_3 = 400$」に増加すると予想されたとしましょう。

このときのY_p（恒常所得）は(6)式より，

$$Y_p = 0.4 \times 400 + 0.3 \times 400 + 0.2 \times 400 + 0.1 \times 400 = 400$$

となり，現在の消費と恒常所得が400で等しくなります（$Y = Y_p = 400$）。「$Y = 400$」のときの現在の消費（C）は(5)式より，

$$C = 0.9 \times 400 = 360$$

となるので，図表6－6（d）ではD点になります。

長期的所得の減少：Y=200, Y_1=200, Y_2=200, Y_3=200のとき

現在の所得が「$Y = 300$」から「$Y = 200$」に減少するだけではなく，将来の所得も「$Y_1 = 200$」，「$Y_2 = 200$」，「$Y_3 = 200$」に減少すると予想されたとしましょう。

このときのY_pとCは(5)式と(6)式より，

$$Y_p = 0.4 \times 200 + 0.3 \times 200 + 0.2 \times 200 + 0.1 \times 200 = 200$$
$$C = 0.9 \times 200 = 180$$

となりますので，図表6－6（e）ではE点になります。E点においては現在の

消費と恒常所得が200で等しくなります（$Y = Y_p = 200$）。

　以上から長期的に所得が増加すると，A点からD点に移動し，長期的に所得が減少すると，A点からE点に移動します。A点とD点，E点を結んでできる直線は，

$$C = 0.9 \times Y$$

となり，これはまさに長期消費関数の形状，「$C = \alpha \times Y$」と一致しています。そのため長期的な所得の変化に対しては長期消費関数にそって消費が変化するのです。

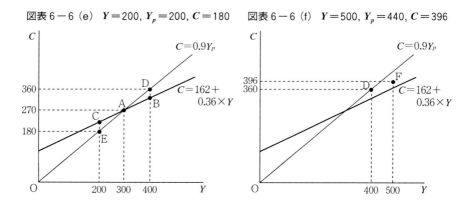

図表6-6（e）　$Y=200, Y_p=200, C=180$　　図表6-6（f）　$Y=500, Y_p=440, C=396$

6.10　短期消費関数のシフト

短期消費関数のシフト：$Y=500, Y_1=400, Y_2=400, Y_3=400$のとき

　D点（$Y = Y_p = 400$）からY（現在の所得）だけが一時的に400から500に増加したとします。このときのY_p（恒常所得）とC（現在の消費）は(5)式と(6)式より，

$$Y_p = 0.4 \times 500 + 0.3 \times 400 + 0.2 \times 400 + 0.1 \times 400 = 440$$
$$C = 0.9 \times 440 = 396$$

第6章 消費関数 | 83

「$Y = 500$」のとき「$C = 396$」となるので，図表6－6 (f) ではF点に対応し，現在の所得だけが一時的に「$Y = 400$」から「$Y = 500$」に増加すると，D点からF点に移動することがわかります。

短期消費関数のシフト：Y=300, Y_1=400, Y_2=400, Y_3=400のとき

D点（$Y = Y_p = 400$）から Y（現在の所得）だけが一時的に400から300に減少したとします。このときの Y_p（恒常所得）と C（現在の消費）は (5) 式と (6) 式より，

$$Y_p = 0.4 \times 300 + 0.3 \times 400 + 0.2 \times 400 + 0.1 \times 400 = 360$$
$$C = 0.9 \times 360 = 324$$

「$Y = 300$」のとき「$C = 324$」となるので，図表6－6 (g) ではG点に対応し，現在の所得だけが一時的に「$Y = 400$」から「$Y = 300$」に減少すると，D点からG点に移動することがわかります。

以上からD点（$Y = Y_p = 400$, $C = 360$）から現在の所得（Y）が一時的に増加するとF点の方向に移動し，一時的に減少するとG点の方向に移動することがわかります。図表6－6 (g) のようにD点とF点，G点を結んでできる直線を求めると，

$$C = 216 + 0.36 \times Y$$

となり，これはまさに短期消費関数の形状，「$C = c_0 + c_1 \times Y$」と一致しています。そのため一時的な所得の変化に対しては短期消費関数にそって消費が変化するのです。

図表6－6 (g) は図表6－5と同じです。このように，恒常所得仮説を用いれば，短期消費関数と長期消費関数の違いと，短期消費関数のシフトを説明することができます。

図表6－6（g） $Y=300, Y_p=360, C=324$

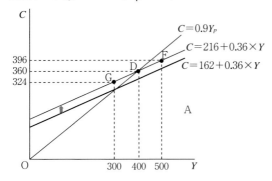

6.11 ライフサイクル仮説

ライフサイクル仮説（life-cycle hypothesis）は恒常所得仮説と極めて類似した仮説で，「現在の消費は生涯の所得と生涯の消費が等しくなるように決められる」というものです。アメリカの経済学者のフランコ・モディリアーニ（Franco Modigliani, 1918-2003）が提唱したことで知られています。

例えば，これからT年間生存し，R年後に退職するある個人を考えます。その個人の年間の所得がY円，資産がW円，金利がゼロであるとき，生涯で使えるお金（＝生涯所得）は

$$生涯所得 = W + R \times Y$$

となります。一方，消費をCと置くと，生涯消費は

$$生涯消費 = T \times C$$

となります。

ライフサイクル仮説では「生涯消費＝生涯所得」

$$TC = W + RY$$

となるように，消費（C）が決まります。Cについて解くと

$$C = \frac{W}{T} + \frac{R}{T}Y \qquad (7)$$

　資産（W）は過去からの蓄積なので短期間で資産（W）は増えることも減ることもなく，Wは一定と考えることができます。そこで「$\frac{W}{T} = c_0$」，「$\frac{R}{T} = c_1$」と置くと，(7)式は「$C = c_0 + c_1 \times Y$」となるので，これは短期消費関数（(1)式）と同じ形状の直線であることがわかります。

　資産（W）は短期的に一定ですが，長期的には所得（Y）が変化すれば資産（W）もそれとともに変化します。つまり，長期間にわたって所得（Y）が増え続けるような経済成長が起これば，資産（W）も所得（Y）とともに増加するのです。例えば，Yが500万円，1年間のYの増加率が0.02であるとします。WもYと同じ0.02の率で増大すると仮定すると，Wの大きさは1年後に

$$W = (1 + 0.02) \times 500 万円 = 510 万円$$

となります。Yの増加率をgとすると，Wもgの率で増大するので，Wは「$(1+g) \times Y$」となります。そこで，「$W = (1+g) \times Y$」を(7)式に代入します。

$$C = \frac{(1+g) \times Y}{T} + \frac{R}{T}Y = \frac{(1+g)+R}{T} \times Y \qquad (8)$$

「$\frac{(1+g)+R}{T} = \alpha$」と置くと，(8)式は「$C = \alpha \times Y$」となるので，これは長期消費関数（(4)式）と同じ形状の直線であることがわかります。

相対所得仮説

習慣形成仮説

　6.1節で説明したように，相対所得仮説は「習慣形成仮説」と「相互依存仮説」から成り立っています。そのうち習慣形成仮説は過去最大の所得の影響も受けるという仮説です。そこで習慣形成仮説を式で表すと，

$$C = c_2 \times Y^* + c_1 \times Y \qquad (①)$$

　好景気のときは所得（Y）が増えていきますので，過去最大の所得（Y^*）を更新し続けます。そのため，好景気時には「現在の所得（Y）＝過去最大の所得（Y^*）」となるの

で，①式に「$Y = Y*$」を代入すると，

$$C = c_2 \times Y + c_1 \times Y = (c_2 + c_1) \times Y \quad (②)$$

となります。ここで「$c_2 + c_1 = \alpha$」と置くと，②式は「$C = \alpha \times Y$」となるので，これは長期消費関数（（4）式）と同じ形状の直線であることがわかります。

一方，不況時には，所得が減るので，現在の所得（Y）は過去最大の所得（$Y*$）を下回ることになります（$Y < Y*$）。仮に過去最大の所得（$Y*$）が $\bar{Y}$ であるとすると，①式は

$$C = c_2 \times \bar{Y} + c_1 \times Y \quad (③)$$

となります。ここで「$c_2 \times \bar{Y} = c_0$」と置くと，③式は「$C = c_0 + c_1 \times Y$」となるので，これは短期消費関数（（1）式）と同じ形状の直線であることがわかります。

このように，習慣形成仮説から短期と長期の両方の消費関数を導き出すことができます。

これと同じ考え方で，過去最大の所得でなくても，より単純に過去の所得に基づいた過去の消費が習慣化され，現在の消費に影響を及ぼすこともあり得ます。現在の消費を C，1年前の所得を Y_{-1}，現在の所得を Y で表すと，消費関数は①式の $Y*$ を Y_{-1} に置き換えればよいだけなので，

$$C = c_2 \times Y_{-1} + c_1 \times Y \quad (④)$$

と書けます。ここで「$c_2 \times Y_{-1} = c_0$」と置くと，④式も「$C = c_0 + c_1 \times Y$」となるので，これは短期消費関数（（1）式）と同じ形状の直線であることがわかります。

数年程度の短期間で所得（Y）はそれほど大きく変化しませんが，長期では現在と将来の所得（Y）は変わり得ます。そこで長期を考えるため，経済成長率が g であり，所得も経済成長に合わせて，毎年 g ずつ増加すると仮定しましょう。今，1年前の所得が Y_{-1} であるので，現在の所得（Y）は

$$Y = (1 + g) Y_{-1}$$

となります。

$$Y_{-1} = \frac{Y}{1 + g}$$

より，④式に代入すると，

$$C = c_2 \times \frac{Y}{1+g} + c_1 \times Y = \left(\frac{c_2}{1+g} + c_1 \right) \times Y \quad \text{(⑤)}$$

「$\frac{c_2}{1+g} + c_1 = \alpha$」と置くと，⑤式は「$C = \alpha \times Y$」となるので，これは長期消費関数（(4)式）と同じ形状の直線であることがわかります。

　このように，過去最大の所得にせよ，1年前の過去の所得にせよ，現在の消費は過去の所得にも影響を受けるとする習慣形成仮説から短期消費関数と長期消費関数の両方を導くことができます。

相互依存仮説

　これに対し，相互依存仮説とは現在の消費はその人の所属している社会階層にも依存するという仮説です。現在の消費をC，ある人が所属する社会階層の平均消費を$\bar{C}$，現在の所得をYで表すと，消費関数は①式の$Y*$を$\bar{C}$に置き換えればよいだけなので，

$$C = c_2 \times \bar{C} + c_1 \times Y \quad \text{(⑥)}$$

ここで「$c_2 \times \bar{C} = c_0$」と置くと，⑥式は「$C = c_0 + c_1 \times Y$」となるので，これは短期消費関数（(1)式）と同じ形状の直線であることがわかります。

　一時的に消費が増えたとしても全体としては微々たるものなので，平均消費（$\bar{C}$）は短期間で増えたり減ったりするものではありません。しかし，長期間にわたって所得（Y）が増加し続けるような経済成長が起これば，平均消費（$\bar{C}$）も所得（Y）とともに増大します。仮に1年間のYの増加率がgとすると，$\bar{C}$もgの率で増大するので，$\bar{C}$は「$(1+g) \times Y$」となります。そこで，「$\bar{C} = (1+g) \times Y$」を⑥式に代入します。

$$C = c_2 \times (1+g) \times Y + c_1 \times Y = [c_2(1+g) + c_1] \times Y \quad \text{(⑦)}$$

「$[c_2(1+g) + c_1] = \alpha$」と置くと，⑦式は「$C = \alpha \times Y$」となるので，これは長期消費関数（(4)式）と同じ形状の直線であることがわかります。

【注】

1）**時系列データ**（time series data）とは，時間（年次，四半期，月次など）に従って取ったデータのこと。例えば，毎年のGDPや，毎月の消費者物価指数，毎日の株価などは時系列データです。

2）**クロスセクションデータ**（cross section data）とは，ある時点において，ある場所（都道府県や市町村など）やあるグループ（男女別，年齢別，所得階層別など）で起こっているデータのこと。例えば，2019年3月時点における東京都の世帯数，人口，事業所数などはクロスセクションデータです。国などが行っている統計データの多くがクロスセクションデータですが，数年おき，あるいは毎年，あるいは毎月などと定期的に行われることが多いので，時系列データの要素も持っています。ちなみに，時系列データの側面とクロスセクションデータの側面の2つを意図的に取り入れたデータのことを**パネルデータ**（panel data）といいます。

3）本来は金利を使った正しいウェイトを計算しなければならないのですが，入門書の範囲を超えるので省略します。ちなみに，今の日本経済の金利は低いので，4年間程度の恒常所得を計算する場合，加重平均で表しても，以下のように普通の平均で恒常所得を表しても，ほぼ同じになりますし，本章の結論も変わりません。ここでは応用が利くように，あえてそれぞれの所得に適用されるウェイトを変えています。

$$Y_p = \frac{Y_1 + Y_2 + Y_3 + Y_4}{4} = \frac{1}{4}Y_1 + \frac{1}{4}Y_2 + \frac{1}{4}Y_3 + \frac{1}{4}Y_4$$

恒常所得で使う正しいウェイトの求め方については，以下の文献を参考にしてください。

・ジェフリー・D・サックス, フィリップ・ラレーン・B. (1996)『マクロエコノミクス』日本評論社.

第7章 生産物市場の均衡

7.1 GDPと在庫変動, 均衡GDP

内閣府の「2021年度国民経済計算年次推計」(図表7-1)によれば, 2021年度の実質GDPは540兆2,261億円と決まっています。本章ではGDPがどのようなメカニズムによって決定するかを説明しますが, 4章によれば, GDPは大きく名目GDPと実質GDPの2つに分けることができ, 両者の間には「実質GDP＝名目GDP／GDPデフレーター」という関係がありました。しかし, GDPデフレーターのような物価指数は短期間のうちに急激に上昇したり低下したりする指標ではなくほぼ一定の値をとるため, 短期において実質GDPがGDPデフレーターの動きによって影響を受けることはあまりありません。特に本章や次章では短期的なGDPの決定メカニズムに関心があるので, 「GDPデフレーター＝1」として, 「名目GDP＝実質GDP」とみなし, 両者を区別せずに単にGDPと呼ぶことにします。

GDPは「国内で1年間に生産されたあらゆる財・サービスの付加価値の総額」のことをいいました。要するに, 1年間に国内で新たに生産された財・サービスの総額のことです。もちろん, 新たに生産された商品が1年のうちに過不足なく売り切れるとは限りません。例えば, 今年売れなかった商品は在庫品(売れ残り)として持ち越され, 来年販売されます。逆に今年不足した分は, これまでの在庫品を掃きだして販売されます。

3章で説明したように, 今年新たに発生した在庫品のことを, 在庫変動(＝今年までの売れ残り－昨年までの売れ残り)といいます。在庫変動がプラスであれば, 在庫品がその額だけ新たに発生したことを意味します。それがマイナスであれば, これまでの在庫品がその額だけ減少したことを意味します。

図表７－１　実質GDPと在庫変動

(単位：10億円)

	実質GDP	在庫変動	均衡GDP
2012	517,864.4	1,218.6	516,645.8
2013	528,248.1	−666.5	528,914.6
2014	529,812.8	−221.7	530,034.5
2015	538,081.2	1,054.2	537,027.0
2016	542,137.4	511.0	541,626.4
2017	551,220.0	1,243.9	549,976.1
2018	554,766.5	2,076.8	552,689.7
2019	552,535.4	1,388.9	551,146.5
2020	528,894.6	−1,166.4	530,061.0
2021	540,226.1	−40.0	540,266.1

(出所) 内閣府 (2022)『2021年度国民経済計算年次推計』

　図表７－１は，2012年から2021年にかけての，実質GDP，在庫変動，均衡GDPの推移です。例えば，2016年の実質GDPは542兆1,374億円で，在庫変動は5,110億円ですので，在庫品が１年で5,110億円増加したことを示しています。一方2021年の実質GDPは540兆2,261億円で，在庫品増加は−400億円ですので，在庫品が400億円だけ減少したことを示しています。

　図表７－１の**均衡GDP** (equilibrium GDP) とは，「在庫変動＝０」となるGDPのことです。つまり，それは在庫品が増えも減りもしないときのGDPのことです。例えば，2016年のGDPは542兆1,374億円で，在庫変動は5,110億円ですので，一国全体として生産を5,110億円だけ減らせば，新たな売れ残りの発生は防げたはずです。つまり，542兆1,374億円から5,110億円を引いた値，541兆6,264億円だけ生産を行えば，「在庫品増＝０」となりました。この場合，2016年の均衡GDPは541兆6,264億円になります。このように，実質GDPから在庫変動を引くことで，「在庫品＝０」となるような値を求め，ここではその値を均衡GDPと呼んでいます。

　図表７－１から各年の実質GDPと均衡GDPの大きさを比較すると，各年の

第7章 生産物市場の均衡 | 91

実質GDPと均衡GDPの大きさにあまり違いがないことに気づきます。政府の命令によって，計画的に生産量が決められているわけではないのですが，在庫変動があまり発生せず，実質GDPと均衡GDPはほぼ同じ値になっています。その理由を説明することが，本章の目的となります。

7.2 総供給と総需要

「在庫変動＝0」という状態は本書では「総供給＝総需要」という状態でもあります。ここで，総供給（aggregate supply）はある年の財・サービスの全体供給額のことで，GDPと輸入から構成されます。

$$総供給 ＝ GDP ＋ 輸入$$

一方，**総需要**（aggregate demand）とはある年における財・サービスに対する全体需要（＝全体購入額）のことをいいます。マクロ経済学では家計と企業と政府と外国の4グループがそれぞれ財・サービスを購入します。家計の購入額を消費，企業の購入額を投資，政府の購入額を政府支出，外国の購入額を輸出といいますので，総需要は以下の関係になります。

$$総需要 ＝ 消費 ＋ 投資 ＋ 政府支出 ＋ 輸出$$

国の統計では在庫変動も総需要の1つと見なします。しかし，ここでは政府の統計のようにGDPの大きさが決まった後に関心があるわけではなく，GDPがどのようなメカニズムで決まるのかというGDPの決定プロセスに関心があるので，在庫変動を総需要に含めません。上記のような在庫変動を含めない総需要は実際に支出が伴う需要ということになりますので，そのような総需要を，国の統計における総需要と区別して**有効需要**（effective demand）と表現することもあります。

さらに以下では海外への輸出，海外からの輸入がない封鎖経済（昔の言葉でいえば鎖国）を考えます。現在，わが国と海外との経済的取引が活発に行われているので，輸出入を無視することは非現実です。しかし，封鎖経済が理解でき

てはじめて，開国したときの貿易の恩恵を理解することができます。その意味
から，初歩的なマクロ経済学の多くでは，まず「輸出＝輸入＝0」と仮定して
説明を始めることが普通です。本書でも，まず封鎖経済を出発点として考えま
す。以下では輸出入をゼロと仮定するので，以下の関係式になります。

封鎖経済
- ● 総供給＝GDP
- ● 総需要＝消費＋投資＋政府支出

　ある年に「総供給＞総需要」であれば財・サービスの全体購入額が全体供給
額より少ないということなので，その年に新しい売れ残りが発生します。その
ため在庫変動はプラスとなります。逆に「総供給＜総需要」であれば財・サー
ビスの全体購入額が全体供給額より多いということなので品不足が発生しま
す。品不足のときはこれまでの売れ残り品を販売して対応するため，その年の
在庫品は減ります。そのため在庫変動はマイナスとなります。「総供給＝総需
要」であるとき，新たに売れ残りが発生したり，品不足が発生したりしないの
で，在庫品が増えも減りもせずに「在庫変動＝0」となります。

　「総供給＞総需要」（＝売れ残り）の状態を**超過供給**（excess supply），「総供
給＜総需要」（＝品不足）の状態を**超過需要**（excess demand），「総供給＝総需要」
の状態を**均衡**（equilibrium）といいます。均衡GDPは「在庫品＝0」となる
GDPのことでしたが，言い換えると，均衡GDPとは「総供給＝総需要」とな
るGDP，もしくは「GDP＝消費＋投資＋政府支出」となるGDPということで
す。

第 7 章　生産物市場の均衡 ｜ 93

超過供給，超過需要，均衡

● 　超過供給（在庫変動＞0）（＊売れ残り）

　　　　総供給＞総需要，つまりGDP＞消費＋投資＋政府支出

● 　均衡（在庫変動＝0）

　　　　総供給＝総需要，つまりGDP＝消費＋投資＋政府支出

● 　超過需要（在庫変動＜0）（＊品不足）

　　　　総供給＜総需要，つまりGDP＜消費＋投資＋政府支出

7.3　有効需要の原理

　7.1節で提起した「なぜGDPと均衡GDPの大きさがほぼ同じになるのか」，その理由は有効需要の原理によって説明することができます。**有効需要の原理**（principle of effective demand）とは，「総需要（＝有効需要）に合わせて総供給が決まるという原理」，要するに「生産者は売れるだけ生産するという原理」のことで，ケインズが『雇用・利子および貨幣の一般理論』（1936）の中で提唱したものです。ここで有効需要とは，7.2節で説明した在庫変動を総需要に含めない「総需要＝消費＋投資＋政府支出」のことです。

　それでは，以下の数値例①（図表7-2）を使って，有効需要の原理に基づいた均衡GDPを求めてみます。

図表7-2　数値例①

消　費	$10+0.6×Y$
投　資	50
政府支出	140

　ここで，図表7-2の「$10+0.6Y$」は6章で説明した短期消費関数です。Yは6章と同様に所得を表していますが，今は経済全体を考えているのでGDI（国内総所得）を表しています。3章で説明した三面等価の原理より，「GDI＝

GDP」が成立しているので，YはGDIであると同時にGDPであることに注意
してください。

1回目の生産：$Y = 600$

そこで，最初のYを600とします。生産した財・サービス600のうち，家計
が370（＝10＋0.6×600）だけ購入し，図表7−2より企業は50だけ購入し，政
府は140だけ購入するので，経済全体の購入額を示す総需要は560（＝370＋
50＋140）となります。この場合，生産者は600だけ生産しましたが，そのうち
560しか売れなかったということなので，40だけ新たな売れ残り，つまりプラ
スの在庫変動が発生します。

2回目の生産：$Y = 560$

最初の生産600では売れ残りが新たに40も発生したので，有効需要の原理
に従うと，2回目の生産では1回目のときに売れた分だけ生産することになり
ます。1回目のときの経済全体の購入額，つまり総需要は560であったので，
2回目のときも少なくとも560は売れると期待できます。そこで生産者は2回
目のYを600から560に変更します。2回目に生産した560のうち，家計が346
（＝10＋0.6×560）だけ購入し，図表7−2より企業は50，政府は140だけ購入
するので，経済全体の購入額を示す総需要は536（＝346＋50＋140）となりま
す。この場合，生産者は560だけ生産しましたが，そのうち536しか売れなか
ったということなので，24だけ新たな売れ残り，つまりプラスの在庫変動が
発生します。

3回目の生産：$Y = 536$

2回目の生産560では売れ残りが新たに24も発生したので，生産者は3回
目のYを2回目のときの総需要の大きさ536に変更します。3回目に生産した
536のうち，家計が331.6（＝10＋0.6×536）だけ購入し，図表7−2より企業
は50，政府は140だけ購入するので，経済全体の購入額を示す総需要は521.6
（＝331.6＋50＋140）となります。この場合，生産者は536だけ生産しましたが，

第7章　生産物市場の均衡 | 95

そのうち521.6しか売れなかったということなので，14.4だけ新たな売れ残り，つまりプラスの在庫変動が発生します。

4回目の生産：$Y = 521.6$

3回目の生産536では売れ残りが新たに14.4も発生したので，生産者は4回目のYを3回目のときの総需要の大きさ521.6に変更します。4回目に生産した521.6のうち，家計が322.96（＝$10 + 0.6 \times 521.6$）だけ購入し，図表7－2より企業は50，政府は140だけ購入するので，経済全体の購入額を示す総需要は512.96（＝$322.96 + 50 + 140$）となります。この場合，生産者は521.6だけ生産しましたが，そのうち512.96しか売れなかったということなので，8.64だけ新たな売れ残り，つまりプラスの在庫変動が発生します。

7.4　均衡GDPの決定

図表7－3　有効需要の原理

	1回目	2回目	3回目	4回目	・・・	∞
総供給（Y）	600	560	536	521.6	・・・	？
総需要	560	536	521.6	512.96	・・・	？
在庫変動	40	24	14.4	8.64	・・・	0

図表7－3から，有効需要の原理によって新たな売れ残り，つまり在庫変動の大きさが，生産を重ねるごとに「40→24→14.4→8.64」と減少していることがわかります。このまま，生産者は有効需要の原理に従って5回目，6回目と生産を続けていけば，必ず「在庫変動＝0」を実現することができます。

それでは「在庫変動＝0」となるYはいかなる値になるでしょうか。図表7－3の「？」の部分を求めたいと思います。そのために，企業がxだけ生産すると仮定します。生産した財・サービスのうち，家計が「$10 + 0.6 \times x$」だけ購入し，図表7－2より企業は50だけ購入し，政府は140だけ購入するので，経済全体の購入額を示す総需要は

$$総需要 = 10 + 0.6x + 50 + 140 = 200 + 0.6x \qquad (1)$$

となります。「在庫変動 = 0」は

$$総供給 ＝ 総需要 \qquad (2)$$

が成立していることでした。総供給はGDPのことであり，それを x で表しているので，「総供給＝総需要」の関係は

$$x = 200 + 0.6x$$

となります。この式を x について解くと，「$x = 500$」が得られます。

　実際に生産を500にすれば，在庫変動はゼロとなります。生産した財・サービス500のうち，家計が310（＝10＋0.6×500）だけ購入し，図表7－2より企業は50だけ購入し，政府は140だけ購入するので，経済全体の購入額を示す総需要も500（＝310＋50＋140）となります。このように生産者は500だけ生産すれば，生産した財・サービスのすべてを売ることができるので，新たな売れ残りは発生せず，在庫変動はゼロとなります。このような「在庫変動 = 0」，言い換えると「総供給＝総需要」となるGDP，ここでは「$x = 500$」のことを「均衡GDP」といいます。

図表7－4　均衡GDPへの接近

	1回目	2回目	3回目	4回目	・・・	∞
総供給（Y）	600（a点）	560（c点）	536（e点）	521.6（g点）	・・・	500（E点）
総需要	560（b点）	536（d点）	521.6（f点）	512.96（h点）	・・・	500（E点）
在庫変動	40	24	14.4	8.64	・・・	0

　均衡GDPは図表7－5のE点に対応しています。図表7－5のように(1)式と(2)式を同じ平面に描き，その交点で均衡GDPを示す図のことを**45度線図**（45-degree line diagram），あるいは**ケインジアンの交差図**（Keynesian cross diagram）といいます。45度線図を使った分析のことを「45度線分析」といいま

図表7-5 均衡GDPの決定（ケインジアン交差図）

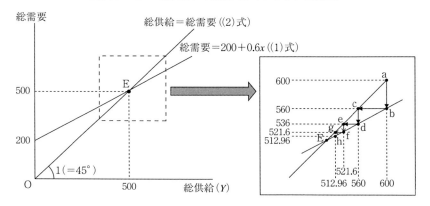

す[1]。図表7-5で描かれている「総需要＝総供給」を示す(2)式の傾きが「1」（＝45度）であることから，このように呼ばれています。

図表7-5は図表7-4の流れを示しています。最初はa点（$Y=600$）から出発したわけですが，有効需要の原理に従いながら，生産の調整を行っていくと，ジグザグの形ではありますが，次第にE点（$Y=500$）に接近する様子が描かれています。a点以外の場所から出発したとしても，必ずE点（$Y=500$）に接近します。つまり，最初のGDPがどのような値であったとしても必ず均衡GDPに近づこうとするわけです。このように，有効需要の原理を用いると，図表7-1のようにGDPと均衡GDPがほぼ等しくなる理由をうまく説明することができます。

例題1 消費と投資と政府支出が以下の表で与えられているとき，以下の問いに答えなさい。

消　費	$50+0.5 \times Y$
投　資	100
政府支出	120

（1）均衡GDPを求めなさい。

（2）$Y = 500$ のとき，この経済の超過需要を求めなさい。

（3）$Y = 600$ のとき，この経済の超過供給を求めなさい。

（解答）

（1）生産者が x だけ生産すると仮定します。生産した財・サービス x のうち，家計が「$50 + 0.5 \times x$」だけ購入し，表より企業は 100 だけ購入し，政府は 120 だけ購入するので，経済全体の購入額を示す総需要は

$$総需要 = 50 + 0.5x + 100 + 120$$

となります。「総供給 = 総需要」は

$$x = 50 + 0.5x + 100 + 120$$

で表されるので，この式を x について解くと，$x = 540$ となり，この値が均衡GDPです。

（2）$Y = 500$ のときの総需要は

$$総需要 = 50 + 0.5 \times 500 + 100 + 120 = 520$$

となります。「超過需要 = 総需要 − 総供給」より，

$$超過需要 = 520 - 500 = 20$$

（3）$Y = 600$ のときの総需要は

$$総需要 = 50 + 0.5 \times 600 + 100 + 120 = 570$$

となります。「超過供給 = 総供給 − 総需要」より，

$$超過供給 = 600 - 570 = 30$$

第7章 生産物市場の均衡 | 99

例題2 消費と投資と政府支出が以下の表で与えられているとする。

消　費	$10+0.6\times Y$
投　資	50
政府支出	140

1回目の総供給が$Y=400$のとき，有効需要の原理に基づいて，以下の表の空欄を埋めなさい。

	1回目	2回目	3回目	4回目	…	∞
総供給(Y)	400				…	
総需要					…	
在庫変動					…	0

（解答）　$Y=400$のときの総需要は

$$総需要 = 10+0.6\times400+50+140 = 440$$

となります。「在庫変動 ＝ 総供給－総需要」より，1回目の在庫変動は

$$在庫変動 = 400-440 = -40$$

「在庫変動＝－40」は超過需要という指標で表現すると「超過需要＝40」のことですが，これは40だけ品不足が発生したことを意味しています。生産したのは400ですが440も売れてしまったので，40だけ財・サービスが不足します。そのため2回目に生産するとき，企業は生産を400から440に増加させます。2回目の生産，$Y=440$のときの総需要は

$$総需要 = 10+0.6\times440+50+140 = 464$$

となります。「在庫変動 ＝ 総供給－総需要」より，1回目の在庫変動は

$$在庫変動 = 440 - 464 = -24$$

「在庫変動 = -24」は超過需要という指標で表現すると「超過需要 = 24」のことですが、これは24だけ品不足が発生したことを意味しています。生産したのは440ですが464も売れてしまったので、24だけ財・サービスが不足します。3回目に生産するとき、企業は生産を440から464に増加させます。この過程を繰り返していくと、以下の表のように、在庫変動がゼロ、つまり新たな品不足も売れ残りも発生しない生産の大きさ500に接近していきます。

	1回目	2回目	3回目	4回目	・・・	∞
総供給（Y）	400	440	464	478.4	・・・	500
総需要	440	464	478.4	487.04	・・・	500
在庫変動	-40	-24	-14.4	-8.64	・・・	0

例題3 貯蓄、投資、政府支出が以下の表で与えられているとする。このとき以下の問いに答えなさい。

貯　蓄	$-10 + 0.4 \times Y$
投　資	50
政府支出	140

（1）均衡GDPを求めなさい。
（2）限界貯蓄性向が0.4から0.5へ上昇したとき、均衡GDPを求めなさい。

（解答）
（1）7.2節より均衡とは「GDP = 消費 + 投資 + 政府支出」が成り立っている状態のことでした。また、3章3.3節より、経済全体の所得の合計を示す

GDI（国内総所得）は，消費と，貯蓄と，政府への納税額の合計に等しくなります。このことを式で表すと，「GDI＝消費＋貯蓄＋税」となりますが，いま税を考えていないのでそれを無視すると（税の問題は次の8章で考えます），「GDI＝消費＋貯蓄」となります。三面等価の原理より「GDP＝GDI」とならなければならないので，「消費＋投資＋政府支出＝消費＋貯蓄」，つまり「投資＋政府支出＝貯蓄」が成立します。この式に表の数値を代入すると，

$$50 + 140 = -10 + 0.4Y$$

Yについて解くと$Y = 500$となり，この値が均衡GDPです。

（2）限界貯蓄性向（6章6.5節参照）が0.4から0.5に上昇すると，貯蓄関数は「$-10 + 0.5Y$」となります。「投資＋政府支出＝貯蓄」に代入すると，

$$50 + 140 = -10 + 0.5Y$$

より，均衡GDPは$Y = 400$となります。

　限界貯蓄性向が0.4のときの均衡GDPは500でしたが，0.5に上昇すると均衡GDPは400になりました。このことから限界貯蓄性向が上昇すると均衡GDPが減少することがわかります。ちなみに限界貯蓄性向が0.4，GDPが500のときの貯蓄は「貯蓄＝$-10 + 0.4 \times 500 = 190$」です。一方，限界貯蓄性向が0.5，GDPが400のときの貯蓄は「貯蓄＝$-10 + 0.5 \times 400 = 190$」です。

　これは想像とは逆の結果です。この結果では，人々の貯蓄意欲が高まり限界貯蓄性向が上昇しているにも関わらず，経済全体の貯蓄は190のまま変わらないのです。この理由は次のように考えることができます。まず，1人1人の貯蓄意欲が高まり限界貯蓄性向が上昇すると，消費意欲，つまり限界消費性向が低下します。消費が減少すると，「GDP＝消費＋投資＋政府支出」の関係より，GDPは500から400に減少します。GDPは経済全体の所得の合計であるGDIに等しく，GDPが減少するということは経済全体の所得も500から400に減少します。稼いだ所得の中から貯蓄する

ものなので、GDPが400に減少し所得が減ってしまうと貯蓄も、190から150（$=-10+0.4\times400$）へと減少しようとします。しかしここでは、限界貯蓄性向は0.4から0.5に上昇しているので、150まで減ることはなく、190（$=-10+0.5\times400$）のまま変わりません。

このように、1人1人が貯蓄にいそしもうとしても、経済全体の貯蓄が増えずGDPが減少するという現象のことを**貯蓄のパラドックス**（paradox of saving）もしくは**節約のパラドックス**（paradox of thrift）といいます。貯蓄のパラドックスの例のように、1人1人が合理的な行動をとったはずでも、全員が同じ行動を行ったことで、GDPが減少するなど好ましくない結果を招いてしまうことを**合成の誤謬**（ごびゅう）（fallacy of composition）といいます。

例題4 消費と投資と政府支出が以下の表で与えられているとき、均衡GDPの大きさを求めなさい。

消　費	$c_0+c_1\times Y$
投　資	$\overline{I}$
政府支出	$\overline{G}$

（解答）

生産者がxだけ生産すると仮定します。生産した財・サービスxのうち、家計が「$c_0+c_1\times x$」だけ購入し、表より企業は$\overline{I}$だけ購入し、政府は$\overline{G}$だけ購入するので、経済全体の購入額を示す総需要は

$$総需要 = c_0+c_1x+\overline{I}+\overline{G}$$

となります。「総供給＝総需要」は

$$x = c_0+c_1x+\overline{I}+\overline{G}$$

で表されるので，この式をxについて解くと，以下のように均衡GDPを求めることができます。

$$x - c_1 x = c_0 + \overline{I} + \overline{G}$$

$$x(1 - c_1) = c_0 + \overline{I} + \overline{G}$$

$$x = \frac{c_0 + \overline{I} + \overline{G}}{1 - c_1} \qquad \text{（均衡GDP）}$$

【注】

1）最初に誰が「45度線分析」を行ったかということについては諸説ありますが，「45度線分析」はアメリカの経済学者，ポール・サミュエルソン（Paul Anthony Samuelson, 1915-2009）が著した「所得決定の簡単な数学」という論文や，それと同じ著者による『経済学』という教科書を通じて有名になりました。

・サミュエルソン著，篠原三代平・佐藤隆三編集，小原敬士他訳（1979）『国民所得分析』（サミュエルソン経済学体系1）勁草書房，pp.104-124.

・サミュエルソン著，都留重人訳（1966）『経済学　入門的分析（上・下）』（日本語初版，原書第6版）岩波書店.

第8章 45度線分析

8.1 安定化のための経済政策

「何らかの経済的目的を達成するために，政府が一定の手段を使って経済に影響を与えようとすること」を**経済政策**（economic policy）といいます。経済政策の目的は大きく「効率性」，「公平性」，「安定性」の３つがあります。３つの目的の中でも，マクロ経済学で最も重要なのは"安定性"のための経済政策となります。ここで，安定性とは経済の安定性，具体的には雇用と物価の安定性のことをいいます。雇用が急速に悪化したり物価が急激に上昇したりするなど，経済の動きが不安定になると，経済を安定化させる経済政策が政府に求められます。

安定性のための経済政策には，国による**財政政策**（fiscal policy）と，中央銀行（わが国では日本銀行）による**金融政策**（monetary policy）の２種類の政策があります。財政政策は主に「雇用の安定化」，金融政策は主に「物価の安定化」を目的としています。しかし，わが国の場合，日本銀行は国と連携した金融政策の運営を求められるので，金融政策においても雇用の安定化を無視することができません。金融政策については９章で扱うので，本章では財政政策とその効果を中心に説明します。

国が行う財政政策として，**裁量的財政政策**（discretionary fiscal policy）とビルトイン・スタビライザー（built-in stabilizer）の２つが挙げられます。裁量的財政政策とは，経済状態に合わせて財政，つまり政府支出と税をコントロールすることで，経済の安定化をはかる政策です。一方，ビルトイン・スタビライザーは，裁量的財政政策のように，政府が積極的に経済に介入するわけではなく，財政制度自体がもともと持っている景気を安定化する力にゆだねることを

いいます。

　それではどのような財政制度が何もしなくても景気を安定化させる力を持っているのでしょうか。その典型例は日本の所得税の累進制です。この制度においては所得が多い個人ほど税負担が重くなり，所得が低い個人ほど税負担が軽くなります。そのため，経済の状態が悪いとき，解雇や失業などにより人々の所得は減少してしまいますが，所得が減少しても，累進制であれば税負担が軽くなります。累進性により所得が減少した以上に税負担割合（＝税負担額/所得）が軽くなると，所得の落ち込みによる経済のダメージが少なくなります。

　このような，累進制のような財政制度自体が持っている経済を安定化させる働きを，**ビルトイン・スタビライザー**（built-in stabilizer: **景気の自動安定化装置**）といいます。所得税の累進制以外にも，雇用保険（＝失業手当）もビルトイン・スタビライザーとして機能するといわれています。

8.2　政府支出とGDP

　ここでは7章で説明した45度線図を使って，裁量政策の効果についてみていきます。裁量政策とは，そのときどきの経済の状態に応じて，政府支出と税をコントロールすることでした。例えば，経済の状態が悪いときに政府支出を増やし減税を行う，逆に経済が過熱しているときに政府支出を抑制し増税を行うということです。

　最初に政府支出の効果を考えます。3章で説明したように政府支出とは公共投資と政府消費（公務員への給与など）のことでした。この中でも，短期間に動かすことができ，なおかつ，効果が早いと考えられるのは公共投資です。公共投資とは，政府が道路，鉄道，港，空港，ダム，防災対策，都市計画など公共施設を整備することです。そのため公共投資の対象となる事業は，土木・建設業とその関連産業が中心となります。わが国において，法人企業の11％以上が建設業で，全従業員数の7％以上が建設業で働いています。大手の建設会社（ゼネコン）は全国に多数の下請け会社を抱え，下請け会社は作業員を抱え，現場で建設作業を行ったり，建設資材や建設機器を購入したりします。

106

　したがって，政府が公共投資を増やすということは，大手の建設会社ばかり
ではなく，その下請け会社，卸売業，資材や機器メーカーへとその効果が波及
していきます。したがって，不況期においては，即効性と波及効果の大きい公
共投資の拡大が，財政政策の手段として選ばれるのです。

　このような公共投資を通じた政府支出の拡大効果は，図表8－1の数値例を
用い簡単に確認することができます。

図表8－1　政府支出の増加

（政府支出増加前）

消　費	$10+0.6\times Y$
投　資	50
政府支出	140

（政府支出増加後）

消　費	$10+0.6\times Y$
投　資	50
政府支出	200

　図表8－1（政府支出増加前）は7章7.3節の図表7－2と同じものです。こ
のときの均衡GDPの大きさは500になりました。一方，政府支出を140から
200へと60だけ増加させたときの均衡GDPを求めてみます。7章と同様に生
産者がxだけ生産すると仮定します。生産した財・サービスのうち，家計が
「$10+0.6\times x$」だけ購入し，企業は50だけ購入し，政府は200だけ購入するの
で，経済全体の購入額を示す総需要は

$$総需要 = 10+0.6x+50+200$$

となります。「総供給＝総需要」は

$$x = 10+0.6x+50+200$$

で表されるので，この式をxについて解くと，均衡GDPは「$x=650$」となる
ことがわかります。

　以上の計算結果から，政府支出を140から200へと増加させることによっ
て，均衡GDPも500から650へと増加することがわかります。GDPは1年間
の財・サービスの生産額であり，生産は労働者が行うものなので，GDPが増

加すればその分だけ新規採用が増え，解雇やリストラも減り，雇用が安定化します。

　政府支出の増加が均衡GDPをどのくらい増加させたでしょうか。政府支出の増加効果を測る指標に**政府支出乗数**（government expenditure multiplier）があります。政府支出乗数は，以下の式で求めることができます。

$$政府支出乗数 = \frac{GDPの増加額}{政府支出の増加額}$$

　この式を使って，上の計算結果から政府支出乗数を求めると，

$$政府支出乗数 = \frac{650-500}{200-140} = \frac{150}{60} = 2.5$$

となります。「政府支出乗数＝2.5」は政府支出増加額に対する2.5倍ということを意味します。例えば，政府支出が1,000億円増加すれば，GDPはその2.5倍にあたる2,500億円増加します。逆に政府支出が1,000億円減少すれば，GDPはその2.5倍にあたる2,500億円減少します。このように，政府支出乗数の値さえわかれば，政府支出増加によるGDPへの効果を簡単に計算することができます。

　本書を含めて多くの教科書や文献では，GDPをYの記号で表し，政府支出をGの記号で表します。また，数学では変数の変化量をΔ（デルタ）という記号で示すことがあります。それが増加量や増加額などを表す場合は単にΔ，減少量や減少額などを表す場合は「$-\Delta$」としΔ記号の横にマイナスを付けるルールです。したがって，GDPの増加額，つまりYの増加額を表す場合は，Yの左横にΔをつけてΔY（デルタワイ），Yの減少額を表す場合は，Yの左横に「$-\Delta$」をつけて「$-\Delta Y$」（マイナスデルタワイ），と書きます。このほうが，言葉で「Yの増加額」と書くよりも，文字の節約になりますし，計算するときも便利なため，経済学でもΔ記号は使われます。もちろん，政府支出の増加額，つまりGの増加額はΔGになります。

　そこで政府支出乗数をΔGとΔYを使って書き直すと，

> **政府支出乗数**
>
> $$政府支出乗数 = \frac{GDPの増加額}{政府支出の増加額} = \frac{\Delta Y}{\Delta G}$$

と簡便な形で表すことができます。

8.3　乗数効果

　なぜ，図表8－1の数値例では，政府支出の増加によって，その2.5倍も
GDPが増えたのでしょうか。その理由は限界消費性向にあります。6章6.2節
で示したように，限界消費性向は消費関数が「$C = c_0 + c_1 Y$」で与えられると
き「c_1」になります。消費関数が「$c_1 = 10 + 0.6Y$」のときの限界消費性向は
0.6です。ここで限界消費性向が0.6であるということは，「所得が1単位増加
すれば，0.6単位だけ消費を増やす」ことを意味します。また，国内における
1年間の所得の合計（＝GDI）はGDPに常に等しくなるので，経済全体のマク
ロで考えるとき，所得をGDPに置き換えることができます。そのため，マク
ロでみた限界消費性向は，「GDPが1単位増加すれば，0.6単位だけ消費を増
やす」ということを意味します。

　図表8－1のように政府支出が140から200へと60だけ増加すると，総需要
（＝消費＋投資＋政府支出）も60だけ増加します。総需要が60だけ増えるという
ことは，総供給も60だけ増えなければ，超過需要（品不足）が生じてしまいま
す。そのため，有効需要の原理より企業は総供給を60だけ増やします。ここ
では，「総供給＝GDP」でしたので，総供給が60だけ増加するということは，
GDPが60だけ増えるということです。

　図表8－1の限界消費性向は0.6なので，GDPが60だけ増えるということ
は，消費が「60×0.6」だけ増加することになります。消費が「60×0.6」だ
け増加すると，総需要（＝消費＋投資＋政府支出）も「60×0.6」だけ増加しま

す。総需要が「60×0.6」だけ増えると，企業は品不足にならないようGDPを「60×0.6」だけ増やします。

GDPが「60×0.6」だけ増えるということは，そのうち消費が「60×0.6×0.6」だけ増加するということになります。消費が「60×0.6×0.6」だけ増加すると，総需要（＝消費＋投資＋政府支出）も「60×0.6×0.6」だけ増加します。総需要が「60×0.6×0.6」だけ増えると，企業は品不足にならないようGDPを「60×0.6×0.6」だけ増やします。

もちろん，この後，GDPは「60×0.6×0.6×0.6」，「60×0.6×0.6×0.6×0.6」，・・・と，GDPの増加がゼロとなるまで続いていくと想像されます。このように，政府支出を増やすだけで，GDPが累積的に増加していくプロセスを，**乗数効果**（multiplier effect）といいます。

政府が公共投資を増やすということは，公共投資を請け負った大手の建設会社ばかりではなく，その下請け会社，卸売業，資材や機器メーカーへとその効

図表 8 － 2　乗数効果

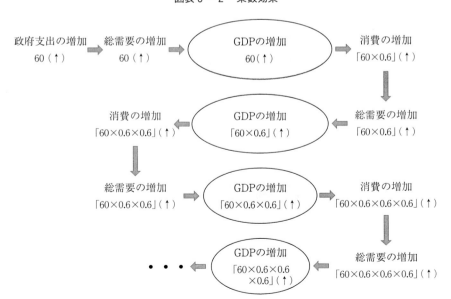

果が波及していきます。まず建設会社やその下請け企業，卸売り企業，資材メーカー，建材メーカーなどで売上が上昇し，それらに勤務している従業員の給与や賞与がアップします。アップした給与や賞与は限界消費性向分だけ消費に回そうとします。そのため今度は衣料品，耐久消費財，飲食，娯楽，旅行，宿泊といった消費財産業やサービス産業，それらを支える農業や漁業，卸売業など各種産業の売上が上昇し，従業員の給与や賞与がアップします。アップした給与や賞与は限界消費性向分だけ消費に回そうとします。

　したがって，政府が公共投資を増やすと，それと関連した分野の生産が増えるだけではなく，従業員の給与・賞与のアップを通じ，今度は消費財産業やサービス産業の生産も増え，GDPが増加していきます。例えば，給与・賞与がアップして人々が旅行するだけで，鉄道，バス，高速道路といった交通機関に加え，旅先のホテル，旅館，飲食店，観光施設，物産店の売上が増えます。もちろんそれらの産業を支える卸売業や農業，漁業といった各種産業の売上上昇にもつながります。

8.4　政府支出乗数

　政府支出増加によるGDPの増加額は

$$\text{GDPの増加額} = 60 + (0.6 \times 60) + (0.6 \times 0.6 \times 60) + (0.6 \times 0.6 \times 0.6 \times 60) + \cdots$$
$$= 60 + 0.6 \cdot 60 + 0.6^2 \cdot 60 + 0.6^3 \cdot 60 + \cdots$$

この後は以下の無限等比級数の公式を使えば，政府支出の増加額を計算できます。

無限等比級数の公式

　初項z，公比aとし，$z > 0$，$0 < a < 1$であれば，
$$z + za + za^2 + za^3 + \cdots = \frac{z}{1-a}$$

「$z=60$」,「$a=0.6$」より,

$$\text{GDP の増加額} = \frac{60}{1-0.6}$$

となります。分母の0.6は限界消費性向,分子の60は政府支出の増加額で,そして政府支出の増加額はΔG,GDPの増加額はΔYと表すことができたので,上の式にそのまま当てはめると,

$$\Delta Y = \frac{\Delta G}{1-\text{限界消費性向}}$$

となります。そして変形すると,

$$\frac{\Delta Y}{\Delta G} = \frac{1}{1-\text{限界消費性向}}$$

「政府支出乗数$=\Delta Y / \Delta G$」より以下の政府支出乗数の公式を導き出すことができます。

政府支出乗数の公式

$$\text{政府支出乗数} = \frac{1}{1-\text{限界消費性向}}$$

図表8−1の数値例では,限界消費性向は0.6なので,政府支出乗数は2.5になります。

$$\text{政府支出乗数} = \frac{1}{1-0.6} = 2.5$$

このように公式を使えば,限界消費性向の値だけわかれば政府支出乗数を簡単に求めることができます。

8.5 政府支出乗数と投資乗数

前節では図表8－1で与えられた数字を使って政府支出乗数を求めましたが，図表8－3のように具体的な数字を使わなくとも政府支出乗数を計算することはできます。

図表8－3 政府支出の増加

（政府支出増加前）

消 費	$c_0 + c_1 \times Y$
投 資	$\overline{I}$
政府支出	$\overline{G}$

（政府支出増加後）

消 費	$c_0 + c_1 \times Y$
投 資	$\overline{I}$
政府支出	$\overline{G} + \Delta G$

図表8－3（政府支出増加前）は7章例題4と同じものです。このときの均衡GDPの大きさは

$$x = \frac{c_0 + \overline{I} + \overline{G}}{1 - c_1} \qquad \text{（政府支出増加前の均衡GDP）}$$

になりました。一方，政府支出を$\overline{G}$から「$\overline{G} + \Delta G$」へと増加させたときの均衡GDPを求めてみます。生産者がx'だけ生産すると仮定します。生産した財・サービスx'のうち，家計が「$c_0 + c_1 \times x'$」だけ購入し，企業は$\overline{I}$だけ購入し，政府は「$\overline{G} + \Delta G$」だけ購入するので，経済全体の購入額を示す総需要は

$$\text{総需要} = c_0 + c_1 x' + \overline{I} + \overline{G} + \Delta G$$

となります。「総供給＝総需要」は

$$x' = c_0 + c_1 x' + \overline{I} + \overline{G} + \Delta G$$

で表されるので，この式をxについて解くと，以下のように均衡GDPを求めることができます。

$$x' - c_1 x' = c_0 + \bar{I} + \bar{G} + \Delta G$$

$$x'(1 - c_1) = c_0 + \bar{I} + \bar{G} + \Delta G$$

$$x' = \frac{c_0 + \bar{I} + \bar{G} + \Delta G}{1 - c_1} \qquad \text{(政府支出増加後の均衡GDP)}$$

GDPの増加額（$= \Delta Y$）は「$x' - x$」で求められるので，

$$\Delta Y = x' - x = \frac{c_0 + \bar{I} + \bar{G} + \Delta G}{1 - c_1} - \frac{c_0 + \bar{I} + \bar{G}}{1 - c_1} = \frac{\Delta G}{1 - c_1}$$

したがって，政府支出乗数（$= \dfrac{\Delta Y}{\Delta G}$）は，

$$\frac{\Delta Y}{\Delta G} = \frac{1}{1 - c_1}$$

となり，8.4節の政府支出乗数の公式が得られます。

　政府支出乗数は政府支出を 1 単位だけ増やしたとき，GDPが何単位増加するかを示した指標でした。これとよく似た指標に投資乗数も存在します。**投資乗数**（investment multiplier）は企業が投資を 1 単位だけ増やしたとき，GDPが何単位増加するかを示した指標で，それは

投資乗数

$$\text{投資乗数} = \frac{\text{GDPの増加額}}{\text{投資の増加額}} = \frac{\Delta Y}{\Delta I}$$

と定義されます。

　投資を $\bar{I}$ から「$\bar{I} + \Delta I$」へと増加させたときの均衡GDPを求めると，

$$x'' = \frac{c_0 + \bar{I} + \Delta I + \overline{G}}{1 - c_1} \qquad \text{(投資増加後の均衡GDP)}$$

となります。GDPの増加額（$= \Delta Y$）は「$x'' - x$」で求められるので，

$$\Delta Y = x'' - x = \frac{c_0 + \bar{I} + \Delta I + \overline{G}}{1 - c_1} - \frac{c_0 + \bar{I} + \overline{G}}{1 - c_1} = \frac{\Delta I}{1 - c_1}$$

したがって，投資乗数（$= \frac{\Delta Y}{\Delta I}$）は，

$$\frac{\Delta Y}{\Delta I} = \frac{1}{1 - c_1}$$

　以上より，政府支出乗数と投資乗数は同じ値となることがわかります。つまり，政府支出の増加と投資の増加はGDPの増加に対してまったく同じ効果をもたらすということです。このことから企業の投資が減少する不況のときは，投資が減少した分だけ，政府が代わりに政府支出を増加させれば，GDPは減少せずに済むことになります。投資は企業が機器や設備，建物など固定資本を購入することでしたので，景気の先行きや将来の成長に不安があるときは，企業はまず投資を減らします。投資が減るとGDPも減少するので，景気がさらに悪化します。そのため，企業の投資が減少しているときは，政府が政府支出を増やしてGDPの減少を食い止めることができるのです。

例題1　消費（C）が「$50 + 0.75Y$」，投資（I）が100，政府支出（G）が120であるとき，以下の問いに答えなさい。
（1）均衡GDPを求めよ。
（2）政府支出（G）が120から135に増加したときの均衡GDPを求めよ。

（解答）
（1）生産者がxだけ生産すると仮定します。生産した財・サービスxのうち，
　　家計が「$50 + 0.75 \times x$」だけ購入し，企業は100だけ購入し，政府は120

だけ購入するので，経済全体の購入額を示す総需要は

$$総需要 = 50 + 0.75x + 100 + 120$$

となります。「総供給＝総需要」は

$$x = 50 + 0.75x + 100 + 120$$

で表されるので，この式を x について解くと均衡GDPを求めることができ，$x = 1,080$ となります。

（2）限界消費性向は0.75なので，政府支出乗数（$\Delta Y/\Delta G$）は

$$\frac{\Delta Y}{\Delta G} = \frac{1}{1 - 0.75} = 4$$

となります。これは1単位だけ政府支出を増加させれば，その4倍にあたる4単位だけGDPが増加することを意味します。したがって，120から135へと15単位の政府支出増では，その4倍にあたる60単位だけGDPは増加します。（1）より政府支出増加前のGDPは1,080，政府支出増加によってGDPは60単位だけ増えるので，政府支出増加後のGDPは1,140となります。

政府支出の変化によるGDPへの影響

GDPの増加額 ＝ 政府支出増加額 × 政府支出乗数

8.6　完全雇用GDPと潜在GDP

　政府が政府支出を増加させてGDPの減少を食い止めるといっても，どのくらいの水準のGDPがあれば理想的なのでしょうか。もちろんGDPは増加すれば増加するほどよいので，GDPの成長が経済の最大の目的です。しかし，現実には常に増え続けるというものではなく，どんな高成長の国であったとして

もGDPが短期的に増えたり減ったりを繰り返しながら成長していきます。問題は短期間であったとしてもGDPが減少しているときです。GDPが減少しているときは，大学生の新規採用が減らされたり，リストラされたり，就職したくともなかなか仕事が見つからないなど雇用不安が起こります。何年か後に再びGDPが増えて雇用不安が解消されるにしても，不況が長引けば国民生活は大きなダメージを受けてしまいます。そのため，GDPが減少しているときは，政府が政府支出を増やすことで，雇用不安が解消されるまでGDPを増加させる必要が出てきます。

雇用不安が解消されるGDPの大きさのことを**完全雇用GDP**（full employment GDP）といいます。雇用不安がないという状態は完全雇用が実現しているときです。完全雇用とは働く意思と能力のある者すべてが働いている状態，そして企業が保有している機器や設備，建物など固定資本もフル稼働している状態のことをいいます。働いている者が増えれば増えるほど，固定資本も稼働すればするほどGDPは増加していきますが，労働力や固定資本は無限ではありません。働く意思と能力のあるすべての人が働いており，固定資本もフル稼働している状態，つまり完全雇用に達すると，GDPはそれ以上に増やすことができません。このような，人も固定資本もフル稼働して，短期的にそれ以上は増やせないGDPの大きさのことを完全雇用GDPといいます。

一方，完全雇用GDPとよく似た指標に**潜在GDP**（potential GDP）と呼ばれるものも存在します。潜在GDPとはその国に存在するすべての固定資本と労働を無理せずに投下したときに達成できるGDPのことをいいます。先にも述べたように，固定資本や労働は常に100％利用されているわけではありません。景気が悪ければ生産を減らすため固定資本の利用は下がりますし，景気が良ければ生産を増やすため固定資本の利用は上がります。同様に，労働も常に100％雇用されているわけではありません。景気が悪ければ企業は生産量を減らすため，労働時間や就業者数が減り失業が増えます。景気が良ければ企業は生産量を増やすため，労働時間や就業者数が増え失業が減ります。

わが国においては，内閣府が潜在GDPを求め，実際のGDPと潜在の乖離率，つまりGDPギャップ（後述）を年8回ホームページで公表しています。内

閣府は潜在GDPを「経済の過去のトレンドからみて，平均的な水準で生産要素を投入した時に実現可能なGDP」と定義しています。ここで，生産要素とは固定資本と労働のことを指しています。要するに，内閣府の潜在GDPとは，過去のデータからみて，資本と労働を平均的に利用したとした場合，そのときに実現できるGDPということです。そのため，潜在GDPは「過去平均のGDP」というニュアンスになります。ちなみに，内閣府と同じような方法で，IMFは"World Economic Outlook"で年2回，OECDは"Economic Outlook"で年2回公表しています。日本銀行も内閣府やIMF，OECDとは異なった方法ですが，GDPギャップを年4回ホームページで公表しています。

　GDPが潜在GDPを上回っていれば，平均以上に固定資本や労働を稼働させているということなので，少し無理をしている状態になります。逆に，GDPが潜在GDPを下回っていれば，平均以下でしか固定資本や労働を稼働させていないということなので，本来の力を出していない状態になります。このように考えると，潜在GDPは完全雇用GDPと同様に目指すべきGDPの目標値として使用することができます。

　GDPもテストの点数同様に，我々が努力した成果ですので，どれだけ努力すべきかという目標が必要なのです。その目標となるGDPが潜在GDPです。まず，潜在GDPを達成するということが，最初の目標となります。最初の目標が達成できれば，次の目標は潜在GDPを上げていき，経済成長を達成していくという順になります。

　GDPが潜在GDP（目標）とどのくらい離れているかを示す指標を，**GDPギャップ**（GDP gap），あるいは**需給ギャップ**といいます。GDPギャップは，基本的に「GDP－潜在GDP」と考えればよいのですが，以下のように率で表示する方が普通です。

GDPギャップ

$$\text{GDPギャップ} = \frac{\text{GDP} - \text{潜在GDP}}{\text{潜在GDP}}$$

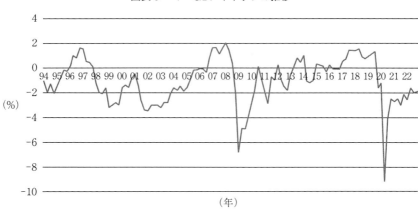

図表 8 − 4　GDPギャップの推移

(出所) 内閣府

8.7　デフレギャップとインフレギャップ

そこで完全雇用GDPあるいは潜在GDPを達成するために必要な政府支出の増加額について考えてみます。消費を「$C = 10 + 0.6Y$」，投資を50，政府支出を140としたときのGDPの大きさは500となります。完全雇用GDP（もしくは潜在GDP）が625であるとき，政府支出をどのくらい増やせばGDPが625になるのかを求めます。そこで政府支出を140から「$140 + x$」へとxだけ増加させると「$Y = 625$」になるとします。生産した財・サービス625のうち，家計が「$10 + 0.6 \times 625$」だけ購入し，企業は50だけ購入し，政府は「$140 + x$」だけ購入するので，経済全体の購入額を示す総需要は

$$総需要 = 10 + 0.6 \times 625 + 50 + 140 + x = 575 + x$$

となります。「総供給＝総需要」の関係より，

$$625 = 575 + x$$

となるので，これをxについて解くと，「$x = 50$」が得られます。したがって政

府が政府支出を140から190へと50だけ増やせば，GDPは625になり完全雇用GDPが達成されます。政府支出を増やす代わりに，企業が投資を50から100へと50だけ増やしたとしても，GDPは625になり完全雇用GDPが達成されます。このように，完全雇用GDPを達成するために必要な政府支出の増加額，もしくは投資の増加額のことを**デフレギャップ**（deflation gap）といいます。

デフレギャップは政府支出乗数の公式からも簡単に計算することができます。8.4節で示した政府支出乗数の公式を以下のように変形します。

$$\frac{\text{GDPの増加額}}{\text{政府支出の増加額}} = \frac{1}{1-\text{限界消費性向}}$$

政府支出の増加額 ＝ GDPの増加額 ×（1 － 限界消費性向）

GDPは「完全雇用GDP － GDP」だけ増加すればよいので，

政府支出の増加額 ＝（完全雇用GDP － GDP）×（1 － 限界消費性向）

完全雇用GDPが625，GDPが500，限界消費性向が0.6であるとき，GDPを625にするための政府支出の増加額は，

政府支出の増加額 ＝（625 － 500）×（1 － 0.6）＝ 50

となります。求められた50のことをデフレギャップといいます。したがって，デフレギャップを求めるときは以下の式を公式として用いれば簡単です。

デフレギャップ
デフレギャップ ＝（完全雇用GDP － GDP）×（1 － 限界消費性向）

デフレギャップはGDPが完全雇用GDPを下回るとき発生しましたが，GDPが完全雇用GDPを上回るときは**インフレギャップ**が発生します。この場合，GDPを完全雇用GDPに近づけるためには，政府支出を減らすなどしてGDPを減少させる必要があります。**インフレギャップ**（inflation gap）とは，完全雇用

GDPを達成するために必要な政府支出の減少額，もしくは投資の減少額のことをいいます。

そこで完全雇用GDPを達成するために必要な政府支出の減少額について考えてみます。消費を「$C = 10 + 0.6Y$」，投資を50，政府支出を140としたときのGDPの大きさは500となります。完全雇用GDP（もしくは潜在GDP）が400であるとき，政府支出をどのくらい減らせばGDPが400になるのかを求めます。そこで政府支出を140から「$140 - x$」へとxだけ減少させると「$Y = 400$」になるとします。生産した財・サービス400のうち，家計が「$10 + 0.6 \times 400$」だけ購入し，企業は50だけ購入し，政府は「$140 - x$」だけ購入するので，経済全体の購入額を示す総需要は

$$総需要 = 10 + 0.6 \times 400 + 50 + 140 - x = 440 - x$$

となります。「総供給＝総需要」の関係より，

$$400 = 440 - x$$

となるので，これをxについて解くと，「$x = 40$」が得られます。したがって政府が政府支出を140から100へと40だけ減らせば，GDPは400になり完全雇用GDPが達成されます。政府支出を減らす代わりに，企業が投資を50から10へと40だけ減らしたとしても，GDPは400になり完全雇用GDPが達成されます。このように，完全雇用GDPを達成するために必要な政府支出の減少額，もしくは投資の減少額のことをインフレギャップといいます。**インフレギャップ**は以下の公式からも簡単に計算することができます。

インフレギャップ
インフレギャップ ＝（GDP －完全雇用GDP）×（1 －限界消費性向）

上のインフレギャップの式を使って，完全雇用GDPが400，GDPが500，限界消費性向が0.6であるとき，GDPを400にするためのインフレギャップを求めてみると，

$$\text{インフレギャップ} = (500 - 400) \times (1 - 0.6) = 40$$

となります。

8.8 租税乗数

所得は変わらなくとも，政府に納める税が減れば，所得が増えたことと同じになります。逆に所得は変わらなくとも，政府に納める税が増えれば，所得が減ったことと同じになります。したがって，消費を考える上で，所得だけではなく納める税の大きさも重要です。所得から税の支払いを引いた残りの所得を**可処分所得**（disposable income）といいます。そこで可処分所得と消費の関係を考えると，所得は変わらなくとも政府に納める税が減れば，可処分所得は増加し消費も増加するでしょう。逆に所得は変わらなくとも政府に納める税が増えれば，可処分所得は減少し消費も減少するでしょう。この関係を消費関数で表すと以下のようになります。

$$C = c_0 + c_1(Y - T)$$

ここで T は政府に納める税，Y は所得（＝経済全体では GDP）を表しているとすると，$(Y - T)$ は可処分所得となります。

そこで，減税による GDP への影響を見るため，最初に消費が上記の「$c_0 + c_1(Y - T)$」，投資が $\bar{I}$，政府支出が $\bar{G}$ で与えられるときの均衡 GDP を計算します。企業が x だけ生産すると仮定します。生産した財・サービス x のうち，家計が「$c_0 + c_1 \times (x - T)$」だけ購入し，企業は $\bar{I}$ だけ購入し，政府は $\bar{G}$ だけ購入するので，経済全体の購入額を示す総需要は

$$\text{総需要} = c_0 + c_1(x - T) + \bar{I} + \bar{G}$$

となります。「総供給＝総需要」は

$$x = c_0 + c_1(x - T) + \bar{I} + \bar{G}$$

で表されるので，この式をxについて解くと，以下のように均衡GDPを求めることができます。

$$x = \frac{c_0 - c_1 T + \bar{I} + \bar{G}}{1 - c_1}$$ （減税前の均衡GDP）

次に減税後の均衡GDPを求めます。政府に納める税がTから「$T - \Delta T$」へとΔTだけ減税されるとします。減税されると消費は「$c_0 + c_1 \times (x - (T - \Delta T))$」になることに注意して減税後の均衡GDPを計算します。減税後の企業はx'だけ生産するとすると，生産した財・サービスx'のうち，家計が「$c_0 + c_1 \times (x' - (T - \Delta T))$」だけ購入し，企業は$\bar{I}$だけ購入し，政府は$\bar{G}$だけ購入するので，経済全体の購入額を示す総需要は

$$総需要 = c_0 + c_1 \times (x' - (T - \Delta T)) + \bar{I} + \bar{G}$$

となります。「総供給＝総需要」は

$$x' = c_0 + c_1 \times (x' - (T - \Delta T)) + \bar{I} + \bar{G}$$

で表されるので，この式をxについて解くと，以下のように減税後均衡GDPを求めることができます。

$$x' = \frac{c_0 - c_1(T - \Delta T) + \bar{I} + \bar{G}}{1 - c_1}$$ （減税後の均衡GDP）

減税後のGDP（$= x'$）から減税前のGDP（$= x$）を差し引くことで，ΔTだけ減税したことによるGDPの増加額ΔYを以下のように求めることができます。

$$\Delta Y = x' - x = \frac{c_0 - c_1(T - \Delta T) + \bar{I} + \bar{G}}{1 - c_1} - \frac{c_0 - c_1 T + \bar{I} + \bar{G}}{1 - c_1} = \frac{c_1 \Delta T}{1 - c_1}$$

両辺をΔTで割ると，

$$\frac{\Delta Y}{\Delta T} = \frac{c_1}{1 - c_1}$$

ΔT は減税額，ΔY は GDP の増加額ですので，$\Delta Y/\Delta T$ は 1 単位だけ減税することによって，GDP が $c_1/(1 - c_1)$ だけ増加することを表しています。逆に，ΔT は増税額，ΔY は GDP の減少額として，$\Delta Y/\Delta T$ を計算しても，$c_1/(1 - c_1)$ になり，減税のケースと同じ値になります。このように，減税にせよ増税にせよ，$\Delta Y/\Delta T$ は税の変化が GDP に与える影響のことなので，これを **租税乗数**（tax multiplier）といいます。

政府支出を増加させても減税しても GDP は増加しますが，どちらの方が GDP への影響は大きいでしょうか。政府支出の変化が GDP に与える影響は 8.4 節で導いた政府支出乗数，減税が GDP に与える影響は本節で導いた租税乗数をみればわかるので，政府支出乗数と租税乗数の大きさを比較しましょう。そこで比較すると

$$\underbrace{\frac{1}{1 - c_1}}_{\text{政府支出乗数}} > \underbrace{\frac{c_1}{1 - c_1}}_{\text{租税乗数}}$$

となるので，政府支出乗数が租税乗数よりも大きいことがわかります。政府支出乗数から租税乗数を差し引くと，以下のように 1 になるので，政府支出乗数は租税乗数よりも 1 だけ大きいこともわかります。

$$\frac{1}{1 - c_1} - \frac{c_1}{1 - c_1} = \frac{1 - c_1}{1 - c_1} = 1$$

1 単位の減税は可処分所得の増加を経て消費が増えた分，つまり $c_1/(1 - c_1)$ だけ GDP も増えます。一方，減税ではなく，1 単位だけ政府支出を増加させた場合，1 単位の政府支出増加分と消費が増加した分の合計，つまり $1/(1 - c_1)$ だけ GDP が増えるので，政府支出が増加した分（1 単位）だけ減税よりも GDP に与える効果が大きくなります。

> **例題 2** 消費（C）が「$50 + 0.8(Y - T)$」, 投資（I）が90, 政府支出（G）が100, 税（T）が20であるとき, 以下の問いに答えなさい。
> （1）均衡GDPを求めよ。
> （2）税（T）が20から10に減税されたときの均衡GDPを求めよ。
> （3）税（T）が20から40に増税されたときの均衡GDPを求めよ。

〈解答〉

（1）企業はxだけ生産するとすると, 生産した財・サービスxのうち, 家計が「$50 + 0.8(x - 20)$」だけ購入し, 企業は90だけ購入し, 政府は100だけ購入するので, 経済全体の購入額を示す総需要は

$$総需要 = 50 + 0.8(x - 20) + 90 + 100$$

となります。「総供給＝総需要」は

$$x = 50 + 0.8(x - 20) + 90 + 100$$

で表されるので, この式をxについて解くと均衡GDPを求めることができ, $x = 1,280$となります。

（2）限界消費性向（C_1）は0.8なので, 租税乗数（$\Delta Y / \Delta T$）は

$$\frac{\Delta Y}{\Delta T} = \frac{0.8}{1 - 0.8} = 4$$

となります。これは1単位だけ減税すれば, その4倍にあたる4単位だけGDPが増加することを意味します。したがって, 20から10へと10単位の減税では, その4倍にあたる40単位だけGDPは増加します。（1）より減税前のGDPは1,280, 減税によってGDPは40単位だけ増えるので, 減税後のGDPは**1,320**となります。

（3）租税乗数は4なので, 1単位だけ増税すれば, その4倍にあたる4単位だけGDPが減少します。したがって, 20から40へと20単位の増税では, その4倍にあたる80単位だけGDPは減少します。（1）より増税前の

GDPは1,280，増税によってGDPは80単位だけ減るので，増税後のGDP
は1,200となります。

税の変化によるGDPへの影響

GDPの増加額 ＝ 減税額 × 租税乗数

GDPの減少額 ＝ 増税額 × 租税乗数

8.9　均衡予算乗数の定理

　政府が政府支出を増加させるときには予算の確保が必要になります。政府が
政府支出を増加させるとき，国債の発行によって国民から資金を借りるか，国
民に対して増税するかのいずれかの手段によって予算を確保する必要がありま
す。8.3節で政府支出の変化や8.8節で減税によるGDPへの影響を考えたとき，
暗黙的に国民からの借金によって予算を確保し，政府支出増の財源に充てるこ
とを想定していました。このように国民からの借金によって政府支出増加や減
税のための予算を確保する政策のことを**赤字財政政策**といいます。一方，財政
の規律を守るため，国民からの借金ではなく，増税によって政府支出の増加の
財源を確保する**均衡予算**（balanced budget）という現在の国民に痛みを伴う政
策もあります。以下では，本章のまとめとして政府支出増加の財源を増税によ
ってまかなった場合のGDPへの影響を考えます。

　1単位の政府支出増加は政府支出乗数より $1/(1-c_1)$ 単位のGDP増加をも
たらします。しかし，1単位の政府支出増加のための予算を1単位の増税に求
めたとすると，1単位の増税は租税乗数より $c_1/(1-c_1)$ 単位のGDP減少をも
たらします。したがって，増税を財源とした政府支出増加によって，GDPは
どれだけ増えるかというと，

$$\frac{1}{1-c_1} - \frac{c_1}{1-c_1} = \frac{1-c_1}{1-c_1} = 1$$

より，1単位だけ増えることがわかります。つまり，「政府支出増加額＝増税

額」となるよう政府支出をコントロールする均衡予算の場合，1単位の政府支出の増加は1単位のGDPの増加をもたらすということです。この関係を**均衡予算乗数の定理**といいます。

例題3 消費（C）が「$50+0.8(Y-T)$」，投資（I）が90，政府支出（G）が100，税（T）が20であるとき，以下の問いに答えなさい。
（1）均衡GDPを求めよ。
（2）政府支出（G）を100から120に増加されたときの均衡GDPを求めよ。ただし，税（T）も20から40に増税されるとする。

（解答）
（1）例題2（1）と同じ**1,280**となります。
（2）均衡予算なので，1単位の政府支出の増加は1単位のGDPの増加をもたらします。100から120へと20単位の政府支出増では20単位だけGDPを増加させます。したがって政府支出増加前のGDPは（1）より1,280ですので，これに20単位を足した，**1,300**が政府支出増加後のGDPの大きさとなります。

均衡予算によるGDPへの影響

GDPの増加額 ＝ 政府支出増加額 × 1

第9章 マネーストック

9.1 貨幣の定義

貨幣（money）は"お金"や"通貨"ともいいますが，マクロ経済学において貨幣は以下の3つの機能を持っているとします。

> **貨幣の3つの機能**
> ● 交換機能
> ● 価値尺度機能
> ● 価値保蔵機能

ちなみに，貨幣に関するこのようなとらえ方は，イギリス出身の経済学者，ウイリアム・スタンレー・ジェボンズ（William Stanley Jevons, 1835-1882）が1875年発表した『貨幣と交換機構』に由来しているようです。

交換機能と価値尺度機能

交換機能（medium of exchange）とは貨幣と交換に財を手に入れサービスを受けることができるという働きをいいます。例えば，家計がコンビニで弁当と交換に現金600円を支払えば，その現金600円は交換機能を果たしています。同様に，家計が電気代9,000円を預金の口座自動引き落としで電力会社に支払えば，預金9,000円は交換機能を果たしていることになります。

貨幣がこのような交換機能を果たすためには，例えば，弁当1個600円や電気代9,000円などのように，財・サービスの価値を貨幣で示せなくてはなりません。財・サービスの価値を示すため，貨幣にはそれらの価値を測る，「円」や「ドル」，「元」，「ユーロ」など単位が必ず付いています。それを**価値尺度機**

能（unit of account）といいます。

価値保蔵機能

　価値保蔵機能（store of value）とは使わなかった貨幣を将来のために貯めておくことができるという働きのことです。なぜ将来のために貯めることができるかというと，貨幣の価値が将来においても変わらないと人々に信じられているからです。貨幣の価値は物価によって決まります。例えば，インフレが進行しており1年後の物価が現在の2倍になると予想されれば，1年後の1万円は5,000円の貨幣価値しかなくなります。逆に，デフレが進行しており1年後の物価が現在の半分になると予想されれば，1年後の1万円は2万円も貨幣価値を持つことになります。このように貨幣の価値は物価の動きによって決まり，物価が上昇すれば貨幣価値は下がり，物価が低下すれば貨幣価値は上昇します。

　貨幣を将来のために貯めておけるという価値保蔵機能は，貨幣の価値，つまり物価が安定しているからこそ発揮できる機能です。物価が安定し，現在の1万円の価値は将来においても1万円の価値があると信じられているがゆえに，その1万円を現在使わずに，将来に貯めておくことができるのです。

9.2　欲望の二重の一致

　貨幣ではなく，財と財とを直接交換する**物々交換**（barter exchange）によっても取引することはできます。経済学では貨幣が出現する前は物々交換によって取引が成り立ち，物々交換の不便さを克服するために貨幣が誕生したと説明されてきました。

　物々交換の不便さを示す経済用語に，ジェボンズによる**欲望の二重の一致**（double coincidence of wants）というものが存在します。物々交換を行う際，まず自分が欲しい財を保有している相手を探さなければなりません。その相手が見つかったとしても，相手が欲しい財を自分も持っていなければ物々交換は失敗します。このように物々交換は，自分が相手の持っている財を手に入れたいという欲望と，相手も自分の持っている財を手に入れたいという欲望が重なら

なければ成功しません。物々交換ではこのように欲望が二重に一致する相手を探さなければならないため，取引成功まで時間がかかりかなり不便です。経済学では，アダム・スミス以来，その不便さを避けるために，人々が受け取りを拒否しない共通の財（＝貨幣）を決めて，それを交換の仲立ちとして使用するようになったというのが貨幣誕生の歴史とされてきました。

　しかし，これを示す歴史的証拠はほとんどないようです。そもそも人々が物々交換によって生活していた時代や地域は存在せず，相当に限定された状態（捕虜収容所，ゲットーなど）に置かれない限り，物々交換は起こらないようです。ところが，経済学の多くの教科書では貨幣の起源を説明するとき，物々交換の不便さを克服するための新しい交換の手段として貨幣が発生したと説明します。これは，経済学の父といわれるイギリス出身の経済学者，アダム・スミスが1776年に著した『国富論』の中でこのように貨幣が誕生したことを紹介したことにより定説になりました。イギリスのアルフレッド・ミッチェル・イネス（Alfred Mitchell-Innes, 1864-1950）が1913年に発表した論文「貨幣とは何か」に見られるように，この説を否定した学者もいましたが，スミスほど顧みられなかったようです。

9.3　管理通貨制度

　わが国でも物々交換が広く行われていたという確かな記録はなく，古代から近世に至るまで，米，絹，布などが貨幣として使われました。米，絹，布などは消費することができるので，商品としても売買できます。そのような消費できる貨幣のことを**物品貨幣**（material money）といいます。もちろん金や銀，銅などの**金属貨幣**（metallic money）も存在しましたが，わが国では金属の精錬技術が未熟なこともあり，金属貨幣の流通は不安定でした。そのため，流通の不安定な金属貨幣を補完するものとして，米など商品貨幣も貨幣として重要な役割を持っていました。

　しかし，江戸時代になると金属の精錬技術が進歩したことにより，大量の金貨，銀貨，銅貨（いわゆる"三貨"）が生産され広く流通するようになりました。

しかし，大名，旗本，御家人，藩士など武士の収入は知行地（領地）や蔵前からの米でした。そのため，武士が財を購入するためには，札差（ふださし）と呼ばれる米の両替商人に手数料を払って米を金属貨幣に交換する必要がありました。このように江戸時代においてもなお，米が貨幣として重要な位置を占めていました。

明治維新を経て近代に入ると，貨幣の単位が「円」に共通化され，しばらくは江戸時代のように金貨，銀貨など金属貨幣も発行されました。しかし，金属貨幣は重く持ち運びに不便で，すり減ってしまうという欠点があります。そして何よりも金属の産出量に限界があるという根本的な問題があることから，日常的な取引には**兌換紙幣**（だかんしへい）（convertible note）が用いられるようになります。

兌換紙幣とは金貨や銀貨といった金属貨幣の預かり証のことです。銀行に行けばいつでも兌換紙幣は金貨もしくは銀貨と交換できます。いつでも金貨や銀貨と交換できるという安心感から，人々が兌換紙幣を持って取引に行ったとしても，兌換紙幣の受け取りを拒否するような人はいません。このように，金や銀といった金属貨幣で支払いするという取引から兌換紙幣で支払いするという取引へと，現在に近い形での取引が生まれていきます。

しかし，兌換紙幣には2つのデメリットがありました。1つは兌換紙幣の発行量は金や銀の量で決まるので，国内に金や銀がなければ，兌換紙幣の発行量も少なくなり，取引が活発になれば貨幣不足になるというものです。貨幣が不足すれば，人々は満足のいく取引ができなくなり，不況を引き起こすとされます。2つは貿易赤字になると日本の金・銀が外国へ流出してしまうというものです。日本が外国に商品を売るよりも，日本が外国から商品を買う方が多い状態を貿易赤字といいます。貿易赤字になると，日本が外国から受け取る紙幣よりも外国へ支払う紙幣が多くなるので，貿易によって日本の紙幣を受け取った外国人はそれを金あるいは銀と交換しようとするので，貿易赤字は日本から金・銀が海外へ流出してしまうことにつながります。そうなると，さらに兌換紙幣の発行を減らさなければならなくなり，経済が悪化します。

兌換紙幣は金あるいは銀との交換を約束した紙幣なので，国内や海外での日

本円の信頼は高くなり貿易に有利な面はあります。しかし，その発行量が金や銀の国内保有量に影響を受けるということや，貿易赤字のときに国内から海外に金や銀が流出してしまうという問題があるので，兌換紙幣の発行をやめて，代わりに不換紙幣を発行することになりました。不換紙幣とは金や銀との交換を約束しない紙幣のことで，国家が紙幣の価値を守るものです。わが国では1931年にこれまで発行してきた兌換紙幣を金と交換することを禁止し，1942年に日本銀行法を制定し，金や銀との交換を約束していない**不換紙幣**（fiat money）を発行できるようにしました。これ以降，現在に至るまで日本銀行が発行する紙幣はすべて不換紙幣です。

日本銀行法第46条2項で

「日本銀行が発行する銀行券（以下「日本銀行券」という）は，法貨として無制限に通用する。」

と規定し，その発行量が金や銀の国内保有量とは無関係になりました。その代わり，日本銀行など通貨当局は通貨の発行量を調節することで，通貨の価値を大きく下げないように，言い換えると物価が急激に上がらないようにする必要があります。このような制度のことを**管理通貨制度**（managed currency system）といいます。

9.4 貨幣の範囲

貨幣は交換機能，価値尺度機能，価値保蔵機能を持つものと定義しましたが，貨幣は大きく現金と預金に分けることができます。その1つである現金は紙幣と硬貨のことで，貨幣の3つの機能を備えています。それではもう一方の預金はどうでしょうか。クレジットカードやデビットカードの利用，公共料金の口座自動引き落としなど，現金を使わなくとも口座に預金があるだけで財やサービスを購入することができる上，それを下ろさずに預けたままにしておくこともできるので，現金と同様に貨幣の3つの機能を備えています。

ある時点において流通している現金と預金の大きさ（＝残高）のことを**貨幣**

供給（マネーサプライ，money supply）といいます。別の言葉でいうと，ある時点において家計や企業，地方公共団体が保有している現金と預金の大きさが貨幣供給です。銀行などの金融機関や国が保有しているものは流通していないので，貨幣供給には含まれません。

> **貨幣供給**
> 貨幣供給 ＝ 現金 ＋ 預金

わが国の貨幣（＝現金＋預金）がどのくらい流通しているのか，日本銀行が月次で集計し，「マネーストック統計」という名称で貨幣供給の大きさを公表しています。なお日本銀行は本書の貨幣供給にあたるものを**マネーストック**（money stock）と呼び，最近では貨幣供給よりもマネーストックという言葉の方が広く使用されています。

図表9－1は2023年1月のマネーストックの平均残高で，M1（エムワン），M2（エムツー），M3（エムスリー）の3つの貨幣供給の大きさが示されています。

まず，**M1**（エムワン）についてですが，その大きさは2023年1月平均で1,044.9兆円あり，現金通貨116.9兆円と預金通貨927.9兆円を足したものになっています。ここで，**現金通貨**（currency）とは紙幣と硬貨の大きさのことですが，銀行など金融機関が保有しているものは含まれていません。

図表9－1　マネーストック（2023年1月）

(単位：兆円)

M2			1,213.3
M3			1,569.7
	M1		1,044.9
		現金通貨	116.9
		預金通貨	927.9
	準通貨		493.9
	CD		30.9
広義流動性			2,087.8

(出所) 日本銀行調査統計局「マネーストック速報（2023年2月）」より作成。

第9章　マネーストック | 133

図表9－2　預金取扱機関

| 国内銀行等 | 国内銀行
（ゆうちょ銀行除く）
外国銀行在日支店
信用金庫
信金中央金庫
農林中央金庫
商工組合中央金庫 | 全預金取扱機関 | 国内銀行
ゆうちょ銀行
信用組合
全国信用協同組合
　　　　　　　連合会
労働金庫
労働金庫連合会 | 農業協同組合
信用農業協同組合
　　　　　連合会
漁業協同組合
信用漁業協同組合
　　　　　連合会 |

預金通貨（deposit currency）とは全預金取扱機関（図表9－2）が家計，企業，地方公共団体などから預かっている**要求払預金**（demand deposits）のことです。ここで要求払預金とは預金者が窓口やATMなどでいつでも引き出すことができる預金のことで，普通預金と当座預金が主なものになります。

> **M1（エムワン）**
> M1 ＝ 現金通貨 ＋ 全預金取扱機関の預金通貨

次に**M3**（エムスリー）についてですが，その大きさは2023年1月平均で1,569.7兆円あります。この数字はM1の1,044.9兆円，準通貨の493.9兆円とCDの30.9兆円の合計になっています。ここで，**準通貨**（quasi currency）とは**定期性預金**（time and savings deposits）とも呼ばれ，定期預金，据置貯金，定期積金，外貨預金から構成されています。

ただし，準通貨の大半は定期預金なので，「準通貨＝定期預金」と考えて構いません。定期預金はその名の通り，1年，2年，3年などのように事前に預け入れ期間（＝満期）を決める預金です。最初に決めた満期になるまで預金を引出せませんが，普通預金に比べて金利が高いというメリットがあります。しかも，満期の途中で解約して現金や要求払預金に換えることもできるので，現金や要求払預金に準じた利便性を持つという意味で準通貨と呼ばれています。

M3の中には金額は小さいですが，CDと呼ばれる定期預金の一種も含まれています。**CD**（negotiable certificate of deposit）とは譲渡性預金のことで満期の途中で他人に譲ることができる無記名の定期預金です。定期預金を無記名にしておけば，例えば取引でお金を支払わなければならなくなったときでも，解

約して現金化する必要がなく，CDのままそれを取引相手に渡すことで支払いを済ませることができるというメリットがあります。

> **M3（エムスリー）**
> M3 ＝ 現金通貨 ＋ 全預金取扱機関の<u>預金</u>（預金通貨，準通貨，CDの合計）

　最後にM2（エムツー）についてですが，その大きさは2023年1月平均で1,213.3兆円あります。1,213.3兆円の内訳は現金通貨と預金（＝預金通貨＋準通貨＋CD）ですが，M2の預金とはM3と異なり，国内銀行等（図表9－2）が預かっている預金になります。M2の国内銀行等とM1，M3の全預金取扱機関の大きな違いですが，前者はゆうちょ銀行や農協が含まれていませんが，後者はゆうちょ銀行や農協も含まれているという点です。

> **M2（エムツー）**
> 　M2 ＝ 現金通貨 ＋ 国内銀行等の<u>預金</u>（預金通貨，準通貨，CDの合計）

　図表9－1にはM1，M2，M3以外に**広義流動性**と呼ばれる指標も掲載されていますが，それはM3，金銭の信託，投資信託，金融債，銀行発行普通社債，金融機関発行CP，国債，外債から構成されており，最も広い意味でとらえたときの貨幣供給の指標となっています。

9.5　信用創造

　現金を銀行に預金しているので，現金と預金の大きさを比べると預金より現金の方が多いはずという印象を持っているかもしれませんが，実は預金の方が現金よりずっと多いのです。図表9－1をみると，現金通貨は116.9兆円ですが，預金通貨は927.9兆円もあります。ここで生じる疑問は，なぜ現金に対して預金がこれほどまでに大きいのかということです。その理由は銀行が集めた預金をそのまま金庫の中に保管せず，必要とする者に貸し出しているからです。それを融資といい，銀行からお金を借りることを「融資を受ける」といいます。

第9章　マネーストック | 135

　銀行は人々から預金を集めて必要な者に融資しますが，銀行が預金者に支払う利子よりも借手が銀行に支払う利子の方が大きいので，その利子の差（"利ざや"ともいう）が銀行の主な収入源になります。そのため，銀行は多くの預金を集め融資すればするほど，利益が大きくなるのです。ただし，銀行は集めた預金のすべてを融資するわけではありません。銀行が人々から集めた預金の一部は日本銀行に預けられます。このような銀行による日本銀行への預金のことを**準備預金**（reserve deposits）といいます。

　これから銀行による融資が経済の預金全体をいかに大きくするのか，簡単な数値例を使って見ていきます。まず，銀行は集めた預金のうち5％を日本銀行に準備預金すると仮定します。この5％という数字のように，集めた預金のうち日本銀行に準備預金する割合のことを**預金準備率**（reserve requirements）といいます。

$$預金準備率 = \frac{準備預金}{預　金}$$

　預金準備率が5％である場合，ある者が銀行に「200万円の預金」（①）をすると，その銀行は預金200万円の5％にあたる10万円（＝200万円×0.05）を日本銀行に準備預金し，預金200万円の95％にあたる190万円（＝200万円×0.95）を融資することになります。そして，銀行から190万円の融資を受けた者は190万円で何らかの支払いをすることになりますが，例えば給料30万円を従業員の預金口座に振り込み，仕入代金160万円を仕入先の預金口座に振り込むとします。その結果，従業員の預金30万円と仕入先の預金160万円の合計「190万円の預金」（②）が新たに生まれます。

　銀行は新たに増えた預金190万円のうち，5％にあたる9.5万円（＝190万円×0.05）を日本銀行に準備預金し，190万円の95％にあたる180.5万円＝（200万円×0.95×0.95）を融資することになります。そして，例えば銀行から融資を受けた者は自動車を購入し，その代金として自動車販売店の預金口座に180.5万円振り込むとします。その結果，自動車販売店の預金口座に「180.5万円の預金」（③）が新たに生まれることになります。

銀行は新たに増えた預金180.5万円のうち，5％にあたる9.025万円（＝180.5万円×0.05）を日本銀行に準備預金し，180.5万円の95％にあたる171.475万円（＝200万円×0.95×0.95×0.95）を融資に回すことになります。そして，銀行から融資を受けた者はどこかに何らかの支払いをすることになるので，支払先の預金口座に「171.475万円の預金」（④）が新たに生まれることになります。この後，預金171.475万円のうち5％が日本銀行に預金され，95％が融資されるので，「162.9013万円（＝200万円×0.95×0.95×0.95×0.95）の預金」（⑤）が新たに生まれることになりますが，この話はきりがないのでこのあたりで切り上げます。

実は上のように長々と計算を繰り返さなくても，預金が最終的にいくら発生するのかを簡単に計算できます。上の数値例では①から⑤までの預金が新たに発生したので，まずその合計をとればいいわけです。しかし，⑤の後も同じ計算が続いていきますので，それを「…」で表すと，

$$預金総額 = ① + ② + ③ + ④ + ⑤ + \cdots$$
$$= 200万円 + 200万円 \times 0.95 + 200万円 \times 0.95^2$$
$$+ 200万円 \times 0.95^3 万円 + 200万円 \times 0.95^4 + \cdots$$

となります。この計算は8章8.4節で使った無限等比級数の公式を利用すれば簡単です。

無限等比級数の公式

初項をz，公比をaとし，$z > 0$，$0 < a < 1$であれば，
$$z + za + za^2 + za^3 + \cdots = \frac{z}{1-a}$$

いま，$z = 200万円$，$a = 0.95$なので，預金総額は

$$預金総額 = \frac{200万円}{1 - 0.95} = \frac{200万円}{0.05} = 4{,}000万円$$

となります。計算結果から，最初に発生した預金（これを**"本源的預金"**という）

は200万円（①）でしたが，最終的にその20倍にあたる4,000万円の預金に膨れ上がることがわかります。上の式の分母0.05は預金準備率，分子200万円は本源的預金ですので，預金総額を求めるとき，

$$預金総額 = \frac{本源的預金}{預金準備率}$$

を公式として利用することができます。

> **例題1** 本源的預金が100万円，預金準備率が0.1であるとき，預金総額を求めなさい。ただし，銀行が集めた預金のうち準備預金される部分以外はすべて融資されるものとする。

（解答）

$$預金総額 = \frac{100万円}{0.1} = 1{,}000万円$$

このように預金と融資を繰り返すことによって預金が膨れ上がるという機能のことを**信用創造**（credit creation）といいます。信用創造がしっかりと働いているため，図表9－1において預金の方が現金よりずっと多くなっているというわけです。

9.6　貨幣乗数

預金は銀行の融資を通じた信用創造の働きによって供給されましたが，現金（紙幣）は日本銀行が供給しています。また，日本銀行は現金を供給するだけではなく，銀行から準備預金を受け入れています。わが国においては，銀行が集めた預金のすべてを融資できるわけではなく，集めた預金の一定の比率以上を日本銀行に預けなければならないことが法的に義務付けられています。この一定率のことを**法定準備率**（required reserves ratio）といいます。つまり，銀行は日本銀行に預金しなければならない最低額（これを"法定準備預金"という）が法

定準備率によって定められるということです。この制度のことを**準備預金制度**（reserve banking system）といいます。ちなみに，銀行が守らなければならない法定準備率は銀行の規模（預金額の規模）によって決められています。

　短資会社や証券会社などの金融機関は銀行ではないので準備預金制度の対象外ですが，日本銀行と取引しています。そのため短資会社や証券会社なども日本銀行に資金を預けており，これと準備預金の合計を**日銀当座預金**（current account balances）といいます。

> 日銀当座預金 ＝ 準備預金 ＋ 銀行以外の金融機関
> 　　　　　　　　　　（短資会社，証券会社）の預け金

　現金（＝紙幣＋硬貨）と日銀当座預金の合計を**マネタリーベース**（monetary base）といいます。マネタリーベースは**ベースマネー**（base money），**ハイパワードマネー**（high-powered money）ともいいます。

> マネタリーベース ＝ 現金 ＋ 日銀当座預金

　図表９－３は2023年１月におけるマネタリーベースの平均残高，637兆6,936億円を示しています。表に記載されている日本銀行券発行高は紙幣のことで，紙幣が123兆3,174億円だけ流通していることがわかります。一方，貨幣流通高は硬貨のことで，紙幣よりもかなり少ないですが４兆8,520億円だけ流通しています。日銀当座預金509兆5,242億円のうち大部分は準備預金445

図表９－３　マネタリーベース平均残高（2023年１月）

（単位：億円）

マネタリーベース			6,376,936
	日本銀行券発行高		1,233,174
	貨幣流通高		48,520
	日銀当座預金		5,095,242
		準備預金	4,452,686
		その他	642,556

（出所）日本銀行調査統計局「マネタリーベース」（2023年２月２日）

兆2,686億円が占めており，残りの64兆2,556億円は短資会社や証券会社など
が日本銀行に預金している金額で，本書ではその金額を「その他」としていま
す。

日本銀行はマネタリーベースを増減させることで，貨幣供給（＝現金＋預金）
の大きさに影響を与え，通貨の価値，つまり物価を安定させようとしています。
マネタリーベースと貨幣供給との関係は

$$貨幣供給 = 現金 + 預金$$
$$マネタリーベース = 現金 + 日銀当座預金$$

の2本の式より導くことができます。これから計算するにあたって，漢字やカ
タカナのままでは不便なので，貨幣供給をM，マネタリーベースをH，現金を
C，預金をD，日銀当座預金をRで表します。そうすると，上の2本の式は

$$M = C + D \cdots ①$$
$$H = C + R \cdots ②$$

となります。

まず①式を②式で割ります。

$$① \div ② = \frac{①}{②} = \frac{M}{H} = \frac{C + D}{C + R}$$

さらに，この式の両辺の分母と分子をDで割ると，

$$\frac{M/D}{H/D} = \frac{(C/D) + (D/D)}{(C/D) + (R/D)}$$

となります。

$$\frac{M}{D} \div \frac{H}{D} = \frac{(C/D) + (D/D)}{(C/D) + (R/D)}$$

より，

$$\frac{M}{\not{D}} \times \frac{\not{D}}{H} = \frac{(C/D)+(\not{D}/\not{D})}{(C/D)+(R/D)}$$

となりますが，$D/D = 1$ に注意すると，

$$\frac{M}{H} = \frac{(C/D)+1}{(C/D)+(R/D)}$$

M について解くと，

$$M = \frac{(C/D)+1}{(C/D)+(R/D)} \times H$$

ここで，分数の部分を

$$m = \frac{(C/D)+1}{(C/D)+(R/D)}$$

と置くと，

$$M = m \times H \ \cdots ⑤$$

となります。ここで m を**貨幣乗数**（money multiplier）あるいは**信用乗数**といい，マネタリーベース H を 1 円増やすと何円貨幣供給 M が増えるのかを示しています。

　例えば，C/D が 0.6，R/D が 0.2 であるとき，貨幣乗数 m は

$$m = \frac{0.6+1}{0.6+0.2} = 2$$

と計算されるので，

$$M = 2 \times H$$

となります。

上の式を用いると，例えば，マネタリーベースHが600兆円のときの貨幣供給Mの大きさ

$$M = 2 \times 600 \text{兆円} = 1{,}200 \text{兆円}$$

を求めることができます。日本銀行がマネタリーベースHを600兆円から700兆円に増やすと，貨幣供給Mは

$$M = 2 \times 700 \text{兆円} = 1{,}400 \text{兆円}$$

へと増加します。

したがって，貨幣乗数mの値が一定であれば，日本銀行が貨幣供給Mを増やすためにはマネタリーベースHを増加させればよく，逆に貨幣供給Mを減らすためにはマネタリーベースHを減少させればよいことがわかります。

マネタリーベースと貨幣供給
- マネタリーベース（↑） ⇒ 貨幣供給（↑）
- マネタリーベース（↓） ⇒ 貨幣供給（↓）

しかし，例えばC/Dが0.6から0.8に上昇することで，貨幣乗数mが2から1.8に低下してしまうと，700兆円のマネタリーベースHに対して貨幣供給Mは

$$M = 1.8 \times 700 \text{兆円} = 1{,}260 \text{兆円}$$

しか増えません。このことから，日本銀行がマネタリーベースHを増加させても，その一方で貨幣乗数mが低下してしまえば，マネタリーベースHの増加が貨幣供給Mに与える影響は小さくなります。

貨幣乗数mの低下はC/Dの上昇やR/Dの上昇によって生じます。C/Dは現金Cと預金Dの比率であり，人々がどれだけ現金で持ちどれだけ銀行に預金するかを示しています。したがってその大きさは人々の好みに依存して決まり，日本銀行がコントロールできるものではありません。例えば，人々が銀行に多

くのお金を預ければ預けるほど，預金 D が増加し，C/D が低下し貨幣乗数 m は上昇するので，マネタリーベース H の増加が貨幣供給 M に与える影響は大きくなります。

　一方，R/D は日銀当座預金 R と預金 D の比率で，銀行が人々から預かっている預金 D のうちどれだけ日本銀行に準備預金するのかを示す数字です。したがって，法律で決まっている準備預金額を下回らない限り，銀行は自由に準備預金の大きさを決めることができます。それを上回ることについては銀行の自由です。例えば，銀行が日本銀行に多くのお金を預ければ預けるほど，日銀当座預金 R が増加するので，R/D が上昇する代わりに貨幣乗数 m は低下し，マネタリーベース H の増加が貨幣供給 M に与える影響は小さくなります。

　このように，貨幣乗数 m は人々の好みや銀行の意思決定によって変化し得るものなので，日本銀行がマネタリーベースの増減によって貨幣供給を完全にコントロールすることはできません。

　図表9－4は貨幣供給（M2）とマネタリーベースの推移をみたものですが，

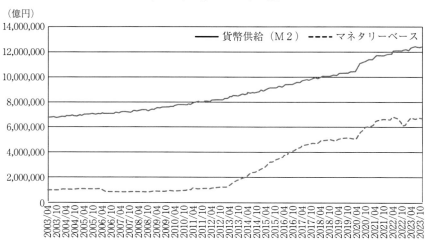

図表9－4　貨幣供給（M2）とマネタリーベース
（2003年4月～2023年1月）

（出所）日本銀行　時系列統計データ検索サイト（stat-search.bo.or.jo）（2024年5月9日（木））にアクセスし作成。

2013年4月以降からマネタリーベースが顕著に増加しています。しかし，貨幣供給はそれほど増えておらず，マネタリーベースの急激な伸びに追いついていない様子がうかがえます。この時期のマネタリーベースの急増は日本銀行が目標の物価上昇率2％を達成するため，マネタリーベースを2年間で2倍に拡大するという金融緩和政策を採用したことによります。この政策は，当時の日本銀行の黒田東彦総裁が「量的にみても質的にみても，これまでとは全く次元の違う金融緩和を行う」と会見で発表してから"異次元の金融緩和"と呼ばれています。

例題2 現金・預金比率（C/D）が0.2，預金準備率（R/D）が0.4であるとき，以下の問いに答えなさい。

（1）貨幣乗数mを求めなさい。

（2）日本銀行がマネタリーベースHを50兆円増加させると，貨幣供給Mはいくら増加するか答えなさい。

（3）マネタリーベースHが600兆円，貨幣供給Mが1,200兆円のとき，現金通貨C，預金通貨D，準備預金Rはそれぞれいくらあるのか答えなさい。

（解答）

（1）

$$m = \frac{(C/D)+1}{(C/D)+(R/D)} = \frac{0.2+1}{0.2+0.4} = \frac{1.2}{0.6} = 2$$

（2）貨幣乗数mはマネタリーベースHを1円増やすと貨幣供給Mが何円増えるのかを示しています。（1）より，$m = 2$ですので，マネタリーベースHを1円増やすと2円だけ貨幣供給Mが増えることがわかります。したがって，マネタリーベースHを50兆円増やしたときの，貨幣供給Mの増加額は**100兆円**（＝2×50兆円）となります。

（3）$C/D = 0.2$より，$C = 0.2D$となります。これを

$$1{,}200\,兆円 = C + D$$

に代入すると，以下のように預金通貨 D が求められます。

$$1{,}200\,兆円 = C + D = 0.2D + D = 1.2D$$

$$1.2D = 1{,}200\,兆円$$

$$D = 1{,}000\,兆円$$

したがって，

$$1{,}200\,兆円 = C + 1{,}000\,兆円$$

$$C = 200\,兆円$$

また，

$$600\,兆円 = C + R$$

より，

$$600\,兆円 = 200\,兆円 + R$$

$$R = 400\,兆円$$

9.7 金融調節

それでは日本銀行はどのようにマネタリーベースを増減させるのでしょうか。ここでは日本銀行による金融調節の方法を説明します。**日本銀行**（bank of Japan, BOJ）は日本銀行条例に基づいて設立された銀行で，実は1882年から存在しています。現在の日本銀行は日本銀行法（1942年制定）を全面的に改正した新しい日本銀行法（1997年制定）に基づいた法人で，以下の業務を行っています。

第9章　マネーストック｜145

日本銀行の主な業務

● **発券銀行**：紙幣（日本銀行券）の発行業務。

● **銀行の銀行**：銀行など金融機関から預金を預かり，銀行と取引を行う業務。

● **政府の銀行**：国庫金を政府預金として預かり，国民と国との間での国庫金の受け払いなどを行う業務。例えば，国が集めた税金や社会保険料を預かったり，国庫金の中から国民に年金を支払ったりする業務。

● **金融システムの安定化**（信用秩序の維持）：金融システム安定のために，金融機関への立ち入り調査（考査）や，面談や電話による聞き取り調査，提出資料分析などオフサイトモニタリングを行い，また金融機関が経営危機（資金不足など）に直面したときに，「**最後の貸し手**（lender of last resort）」として資金供給を行うなどの業務。

● **金融政策**：物価の安定のために通貨や金融の調節の執行。

など

　これらの業務は日本銀行だけが行っています。ただし，金融政策に関しては政府の経済政策の基本方針と矛盾しないように，「常に政府と連絡を密にし，十分な意思疎通を図らなければならない。」（日本銀行法第4条）となっています。

　各国（あるいは地域）においても，日本銀行と同様に物価の安定，金融システムの安定や通貨の発行業務などを目的に設立された金融機関（このような金融機関のことを**中央銀行**（central bank）といいます）が存在しています。スウェーデンではスウェーデン国立銀行（通称リスクバンク）（1668年設立の世界最古の中央銀行）がクローナを発行，イギリスではイングランド銀行（1694年設立）がポンドを発行，アメリカでは**連邦準備制度**（federal reserve system, **Fed**）（1913年設立）がドルを発行，EU圏19カ国（ドイツ，フランス，イタリア，スペイン，オランダ，ベルギーなど）では欧州中央銀行（European central bank, ECB）（1998年設立）がユーロを発行しています。

　それでは日本銀行はどのようにマネタリーベースの増減を行っているのでしょうか。現在は**公開市場操作**（open market operation）という方法で行ってい

す。日本銀行では公開市場操作に相当することを単に**オペレーション**（operation）と呼んでいます。公開市場操作には**買いオペレーション**（buying operation）と**売りオペレーション**（selling operation）があります。

買いオペレーション

　買いオペレーションとは日本銀行がマネタリーベースを増加させる操作で，日本銀行が銀行などの保有している金融資産（国債など）を購入します。日本銀行は銀行から金融資産を購入することになるので，購入代金を銀行に支払わなければなりません。日本銀行から銀行への代金の支払いは銀行の日銀当座預金への振り込みで行うので，日本銀行がこの操作を行うと日銀当座預金の増加を通じマネタリーベース（＝現金＋日銀当座預金）は増えます。

　銀行は増加した日銀当座預金の一部を日本銀行から下して企業や家計に融資すれば，最終的に貨幣供給が増加するので，買いオペレーションは貨幣供給の増加が期待されている操作といえるでしょう。

売りオペレーション

　買いオペレーションよりマイナーな存在ですが，売りオペレーションというまったく逆の操作もあります。この操作は日本銀行が金融資産を銀行に売るというものです。銀行は日本銀行から金融資産を購入することになるので，購入代金を日本銀行に支払わなければなりません。銀行から日本銀行への代金の支払いは銀行の日銀当座預金からの引き落としで行うので，日本銀行がこの操作を行うと日銀当座預金の減少を通じマネタリーベース（＝現金＋日銀当座預金）は減ります。この操作が行われると，銀行は融資に回すはずだった資金を使って日本銀行から金融資産を買うことになるため，融資が減り貨幣供給は減少します。

9.8 公定歩合操作

現在，マネタリーベースの増減は公開市場操作によるものが中心ですが，かつては公定歩合操作が中心でした。ここで**公定歩合**（bank rate）とは日本銀行が銀行に貸し出すときの利子のことで，金融自由化以前のわが国は預金金利など各種金利の下限は公定歩合に基づいて決められていました。つまり，現在のように銀行が自由に決めることができなかったのです。日本銀行が公定歩合を上げればそれに合わせて預金金利など各種金利も引き上げられ，公定歩合を下げれば預金金利など各種金利も引き下げられました。

したがって，日本銀行による公定歩合の上昇は企業に貸し出すときの金利も上がることを意味します。金利が上がると返済額も大きくなるので，企業は銀行からの借入を減らそうとします。借入が減れば貨幣供給も減少します。逆に，日本銀行による公定歩合の低下は企業に貸し出すときの金利も下がることを意味し，金利が下がると返済金額も小さくなるので，企業は銀行からの借入を増やそうとします。借入が増えれば貨幣供給も増加します。

このように日本銀行は公定歩合を上げ下げするだけで貨幣供給の大きさをコントロールすることができたのです。この政策のことを**公定歩合操作**（bank rate operation）といいます。しかし，1994年に金利の自由化が完了すると，各銀行が自由に預金金利など各種金利を決めることができるようになったため，公定歩合と金利との関係は失われてしまいました。そのため，日本銀行は金融調節の手段を公定歩合操作から公開市場操作へと移したのです。現在，公定歩合は基準貸付利率という名前に変更され，無担保コールレート（翌日物）の上限を画する役割となっています。

無担保コールレート（翌日物）とは銀行同士で資金（日銀当座預金）の貸し借り

をするときに適用される金利の1つです。銀行が人々から集めた預金はそっくりそのまま銀行の金庫に入っているわけではなく，融資や金融資産の購入などに使われています。そのため，ATMに入っている他，銀行はほとんど手持ちのお金を持っていません。公的年金が振り込まれる日やボーナスが支給される日，年末などに銀行が想像していた以上に預金が引き出されてしまい，一時的に資金不足になる銀行もあります。そのような場合，資金が不足した銀行は余裕のある他の銀行から1日だけ資金を借りて，翌日に返済するという銀行同士で資金の貸し借りを行う市場（＝コール市場）を利用します。資金不足の銀行は1日だけ借りるわけですが，借りることには変わりありませんので，返済するときは利子も返さなければなりません。この利子のことを無担保コールレート（翌日物）といいます。

　銀行は他の銀行からだけではなく日本銀行からも1日だけ資金を借りることもできます（これを補完貸付制度といいます）。銀行が日本銀行から1日だけ借りるときに適用される利子が，かつての公定歩合，いまの基準貸付利率です。無担保コールレート（翌日物）は基準貸付利率を上回ることはないとされています。なぜならば，無担保コールレート（翌日物）が基準貸付利率を上回っていれば，すべての銀行が日本銀行から借りることを選ぶので，銀行同士で資金を貸し借りするという市場がなくなってしまいます。そのため，そうならないよう無担保コールレート（翌日物）は基準貸付利率を下回る水準で決まっています。その意味で基準貸付利率は無担保コールレート（翌日物）の上限を画しているのです。そのため，日本銀行が基準貸付利率を下げれば，無担保コールレート（翌日物）も下がります。逆に上げれば無担保コールレート（翌日物）も上がります。

　前節で買いオペレーションによって日銀当座預金が増えるという説明をしましたが，日銀当座預金が増えると，銀行の資金が潤沢になりますので，資金が不足する銀行も減ります。資金不足になる銀行が減ると，他の銀行から資金を借りる必要も減りますので，銀行同士の貸し借りの金利，つまり無担保コールレート（翌日物）が低下します。したがって，日本銀行が無担保コールレート（翌日物）を下げたい場合，買いオペレーションを実行すればよいのです。買い

オペレーションの効果が薄ければ，基準貸付利率の引き下げも同時に実行すれば，日本銀行はほぼ完全に無担保コールレート（翌日物）の上げ下げを行うことができます。

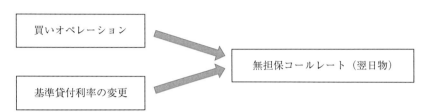

第10章　貨幣需要の理論

10.1　貨幣の3つの保有動機

　マクロ経済学で貨幣需要とは家計や企業などが必要としている現金と預金の大きさを表しています。人々がなぜ貨幣を必要とするのか，その理由は以下の3つに分けることができます。

```
貨幣の3つの保有動機
● 取引動機
● 予備的動機
● 投機的動機
```

　まず**取引動機**（transactions motive）とは，人々が日常的な取引を行うために貨幣を必要とするということです。家計の場合，食料や日常雑貨の購入，家賃や公共料金の支払いなど，日々の生活のため貨幣を必要としています。企業も給与の支払いや営業的取引の決済などのために貨幣を必要としています。

　しかし，人々は日常的取引に使う額だけを保有しているわけではなく，いざというときに備えて，余分な額も保有しています。このような理由で貨幣を保有することを**予備的動機**（precautionary motive）といいます。社会は不確実なものなので，いつ病気やケガをしたり事故や災害にあったりするかわかりません。そのため，人々の中には念のために，実際の取引に使う額以上の貨幣を保有する者もいるのです。

　3つ目の**投機的動機**（speculative motive）とは，人々が将来のために資産の1つとして貨幣を保有しようとすることで，それを資産保有動機ともいいます。

第10章　貨幣需要の理論 | 151

資産とは将来にもある程度価値が残っているか，価値そのものが増加する可能性のあるもののことをいいます。例えば，現金・預金，債券，株式，投資信託などの金融資産や，金融資産よりも流動性は低いですが，土地や建物といった不動産，貴金属も資産といえるでしょう。

10.2　資産の分類

　資産は図表10－1のように"安全性"，"収益性"，"流動性"の３つの特徴から分類することができます。表にある"流動性"とは"現金化のしやすさ"を表している用語です。流動性が高い資産とは売却して現金にしやすい資産，流動性が低い資産とは売却しにくい資産になります。現金は流動性そのものであり，また預金はいつでも下ろすことができるので，図表10－1の現金・預金の流動性の項目は◎となります。また，現金・預金は，激しいインフレーションでも起こらない限り，その価値を減じることはないので，安全性の項目も◎でよいでしょう。しかし，現金・預金を保有していてもほとんど利子を生まないので収益性は低いです。そのため現金・預金の収益性の項目は△となります。

　株式は値下がりの危険性があるので，安全性の項目は△です。しかし，値上がりの可能性や配当が得られるので収益性の項目は◎となります。また，株式市場はかなり発達しており，株式は容易に売却できるので流動性はそれなりに高いといえます。そのため株式の流動性の項目は〇です。

　債券は国や大企業が発行しているので，安全性はそれなりに高く，債券の安

図表10－1　資産の分類

資産の種類	安全性	収益性	流動性
現金・預金	◎	△	◎
株　式	△	◎	〇
債　券	〇	〇	△

全性の項目は○です。とくに日本政府が発行している国債は現金・預金と同じ◎でもよいでしょう。債券は預金よりも利子が高いので，収益性の項目も○です。しかし，債券市場は株式市場よりも発達していないので，債券を売却するのは株式より困難です。そのため，債券の流動性の項目は△となります。

　貨幣（現金・預金）は物価が安定している限り，その価値は将来も変わることがなく安定していますが，その価値はほとんど増えません。そのような資産は安全資産と呼ばれます。価値の増えない貨幣のような資産を人々があえて保有しようとする理由は，その他の金融資産の価値が不安定だからです。ちなみに収益性は高いが価値が不安定な株式や債券などの金融資産を危険資産といいます。

　危険資産の価格が上昇して得をする可能性もありますが，低下して損をすることもあります。そのため低下すると予想されるときは，損をする前に危険資産を売却して貨幣に換えようとする動きが活発になります。逆に，上昇すると予想されるときは，危険資産を購入しようとする動きが活発になります。このように，危険資産の価格が値崩れしそうなときは，価値の安定している貨幣の人気が高まり，安全な避難先として人々は積極的に貨幣を保有しようとします。逆に危険資産の価格が上昇しそうなときは金融資産の人気が高まり，貨幣を手放そうとします。

　参考までに日本の家計の資産構成を図表10－2で確認すると，現金・預金が54.3％と最も高く，保険・年金等が26.9％と次いで高くなっています。ちなみに，アメリカでは株式が39.8％と最も高く，現金・預金は13.7％に過ぎません。ユーロエリアでは日本と同様に現金・預金が34.5％と最も高く，次いで保険・年金等が31.9％となっています。このように国や地域によって資産構成もかなり異なっています。

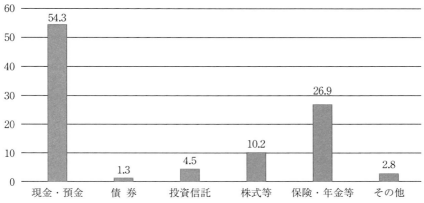

図表10－2　家計の金融資産の構成
（金融資産合計　2,005兆円）

（出所）日本銀行調査統計局「資産循環の日米欧比較」（2022年8月31日）

10.3　取引需要と資産需要

　貨幣の保有動機は取引動機，予備的動機，投機的動機の3つに分けることができました。以下では取引動機による貨幣需要，つまり取引に使うために必要とする現金・預金と，予備的動機による貨幣需要，つまり不測の事態に備える現金・預金を合わせたものを**取引需要**と呼ぶことにします。取引需要は人々が日常取引に使う貨幣のことなので，現金や普通預金の大きさが取引需要だと考えてもよいでしょう。

　そして投機的動機による貨幣需要，つまり将来に貯めておく現金・預金のことを**資産需要**と呼ぶことにします。資産需要は取引需要と異なり，将来のために貯めておく貨幣なので，おおむね定期預金の大きさが資産需要だと考えてよいでしょう。もちろん，現金や普通預金で貯めるという人々もいますが，定期預金は現金や普通預金よりも高い利子が付くので，定期預金で貯めるのが一般的でしょう。

以上のように貨幣には３つの保有動機があり，その３つを取引需要と資産需要に分けることができたので，貨幣需要について以下の式が成り立ちます。

貨幣需要	＝	取引需要	＋	資産需要
（人々が必要としている現金・預金）		（人々が取引に使う現金・預金）		（人々が将来に残す現金・預金）

例えば，ある人の金融資産の構成が図表10－3で与えられているとします。金融資産の構成のことを**ポートフォリオ**（portfolio）ともいいます。このとき，普通預金の40万円は生活費に使われるので取引需要となります。また，定期預金の300万円は貯蓄目的なので資産需要となります。したがって，貨幣需要は40万円の取引需要と300万円の資産需要の合計である340万円となります。

図表10－3　金融資産の構成

金融機関	金融資産	金　額	目　的
○○銀行	普通預金	40万円	生活費
○○銀行	定期預金	300万円	貯　蓄
○○証券	日本国債	10万円	貯　蓄
○○証券	○○会社の株式	100万円	貯　蓄

10.4　貨幣数量説と流動性選好説

取引需要は取引の大きさの影響を受けると考えることができます。取引量が大きい人々ほど，取引に使う現金・預金も大きくなります。一方，取引が小さい人々ほど，取引に使う必要な現金・預金も小さくなります。買い物や支払いなど取引の大きさは人々の所得に依存するため，所得が大きい人々ほど取引も大きくなり，取引需要が増え貨幣需要も多くなります。一方，所得が小さい人々ほど取引は小さくなり，取引需要が減り貨幣需要も少なくなります。

マクロ経済学（＝経済全体）では，三面等価の原理より国内で稼いだ所得の合

計金額は国内総生産（GDP）に常に等しいので，上で示した所得と取引需要の関係は，GDPが増加すれば取引需要も増加し，GDPが減少すれば取引需要も減少するという関係に置き換えて考えることができます。貨幣需要が所得やGDPに依存するという考えを**貨幣数量説**（quantity theory of money）といいます。

貨幣数量説
- 国内総生産（GDP）（↑）⇒ 取引需要（↑）⇒ 貨幣需要（↑）
- 国内総生産（GDP）（↓）⇒ 取引需要（↓）⇒ 貨幣需要（↓）

　一方，資産需要は危険資産の価格に依存します。危険資産の価格が下落しそうなときは，安全な避難先として定期預金の人気が高まり資産需要は増加し，貨幣需要も増えます。しかし，金融資産の価格が上昇しそうなときは，定期預金の人気が低下し資産需要は減少し，貨幣需要も減ります。後の節で説明しますが，実は危険資産の1つである債券の価格が十分に高く，将来下落すると予想されるとき金利が低下し，債券の価格が十分に低く，将来上昇すると予想されるとき金利が上昇します。そのため，金利が上昇すれば資産需要は減少し貨幣需要も減りますが，金利が低下すれば資産需要は増加し貨幣需要も増えることになります。貨幣需要が所得だけではなく金利にも依存するという考えを**流動選好説**（liquidity preference theory）といいます。

流動性選好説
- 金利（↓）⇒ 資産需要（↑）⇒ 貨幣需要（↑）
- 金利（↑）⇒ 資産需要（↓）⇒ 貨幣需要（↓）

　次の節では，貨幣需要がなぜ金利に依存するのか，流動性選好説についてさらに詳しく説明します。

10.5　代表的危険資産

　図表10－2に見られるように世の中には現金・預金，債券，投資信託，株式などさまざまな資産があり，現金・預金は安全資産，それ以外の金融資産，例えば債券，投資信託，株式などは危険資産に分類されました。ところで，債券，投資信託，株式などさまざまな危険資産の中でも，債券がその代表的な資産として金融市場に影響を与えています。それは債券の一種である長期国債の流通利回りが，長期プライムローン金利や住宅ローン金利など世の中のさまざまな金利と連動しているからです。日本では債券を売買できる市場が限られているので，家計が債券を売買するということは一般的ではありません。そのため，家計の金融資産のうち債券は1.3％しか占めていません（図表10－2参照）が，家計や企業がローンを組むときの金利が債券の利回りと連動しているため，家計や企業も間接的に債券市場の動きの影響を受けています。

　また，保険・年金，投資信託などの金融資産は，資産運用のプロフェッショナルが家計や企業から預かった資金で債券，株式，不動産などを売買することで収益を出し，保険金，年金，分配金を給付しています。したがって，家計や企業が保険や年金に加入したり，投資信託を購入したりするということは，間接的に債券を購入しているということでもあるのです。

　そのような理由からマクロ経済学では，危険資産の代表は債券となるのです。以下では分析を単純にするため，取りあえず債券以外の危険資産を無視します。つまり，人々は取引に使わなかった資金をそのまま現金や預金で保有し続けるか，あるいは債券を購入するかの二択しかないと仮定します。

10.6　債券の仕組み

　債券（bond）は国や企業などが資金を調達する目的で発行する証券のことをいいます。国や企業は債券を発行し，それを投資家に売ることで資金を調達することができます。国や企業が投資家に対し満期まで毎年，一定の利子を支払

第10章　貨幣需要の理論 | 157

うことと，満期になったら元本を支払うことを約束した上で債券を購入しても
らいます。

　ここで**元本**（principal）とは債券に記載されている額面金額のことで，例え
ば額面金額が100万円で満期が10年と記載されている債券は，10年後に額面
金額100万円を支払うことを約束した債券ということです。満期が来て額面金
額が発行者から支払われることを「償還」されるといいます。

　また，先述したように，債券を持っている投資家は満期に額面金額を受け取
ることができるだけではなく，満期まで毎年，利子を受け取ることができます。
ここで利子は額面金額に**表面利率**（coupon rate）を掛けたものです。例えば，
満期10年，額面金額100万円で，表面利率が0.01（＝1％）であれば，利子は
1万円（＝100万円×0.01）となり，この金額が満期までの10年間，毎年支払わ
れることになります。

　実は国や企業が債券を投資家に発行して資金を調達するということは，投資
家から資金を借りるということと同じです。債券の額面金額が投資家から借り
た金額に対応していると考えれば，債券は借用証書そのものなのです。しかし，
住宅ローンや自動車ローン，カードローンなど我々の借金とは異なり，国や企
業の債券は満期を待たずに途中で別の投資家に売ることができます。例えば満
期が10年としたら，10年間最後まで保有しつづける必要はなく，購入した後
すぐに別の投資家に売ることもできます。もちろん，この場合，毎年利子を受
け取り，満期時には額面金額の支払いを受ける権利は，債券の新しい持ち主に
移ります。

　人気のある債券だと購入を希望する投資家が多いので，債券価格（時価）は
高くなります。一方，あまり人気のない債券だと購入を希望する投資家は少な

図表10－4　債券の仕組み

| 国企業 | →発行→ 資金← | 投資家 | →売却→ 資金← | 他の投資家 |

いので，債券価格（時価）は低くなります。このように，債券価格は市場の動きに左右されながら変化します。

10.7　債券の金利

　購入した債券が1年間でどのくらいの収益を上げるかを示す率を**利回り**，あるいは**金利**（interest rate）といい，以下の式で表すことができます。

$$債券の金利 = \frac{1年間の収益}{債券価格} \times 100$$

　数値例を使って説明した方が理解しやすいため，先ほどと同じく，満期10年，額面金額100万円，表面利率0.01（＝1％）の債券を考え，この債券を投資家から99万円で購入し，途中で売らずにそのまま10年間保有し続けたときの金利を計算してみます。金利とは1年間でどのくらい収益をあげるのかを示す率のことでしたので，まず，この債券の収益を求めます。ここで債券の収益は利子とキャピタルゲインの合計となります。

$$債券の収益 = 利子 + キャピタルゲイン$$

　利子は「額面金額×表面利率」で計算されますので，1万円（＝100万円×0.01）が毎年受け取る利子で，10年間では10万円（＝1万円×10年）だけ利子が得られます。さらに，投資家は10年後に額面金額100万円が支払われますが，この債券を10年前に99万円で購入したので，額面金額から債券価格を引いた，1万円（＝100万円−99万円）だけ得をしています。購入金額より高い金額を受け取るとき，その差を**キャピタルゲイン**（capital gain）といいますが，上の例では1万円がキャピタルゲインとなります。

　以上より債券から得られる収益は11万円（＝10万円＋1万円）になりますが，これは10年間の収益ですので，1年あたりの収益はその10分の1にあたる11,000円（＝11万円/10年）となります。投資家は99万円の価格で債券を購入し，10年間保有し続ければ，毎年11,000円ずつの収入が得られるので，それ

を年率（％）に換算すると

$$\frac{11{,}000\,円}{99\,万円} \times 100 = 1.1\,\%$$

となります。上で得られた値，1.1％が債券の金利と呼ばれるものです。

上の金利計算の流れを公式でまとめると，

債券の金利の公式

$$債券の金利 = \frac{額面金額 \times 表面利率 + \dfrac{（額面金額 - 債券価格）}{満期までの期間}}{債券価格} \times 100$$

この公式を使って，債券価格が99万円から99万8,000円へと上昇したとき，金利がどう変化するのかを計算してみます。その計算結果は以下の通りです。

$$債券の金利 = \frac{100万円 \times 0.01 + \dfrac{（100万円 - 99万8{,}000円）}{10年}}{99万8{,}000円} \times 100 = 1\,\%$$

この計算結果から，債券価格が99万円から99万8,000円へと8,000円だけ上昇すると，金利が1.1％から1％へと低下します。逆に99万8,000円から99万円へと8,000円だけ低下すると，金利は1％から1.1％へと上昇します。以上の計算結果から，債券価格が上昇すると金利は低下し，債券価格が低下すると金利は上昇することがわかるでしょう。

債券価格と金利の関係

債券価格（↑）　金利（↓）

債券価格（↓）　金利（↑）

現実経済において，債券の金利で最も重要なものは"直近の新発10年国債

流通利回り"です。ここで**国債**とは国が発行している債券のことをいいます。
ちなみに企業が発行している債券は**社債**といわれますが，国債も社債も発行し
ている主体や発行条件が異なるだけでその仕組みは同じです。また，"直近の
新発10年国債流通利回り"の"10年"とは満期が10年，"直近の新発"とは
最近発行されたばかりの国債ということを意味しています。最後に"流通利
回り"とは投資家から購入し満期まで保有したとき得られる金利のことで，上
で示した債券の金利の公式を使って計算されるものです。したがって，"直近
の新発10年国債流通利回り"は発行されたばかりの10年国債を投資家から購
入し，それを満期までの10年間保有し続けた場合に得られる金利ということ
です。

10年国債の流通利回りは長期金利（＝住宅ローンや長期プライムレートなど長期間
の借り入れに適用される金利）に連動するといわれています。10年国債の流通利回
りが上昇すれば長期金利も上昇し，低下すれば長期金利も低下します。

10.8　流動性選好説

流動性選好説とは，貨幣需要はGDPだけではなく金利にも依存するという
考えであり，以下の関係を示すものです。

流動性選好説
- 金利（↑）⇒　資産需要（↓）⇒　貨幣需要（↓）
- 金利（↓）⇒　資産需要（↑）⇒　貨幣需要（↑）

流動性選好説が成立する理由は，10.7節で示した"債券価格と金利の関係"
を使って次のように説明されます。債券価格が上昇していけば（＝金利が低下し
ていけば），債券価格はやがて下落に転じるのではないかと予想する投資家が増
えてきます。臆病な投資家ほど下落を恐れて，損をしないうちに債券を売って
安全な定期預金で資産の運用をはかることを考えます。さらに債券価格が上昇
していくと（＝金利が低下していくと），臆病な投資家でなくとも下落する日が近

いと考えるようになるため，債券を売ってそれを安全な定期預金で運用をはかることを考える投資家がますます増えていきます。

このように，債券価格が上昇すると（＝金利が低下すると），定期預金の人気が高まります。定期預金の需要はおおむね資産需要を表していたので，定期預金が増えるということは，資産需要も増えることになります。資産需要と取引需要の合計が貨幣需要であったことを思い出すと，債券価格の上昇，つまり金利の低下によって，資産需要が増え，貨幣需要も増えることがわかります。

逆に，債券価格が低下していけば（＝金利が上昇していけば），債券価格はやがて上昇に転じるのではないかと予想する投資家が増えてきます。この場合，投資家は債券価格の上昇を期待して，定期預金をやめて債券を購入しようとするため，定期預金の需要（＝資産需要）が減ることを通じ，貨幣需要も減少します。

10.9　貨幣需要のボーモル＝トービンモデル

流動性選好説は金利の変化が資産需要に影響を与え，貨幣需要を変化させるという考えでした。しかし，金利は資産需要だけではなく取引需要にも影響を与えると考える，アメリカ出身の経済学者，ウィリアム・ボーモル（William Baumol, 1922-2017）やジェームズ・トービン（James Tobin, 1918-2002）のような研究者もいます。彼らは，取引をするために貨幣が必要になるのは，収入と支出の時間的ずれがあるからだと考え，取引需要は所得だけではなく金利にも依存すると考えました。

ここで「収入と支出の時間的ずれ」とは，給与は月末に支払われますが，支出は毎日行うという意味での“ずれ”です。月の最初は月末に給与が振り込まれたばかりなので，資金的ゆとりがあります。給与の全額を預金すると多くの利子が得られますが，日常的な支出を行えなくなります。そのため，毎日の生活に必要な分をATMからおろしてくる必要があります。しかし，買物の都度，ATMに毎日出かけて行っておろすのは手間や労力がかかります。

銀行預金が大きいほど多くの利息がもらえるので，現金はできるだけ持たないようにしておきたいのですが，手持ちの現金が少ないと買物のたび，ATM

に行かなければならなくなるので，労力や手間がかかってしまいます。このような状況の中，いったいどれだけの現金を手元においておけば，預金を現金に換えるコスト（＝現金保有のコスト）をできるだけ小さくできるでしょうか。

　例えば，1カ月 Y 円の月給を T 回に分けてATMから下すとします。この場合，もちろん1回あたり「Y/T」円ずつ下すことになります。預金の残高の変化からみると，月の最初には Y 円の預金がありますが，預金残高が「Y/T」円ずつ減っていき月末にはゼロ円になります。

　1回目に下したばかりのときには「Y/T」円の現金があるが，生活費に使われていくので，2回目に下すまでの間に現金はゼロ円となっています。同様に，2回目に下したばかりのときには「Y/T」円の現金があるが，3回目に下すまでの間に現金はゼロ円となっています。これを月に T 回くりかえすことになります。そのため，取引のために必要な現金の大きさ（＝現金需要）の月平均は「Y/T」円の半分，つまり「$Y/2T$」円となります。

　現金を保有するということは，現金を銀行に預金していれば得られたであろう利子収入をあきらめることになります。いま，金利の大きさを r とすると，この人は月平均で「$Y/2T$」円の現金を保有しているので，現金の保有によってあきらめなければならない利子収入の大きさは

$$\frac{Y}{2T} \times r \text{ 円}$$

となります。

　例えば，月給が30万円（$Y = 30$万円）で10回（$T = 10$）に分けて下されるとしたら，1回あたりで3万円（＝30万円/10回）の現金が預金から引き出されることになります。2回目の3万円を下すときまでに現金はゼロ円になっているので，1回目から2回目にかけての平均的な現金の保有額は，3万円と0円のちょうど真ん中の1万5,000円（＝3万円/2）です。2回目から3回目にかけての平均的な現金の保有額も，3万円と0円のちょうど真ん中の1万5,000円なので，これが T 回繰り返される月平均でみても平均的な現金保有額は1万5,000円となります。月単位の金利（r）が0.01であれば，1万5,000円だけの現金保有によってあきらめなければならない利子収入の大きさは，150円（＝1万5,000

円×0.01）と計算されます。

　一方，T回だけATMに行かなければならないので，ATMに行く労力や手間，あるいはATMの手数料などがかかります。1回ATMへ行くごとにc円分の労力や手間，手数料がかかるとすると，月にT回行くので，ATMに行く手間と労力，手数料は月合計で「$c \times T$」円となります。

　現金保有コストは"あきらめなければならない利子収入"と"ATMに行く労力や手間，手数料"の合計となるので，それを式で表すと

$$現金保有コスト = \frac{Y}{2T} \times r + c \times T$$

となります。

　預金があまり減らないように，少しずつお金を下すようにすれば，"あきらめなければならない利子収入"は減りますが，ATMに行く回数（T）は増加するので，"銀行に行く労力や手間，手数料"も増えます。逆に，"ATMに行く労力や手間，手数料"を減らすため，一度に大きな金額を下そうとすると，確かにATMに行く回数（T）を減らすことはできます。しかし，その場合には預金も大きく減ってしまうので，"あきらめなければならない利子収入"は増加することになります。

　このように，ATMに行く回数（T）を増やしても減らしても，メリットとデメリットの両方が発生します。ある行動にメリットとデメリットの両方があることをトレードオフといいます。トレードオフがあるので，現金を保有するコストが最も小さくなるように，人々は銀行に行く回数（T）を決めることになります。微分の知識があれば簡単にそれを求めることができますが，「aとbの値がプラスであれば，$a = b$のとき，$(a + b)$の最小値は$2\sqrt{a \times b}$となる」（相加相乗平均の公式）を使って求めることもできます。そこで

$$a = \frac{Y}{2T} \times r, \qquad b = c \times T$$

と置いて，公式を使います。「$a = b$」のとき，

$$\frac{Y}{2T} \times r = c \times T$$

となるので，この式をTについて解くと，

$$T = \sqrt{\frac{Yr}{2c}} \qquad (\text{①})$$

となります。これを月平均の現金需要「$Y/2T$」に代入してTを消去すると，

$$\text{現金需要} = \frac{Y}{2T} = \frac{Y}{2\sqrt{\dfrac{Yr}{2c}}} = \sqrt{\frac{Yc}{2r}} \qquad (\text{②})$$

が得られます。②式より，取引に必要な現金の大きさ，つまり現金需要は所得（Y）と金利（r）の両方に依存することがわかります。所得（Y）が増えれば現金需要も増加し，所得（Y）が減れば現金需要も減少します。また，金利（r）が上昇すれば現金需要は減少し，金利（r）が低下すれば現金需要は増加します。

　このように，流動性選好説を仮定しなくとも，貨幣需要（＝必要な現金と預金の大きさ）は所得（Y）だけではなく金利（r）にも依存して決まることを示すことができます。

　例　題　ある個人は銀行に振り込まれた月給50万円すべてをひと月のうちに均等に支出する。支払いのために必要な現金は，ATMからT回に分けて引き出される。銀行預金には1期間あたり0.01の利子がつき，ATMから引き出すごとに25円分の労力や手間，手数料がかかるとき，最適な引出回数Tを求めなさい。

（**解答**）$Y = 50$万円，$r = 0.01$，$c = 25$円を①式に代入すると，以下のように最適なTを求めることができます。

$$T = \sqrt{\frac{50\text{万円} \times 0.01}{2 \times 25}} = 10\text{回}$$

10.10 コンソル債

10.7節の債券価格と金利の関係は、**コンソル債**（consols）という債券の仕組みからも説明することができます。日本国債のように債券には償還期限があるものですが、コンソル債は償還期限がなく、あらかじめ決められた利息を永久に支払うことを約束する債券です。ちなみに、コンソル債はかつてイギリスで発行され、現在もロンドンの金融市場で流通しています。

企業が発行している株式も償還期限がなく、企業は株主（＝株式の保有者）に配当を支払うことを約束する証券なので、コンソル債と類似しているといえます。しかし、コンソル債の利息はあらかじめ決められているので、その大きさが常に変化するという不確実性はありません。一方、株式の配当というものは企業が黒字のときに黒字の一部を株主に還元するというものなので、赤字なら配当する必要はありません。そのため、配当の大きさは企業業績に左右され、株式には不確実性があるのです。

それでは、コンソル債の価格はどのように決まるのでしょうか。例えば、毎年100円の利息を永久に支払うことを約束するコンソル債を考えます。市場金利が0.03と仮定すると、100円を金融市場で運用すれば、現在の100円は1年後には103円（＝$100 \times (1 + 0.03)$）にまで膨らみます。つまり、1年後の103円は現在の100円に相当していることがわかります。逆に1年後の103円を現在の価値である100円に換算するときは、103円を$(1 + 0.03)$で割れば

$$\frac{103}{(1 + 0.03)} = 100 \text{円}$$

のように求められます。

同様に現在の100円は2年後には106.09円（＝$100 \times (1 + 0.03)^2$）、3年後には109.27円（＝$100 \times (1 + 0.03)^3$）になるので、2年後の106.09円と3年後の109.27円は現在の100円に相当していることがわかります。2年後の106.09円を現在の価値である100円に換算するときは、106.09円を$(1 + 0.03)^2$で割

ればよく，3年後の109.27円を現在の価値である100円に換算するときは，109.27円を$(1+0.03)^3$で割れば求められます。

$$\frac{106.09}{(1+0.03)^2}=100円, \qquad \frac{109.27}{(1+0.03)^3}=100円$$

コンソル債は毎年100円ずつ利子が永久に支払われ，利息の合計がこのコンソル公債の価値，つまりコンソル債の価格になります。そこで，利息の合計をもとめます。市場金利がゼロであれば，

コンソル債の価格 ＝ 100円 ＋ 100円 ＋ 100円 ＋・・・

1年後の利息 2年後の利息 3年後の利息

となりますが，市場金利が0.03のときは，1年後，2年後，3年後，・・・の利息をそれぞれ現在の価値に換算して合計をとることになります。1年後の利息100円を現在の価値に換算するときは100円を$(1+0.03)$で割り，2年後の利息100円を現在の価値に換算するときは100円を$(1+0.03)^2$で割り，3年後の利息100円を現在の価値に換算するときは100円を$(1+0.03)^3$で割ればよかったので，現在の価値に換算した利息の合計，つまりコンソル債の価格は

$$コンソル債の価格 = \frac{100}{(1+0.03)} + \frac{100}{(1+0.03)^2} + \frac{100}{(1+0.03)^3} + \cdots$$

となります。ところで，上の式は

コンソル公債の価格

$$= \frac{100}{(1+0.03)} + \frac{100}{(1+0.03)} \times \left(\frac{1}{1+0.03}\right) + \frac{100}{(1+0.03)} \times \left(\frac{1}{1+0.03}\right)^2 + \cdots$$

と書き換えることができます。「無限等比級数の公式」（8章8.4節）より，上の式の初項zと公比aは

$$z = \frac{100}{(1+0.03)}, \ a = \frac{1}{(1+0.03)}$$

なので，コンソル債の価格は以下のように約333円と計算されます。

$$\text{コンソル債の価格} = \frac{z}{1-a} = \frac{\dfrac{100}{(1+0.03)}}{1-\left(\dfrac{1}{1+0.03}\right)} = \frac{100}{0.03} = 3333.33\cdots$$

上の式の「100/0.03」に注目すると，100はコンソル債の利息，0.03は市場金利なので，コンソル債の価格はコンソル債の利息を市場金利で割ったものに等しくなることがわかります。

$$\text{コンソル債の価格} = \frac{\text{利　息}}{\text{市場金利}}$$

この式より，金利が上昇すればコンソル債の価格は低下し，金利が低下すればコンソル債の価格は上昇することになります。したがって，10.7節で示した債券価格と金利の関係は，コンソル債の価格と金利にもあてはまります。

第11章　貨幣市場の均衡

11.1　貨幣市場

　9章と10章ではそれぞれ貨幣供給と貨幣需要の仕組みについて考えましたが，この章では貨幣市場の均衡において金利が決定することを示します。貨幣市場の均衡とは貨幣供給と貨幣需要が等しくなる状態をいいます。

貨幣市場の均衡
貨幣供給 ＝ 貨幣需要

　ここで，貨幣供給とは人々が保有している現金・預金のことでした。わが国では日本銀行が公表しているM1（エムワン），M2（エムツー），M3（エムスリー）などの指標を見れば貨幣供給の大きさがわかります（9章9.4節）。一方，貨幣需要とは人々が必要としている現金・預金のことで，取引需要と資産需要の2つに分けることができました（10章10.3節）。

$$貨幣需要 ＝ 取引需要 ＋ 資産需要$$

　取引需要は財・サービスの購入に必要な現金・預金（普通預金）のことで，資産需要は貯蓄のための現金・預金（主に定期預金）のことでした。貨幣需要をL（"liquidity preference" のL），取引需要をL_1，資産需要をL_2で示すと，貨幣需要（L）は

$$L = L_1 + L_2 \quad （①）$$

となります。

第11章 貨幣市場の均衡 | 169

　貨幣市場が均衡している，つまり貨幣供給と貨幣需要が等しいということは，人々が必要としている額を実際に保有しているという状態ですので，資金が不足している状態でもなく，資金が余っている状態でもない，ちょうどバランスした状態ということです。

　ミクロ経済学の財市場では需要と供給が等しくなるところで価格が決まります。需要が供給よりも大きければ価格が上昇し，供給が需要よりも大きければ価格が低下することで，需要と供給が調整されます。一方，マクロ経済学の貨幣市場では貨幣供給と貨幣需要が等しくなるところで金利が決まります。貨幣需要が貨幣供給よりも大きければ金利が上昇し，貨幣供給が貨幣需要よりも大きければ金利が低下することで，貨幣需要と貨幣供給が調整されます。つまり，貨幣市場における金利は財市場における価格の役割を果たすのです。以下では数式を用い，貨幣市場では価格の代わりとなる金利の役割を示します。

11.2　貨幣需要関数

　10章10.4節ではGDP（Y）が増加すれば取引需要（L_1）が増え，GDP（Y）が減少すれば取引需要（L_1）が減るという関係（＝貨幣数量説）を説明しましたが，例えば，この関係を一次式で示すと，

$$L_1 = k \times P \times Y$$

となります。ここで，上式の「k」はマーシャルのk（Marshallian k）と呼ばれる比例定数です。"マーシャルのk"については11.9節で詳しく説明します。さらに，上式の「$P \times Y$」は名目GDPを表しています。「名目GDP＝GDPデフレーター×実質GDP」（4章4.3節）という関係より，上式の「$P \times Y$」におけるPはGDPデフレーターを，Yは実質GDPを表していると解釈できます。

　以下では数字を用いた方が代数的に貨幣市場の均衡を説明できるので，いま「$k = 0.5$」，「$P = 1$」を仮定します。「$P = 1$」を仮定すると「$P \times Y = 1 \times Y = Y$」になるので，名目GDP（$= P \times Y$）と実質GDP（$= Y$）が等しくなり，両者を同一のものとすることができます。GDPデフレーターなど物価指数は短期

間のうちに大きく変動するものではないので，しばらく，GDPデフレーターは「$P=1$」のまま変化しないものとして議論を進めます。「$k=0.5$」，「$P=1$」を上式に代入すると，取引需要（L_1）は

$$L_1 = 0.5 \times 1 \times Y$$
$$= 0.5 \times Y \quad (②)$$

となります。

　10章10.8節では金利が上昇すれば（＝債券価格が下落すれば），資産需要が減少し，金利が低下すれば（＝債券価格が上昇すれば），資産需要が増加するという関係，つまり流動性選好説を示しましたが，この関係を以下の式で表すことにします。

$$L_2 = 1{,}000 - 100 \times r \quad (③)$$

ここでrは金利を表しています。「$r=0$」のとき，「$L_2 = 1{,}000 - 100 \times 0 = 1{,}000$」，「$r=1$」のとき，「$L_2 = 1{,}000 - 100 \times 1 = 900$」になるので，③式では金利（$r$）が上昇すれば資産需要（$L_2$）は減少します，逆に金利（$r$）が低下すれば資産需要（$L_2$）は増加することがわかります。

　②式と③式を①に代入すると，

$$L = L_1 + L_2$$
$$= 0.5 \times Y + 1{,}000 - 100 \times r \quad (④)$$

となるので，貨幣需要（L）はGDP（Y）と金利（r）の両方に依存していることがわかります。このように，貨幣需要（L）は（Y, r）の関数となっているので，この式のことを**貨幣需要関数**（money demand function）といいます。

11.3　金利の決定

　貨幣市場では貨幣需要（④式）と貨幣供給が等しくなる水準で金利が決まります。そこで，「$Y=500$」，「貨幣供給＝750」のときの金利（r）を計算してみ

ましょう。まず,以下のように,④式の Y に500を代入します。

$$L = 0.5 \times 500 + 1,000 - 100 \times r$$
$$= 250 + 1,000 - 100 \times r \quad \text{⑤}$$

そして,貨幣市場では「貨幣供給＝貨幣需要」となるように金利 (r) が決まるので,

$$\underbrace{750}_{\text{貨幣供給}} = \underbrace{250 + 1,000 - 100 \times r}_{\text{貨幣需要}(L)}$$

を金利 (r) について解けば,貨幣供給と貨幣需要が等しくなる金利,

$$r = 5$$

を求めることができます。

　金利 (r) が5であれば,貨幣需要 (L) は750 $(= 250 + 1,000 - 100 \times 5)$ となり,貨幣供給の750と等しくなります。これは図表11－1のE点に対応しています。図表11－1の右下がりの直線ABは貨幣需要関数⑤です。⑤式は,

図表11－1　貨幣市場の均衡

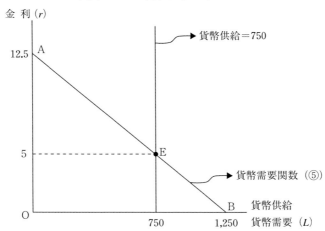

「$r=0$」のとき，「$L=250+1{,}000-100\times 0=1{,}250$」，「$r=12.5$」のとき，「$L=250+1{,}000-100\times 12.5=0$」となるので，A$(0, 12.5)$とB$(1{,}250, 0)$の2点を結んで描かれた直線ABが⑤式を図示したものになります。

いま日本銀行が750だけ貨幣を供給しているので，図表11－1の横軸の750から垂直に線を伸ばしていき，貨幣需要関数（⑤式）とちょうど交わる点，つまりE点で貨幣供給と貨幣需要が750という数字で等しくなっている均衡になります。そして均衡E点に対応している金利が上の計算で求めた5ということになります。

11.4　貨幣市場の調整メカニズム

$r>5$のケース

この数値例では金利（r）は必ず5に決まります。例えば，金利（r）が5よりも高い7であったとしても，図表11－2（a）で示されているように7から5に向かって金利（r）は低下していきます。金利（r）が7のとき貨幣需要（L）は550（$=250+1{,}000-100\times 7$）となります。図表11－2（a）ではa点に対応し

図表11－2（a）　貨幣市場の調整メカニズム

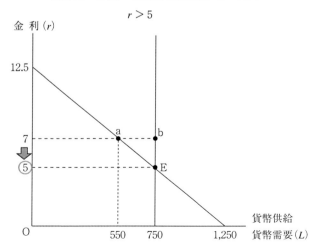

第11章　貨幣市場の均衡 | 173

ています。一方，金利（r）が7のときの貨幣供給は750であり，図表11－2
（a）ではb点に対応しています。したがって，金利（r）が7のままでは貨幣供
給が貨幣需要よりも200（＝750－550）だけ大きくなります。

　貨幣供給は人々が保有している現金・預金，貨幣需要は人々が必要としてい
る現金・預金のことだったので，貨幣供給が貨幣需要よりも大きいということ
は，人々が財・サービスの購入に使うよりも多くの現金・預金を保有しており，
資金的に余裕のある状態です。そこで，人々はその余裕資金を使って債券を購
入しようとします。

　もちろん現実には，余裕資金がある場合，株式や投資信託，保険などさまざ
まな金融資産を購入しますが，ここでは債券以外の資産はないものとしている
ため，現金・預金以外の資産は債券だけです。そのため，余裕資金はすべて債
券の購入にあてられることになります。債券を購入する人々が増えると債券の
人気が上がり，債券価格は上昇します。10章10.7節で示したように，債券価
格が上昇すると金利が低下しますが，この数値例では7から5に向かって低下
することがわかります。

　10章10.8節でも説明しましたが債券価格が上昇していくと，債券価格は近
いうちに下落すると予想する人々が増えるため，いつ下落するかわからない債
券を早く売り払い，安全な現金や預金（特に定期預金）に変えようと動き出しま
す。そのため，金利が低下すると（＝債券価格が上昇すると），定期預金を中心に
現金・預金の保有量（＝貨幣需要）が増加します。この数値例では金利が7から
5に低下すると，貨幣需要（L）も550（＝250＋1,000－100×7）から750（＝250＋
1,000－100×5）まで増加するので，貨幣需要は貨幣供給の750と等しくなり，
再び貨幣供給と貨幣需要が等しくなります。

$r < 5$のケース

　逆に金利（r）が5よりも低い3であったとしても，図表11－2（b）で示さ
れているように3から5に向かって金利は上昇していきます。金利（r）が3の
とき貨幣需要（L）は950（＝250＋1,000－100×3）となります。図表11－2（b）
ではd点に対応しています。一方，金利（r）が3のときの貨幣供給も750であ

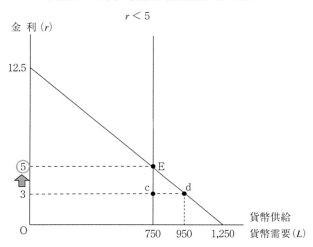

図表11−2(b)　貨幣市場の調整メカニズム

り，図表11−2(b)ではc点に対応しています。したがって金利（r）が3のままでは貨幣需要が貨幣供給よりも200（＝950−750）だけ大きくなります。貨幣供給は人々が保有している現金・預金，貨幣需要は人々が必要としている現金と預金だったので，貨幣需要が貨幣供給より大きいということは，現金・預金が不足し，財・サービスの取引が困難な状態を表しています。そのため，人々は保有している債券を売り，現金・預金に換えようとします。

　債券を売る人々が増えると債券の人気が下がり，債券価格は下落します。債券価格が下落すると金利（r）は上昇しますが，この数値例では金利（r）は3から5に向かって上昇することがわかります。

　10章10.8節で説明しましたが債券価格が下落していくと，債券価格は近いうちに上昇すると予想する人々が増えるため，やがて上昇するであろう債券を買い，現金・預金（特に定期預金）を手放そうとし始めます。そのため，金利が上昇すると（＝債券価格が下落すると），定期預金を中心に現金・預金の保有量（＝貨幣需要）が減少します。この数値例では金利が3から5に上昇すると，貨幣需要（L）は950（＝250＋1,000−100×3）から750（＝250＋1,000−100×5）まで減少するので，貨幣需要は貨幣供給の750と等しくなり，再び貨幣供給と貨幣

需要が等しくなります。

以上のことから次のことがわかります。

> **貨幣市場の調整メカニズム**
> ● 貨幣供給 ＞ 貨幣需要 ⇒ 金利の低下
> ● 貨幣供給 ＜ 貨幣需要 ⇒ 金利の上昇

　上で示した貨幣市場の調整メカニズムは，債券価格と金利の関係がわからなくとも，別の方法で説明することもできます。貨幣供給が貨幣需要を上回るということは，資金に余裕のある人々が多いということなので，このようなときにわざわざ高い金利を払ってまで銀行や投資家など貸し手から資金を借りようとはしません。そこで，貸し手は資金を借りてもらうため，金利を下げようとします。このことから貨幣供給が貨幣需要より大きければ，つまり人々の資金が豊富なときは，金利が低下することになります。

　逆に貨幣供給が貨幣需要を下回るということは，資金不足の人々が多いということなので，このようなときは高い金利を払ってでも貸し手から資金を借りようとします。そのため，貨幣需要が貨幣供給よりも大きいときは，金利が上昇することになります。

11.5　GDPと金利

　これまで「$Y = 500$」として計算してきましたが，次にGDPが変化したときそれが金利にどのような影響を与えるのかを考えます。そこで例えば，Yが500から600へと増加したとします。そのとき金利はどのように変化するでしょうか。最初に，Yが600のときの貨幣需要を求めます。「$Y = 600$」を④式に代入すると，貨幣需要は「$L = 0.5 \times 600 + 1{,}000 - 100 \times r$」となります。貨幣供給はこれまで通り750とすると，金利（r）は以下のように5.5と計算されます。

$$750 = 0.5 \times 600 + 1,000 - 100 \times r$$

貨幣供給　　　　貨幣需要（L）

$$r = 5.5$$

　Yが500のときの金利（r）は5，Yが600のときの金利（r）は5.5なので，GDPが増加することによって金利が上昇することがわかります。仮に，Yが600のときの金利（r）は5のままで5.5に上昇しないとすると，貨幣需要は800（$= 300 + 1,000 - 100 \times 5 = 800$）となります。一方で，貨幣供給は750だったので，ちょうど50（$= 800 - 750$）だけ貨幣需要が貨幣供給を上回ってしまいます。11.4節で示したように，貨幣需要が貨幣供給を上回ると金利は上昇しますが，数値例では金利（r）は5にとどまることができず，5.5に向かって上昇していくことがわかります。

　それとは逆に，Yが600から500に減少すれば，金利（r）も5.5から5に低下するので，GDPが減少すれば金利も低下します。このようにGDPが増加すれば金利も上昇し，GDPが減少すれば金利も低下するという関係を図示したものを**LM曲線**（LM curve）といいます（図表11－3）。

　LM曲線の関係は直感的にも明らかです。GDPが増加するということは生産が増加し，給与など人々の所得も増えることを意味します。人々の所得が増加すると，人々は今までより多くの財・サービスを購入しようとしますので，購入に必要な現金や預金（＝取引需要）も今まで以上に必要になってき，市場では資金不足が発生します。資金が不足している人々が増えると，今よりも高い金利であったとしても借りたいと考える人々が出てくるので，銀行など貸し手は金利を引き上げます。

　逆に，GDPが減少すると人々の所得も減ります。そのため，財・サービスの購入を控えようとし，取引に使う現金・預金もあまり必要ではなくなります。現在の金利水準では誰も借りようとはしてくれないので，人々に資金を借りてもらうため，銀行など貸し手は金利を下げざるを得なくなります。

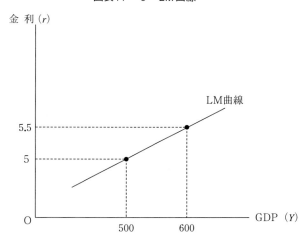

図表11－3　LM曲線

11.6　貨幣供給と金利

　これまで貨幣供給は750として計算しましたが，最後に貨幣供給を変化させたとき，それが金利にどのような影響を与えるのかを考えます。例えば，貨幣供給が750から850に増加したとします。そのとき金利はどのように変化するでしょうか。ただしYは500のままであるとします。Yは500のまま変わらないので，貨幣需要も「$L=0.5\times500+1{,}000-100\times r$」（⑤）のまま変わりません。しかし，貨幣供給は850に増加しているので，それを考慮に入れて金利（r）を計算すると，それは以下のように4になります。

$$\underbrace{850}_{\text{貨幣供給}} = \underbrace{0.5 \times 500 + 1{,}000 - 100 \times r}_{\text{貨幣需要 }(L)}$$

$$r = 4$$

11.3節では貨幣供給が750のときの金利は5でしたが，貨幣供給が750から850へと増加することによって，金利（r）は5から4に低下することがわかります。仮に金利（r）が5のまま変化しないとすると，貨幣需要は750（＝0.5×500＋1,000－100×5）です。しかし，貨幣供給は850に増加しているので，貨幣供給が貨幣需要を上回ります。11.4節で説明したように貨幣供給が貨幣需要を上回ると金利が低下します。そのため，金利（r）は5に踏みとどまることができず，4に向かって低下していきます。金利（r）が4のときの貨幣需要が850（＝0.5×500＋1,000－100×4）なので，貨幣需要は貨幣供給の850と等しくなり均衡が実現します。そのため，金利の低下は4でストップします。図表11－4ではE'点が貨幣供給増加後の均衡点です。

一方，それとは逆に，貨幣供給が850から750に減少すれば，金利（r）は4から5に上昇し，もとの均衡点Eに戻ります。したがって，貨幣供給と金利との間には以下の関係があるこがわかります。

貨幣供給と金利
- 貨幣供給の増加　⇒　金利の低下
- 貨幣供給の減少　⇒　金利の上昇

上の関係は債券価格と金利の関係を使わずとも説明可能です。貨幣供給が増えるということは人々が保有する現金・預金が多くなるということなので，その分だけ資金を借りる必要がなくなります。資金が豊富な人々にとって，いまの金利では高すぎその金利では誰も借りようとはしてくれないので，人々に資金を借りてもらうため，貸し手は金利を下げざるを得なくなります。そのため，貨幣供給が増えると金利は低下することになります。

図表11－4　貨幣供給の増加と金利

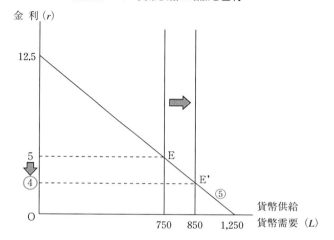

　逆に，貨幣供給が減ると，人々が保有する現金・預金が少なくなるということなので，その分だけ資金を借りる必要がでてきます。資金が不足している人々が多ければ，貸し手が今よりも高い金利を付けたとしても人々は借りようとします。そのため，貨幣供給が減ると金利は上昇することになります。

　ところで，どのようなときに貨幣供給が増加するかというと，それは日本銀行による買いオペレーションが考えられます。9章9.7節で説明したように買いオペレーションとは，日本銀行が銀行などの金融機関から金融資産（国債などの証券）を購入するという操作です。銀行は日本銀行に金融資産を売ることで得た資金の一部を人々に貸し付けます。銀行から資金を借りた人々は資金を新たに手にすることになるので，買いオペレーションによって人々が保有する現金・預金，つまり貨幣供給が増加するというわけです。銀行からの貸付けが増え貨幣供給が増加すればするほど，資金が不足する家計・企業が減るため，最終的に銀行など貸し手は金利を下げざるを得なくなるのはさきほど説明した通りです。

例　題　貨幣の取引需要（L_1）が「$L_1 = Y$」で，資産需要（L_2）が「$L_2 = 1,000 - 50 \times r$」で与えられているとき，以下の問いに答えなさい。ここでYはGDPを，rは金利を表しているものとする。

（1）貨幣需要関数（L）を示しなさい。

（2）$Y = 450$，貨幣供給（M）$= 1,100$のとき，金利（r）の大きさを求めなさい。

（3）$Y = 450$の状態で貨幣供給（M）が$1,100$から$1,300$へ増加したとき，金利（r）はいくら低下するであろうか，答えなさい。

（4）貨幣供給（M）$= 1,100$の状態でYが450から650へ増加したとき，金利（r）はいくら上昇するであろうか，答えなさい。

（解答）

（1）
$$貨幣需要（L） = 取引需要（L_1） + 資産需要（L_2）$$
$$= Y + 1,000 - 50 \times r$$

（2）金利は「貨幣供給＝貨幣需要」となるように決まるので，「貨幣供給（M）$= 1,100$」のときは

$$1,100 = 450 + 1,000 - 50 \times r$$
$$r = 7$$

（3）金利は「貨幣供給＝貨幣需要」となるように決まるので，「貨幣供給（M）$= 1,300$」のときは

$$1,300 = 450 + 1,000 - 50 \times r$$
$$r = 3$$

したがって，金利（r）は4だけ低下することがわかります。

（4）金利は「貨幣供給＝貨幣需要」となるように決まるので，「$Y = 650$」のときは

$$1,100 = 650 + 1,000 - 50 \times r$$
$$r = 11$$

したがって，金利（r）は4だけ上昇することがわかります。

11.7　流動性のわな

　11.6節では日本銀行が貨幣供給を増やせば金利が低下すると説明しました。しかし，債券価格の上昇（＝金利の下落）が非常に大きいときは，日本銀行がいくら貨幣供給を増やしても金利は低下しなくなります。債券価格の上昇（＝金利の下落）が極端に大きいと，人々は債券価格が近いうちに暴落するだろうと予想し，誰も債券を買おうとしなくなります。暴落が予想される状態で日本銀行がいくら貨幣供給を増やしても，人々はその資金を使って債券を買おうとはしません。したがって，債券価格は高い状態のまま変化せずに，金利も低いまま一定に保たれてしまうのです。

　資金がふんだんにあるときは，債券を買いたい投資家が増えるので債券価格が上昇し，金利は低下します。しかし，資金がふんだんにあるのにもかかわらず，債券価格の暴落を恐れて誰も買おうとしなければ，債券価格も変化せず金利の大きさも変わりません。

　それでは，債券価格がどこまで上昇すれば，言い換えると金利がどこまで低下すれば，人々は債券価格の暴落を恐れて，債券を買おうとしなくなるのでしょうか。ケインズはイギリスのジャーナリストのウォルター・バジョット（Walter Bagehot, 1826-1877）が1873年に出版した著書，『ロンバート街　金融市場の解説』の中で引用した19世紀のことわざ，

> 「ジョン・ブルはたいていのことは我慢する。しかし二パーセントの利子には我慢できない。」

を再引用して，金利の下限を示しています。ここでジョン・ブルとは保守的な典型的イギリス人のことで，上記の引用文は我慢強いイギリス人でも２％の金利には我慢できないという意味になります。もちろん２％が絶対的な数字というわけではなく，あくまでも引用に基づく参考数値であり，現在は０％程度が下限とみなされています。ケインズの時代は金利が下限に達した例はないので，当時は金利の下限がいくらなのかわからなかったのです。ケインズは，将来，

金利が下限に達するかもしれないという可能性について指摘したということです。

　ちなみに，金利がこれ以上に低下しない下限に達している状態のことを，**流動性のわな**（liquidity trap）と呼びます。「流動性のわな」はケインズの言葉ではありませんが，ケインズ経済学を特徴づける代表的な用語の１つとして広く認知されています。それは，イギリスの経済学者のジョン・ヒックス（John Richard Hicks, 1904-1989）が，13章で説明されるIS-LMモデルを使って，経済が流動性のわなに陥っているとき，金融政策が無効になることを示したことも大きいです。

11.8　貨幣数量説

　フランスの経済学者でもあり弁護士でもあったジャン・ボダン（Jean Bodin, 1530-1596）によれば，アメリカ大陸の植民地（メキシコやペルー）からスペインに金や銀といった貴金属が大量に流入したことで，16世紀のヨーロッパでインフレーション（＝物価の継続的上昇）が起こったようです。

　ボダンのように貨幣量がインフレーションを引き起こすという考えは後に**貨幣数量説**（quantity theory of money）と呼ばれ，1911年にアメリカの経済学者，アーヴィング・フィッシャー（Irving Fisher, 1867-1947）によってその著書『貨幣の購買力』（*The purchasing power of money*）の中で数学的に説明されました。フィッシャーは貨幣と物価の関係を以下の方程式で示しました。

$$M \times V = P \times T \qquad ⑥$$

　ここでMは貨幣供給，Vは貨幣の**流通速度**（velocity of money），Pは物価，Tは一定期間における財・サービスの購入量を表しています。

　⑥式右辺の「$P \times T$」は物価に購入量を掛けたものであるため，経済全体の購入金額を表しています。左辺の流通速度（V）は同じ貨幣が一定期間に平均でV回使用されたことを示す尺度です。例えば，一定期間として１年間を考えます。１年間の購入金額（＝$P \times T$）が1,083兆円，貨幣供給（M）が742兆円と

すると，流通速度（V）は以下のように計算されます。

$$742\,兆円 \times V = 1{,}083\,兆円$$

$$V = \frac{1{,}083\,兆円}{742\,兆円} = 1.46$$

流通速度（V）が1.46ということは，1,083兆円だけ購入するために742兆円の貨幣が1年間に平均で1.46回使用されたということを意味します。厳密ではないですが，これは同じ1万円札が平均で1.46回使用されたという感覚でしょうか。

⑥式をPについて解くと，

$$P = \frac{V}{T} \times M$$

となります。流通速度（V）や財・サービスの購入量（T）は短期間のうちに大きく変化するものではなく一定の値になると考えられます。流通速度（V）や財・サービスの購入量（T）が変化しないとすると，物価（P）は貨幣供給（M）のみに影響を受けることになります。

VとTは変化しないので，貨幣供給（M）が増加すれば物価（P）は上昇します。逆に貨幣供給（M）が減少すれば物価（P）は低下します。

貨幣数量説
- 貨幣供給の増加　⇒　物価の上昇
- 貨幣供給の減少　⇒　物価の低下

11.9　貨幣数量説の解釈

フィッシャーの方程式（⑥）を貨幣市場における貨幣供給と貨幣需要の均衡式と解釈することも可能です。そのためにまず⑥式のTを実質GDPを表すY

に変更します。

$$M \times V = P \times Y$$

次に上の式を M について解くと，

$$M = \frac{1}{V} \times P \times Y$$

となります。右辺の「$1/V$」を k と置くと，

$$M = k \times P \times Y \quad (\text{⑦})$$

となります。11.2節でも触れましたが，⑦式の k（$= V$ の逆数）は「マーシャルの k」といいます。これはイギリス出身の経済学者，アルフレッド・マーシャル（Alfred Marshall, 1842-1924）が⑦式を著書の中で示したことによります。

　⑦式は貨幣市場において「貨幣供給＝取引需要」の関係を表していると解釈できます。それは⑦式の左辺の M が貨幣供給，右辺の「$k \times P \times Y$」は11.2節で用いた取引需要（L_1）を示す式だからです。

　これまでは貨幣数量説（＝「GDPと取引需要の関係」）と流動性選好説（＝「金利と資産需要の関係」）の両方に基づいて，

$$
\begin{aligned}
\text{貨幣供給} &= \text{貨幣需要} \\
&= \text{取引需要}(L_1) + \text{資産需要}(L_2) \quad (\text{⑧})
\end{aligned}
$$

となるように金利（r）が決定すると考えました。しかし，⑦式では流動性選好説（＝「金利と資産需要の関係」），つまり資産需要（L_2）を無視しています。資産需要（L_2）を無視すると，⑦式は「貨幣供給＝取引需要」となるように物価（P）が決まることになります。

　例えば，「$k = 1$」，「$M = 700$」，「$Y = 500$」のとき，物価（P）は

$$700 = 1 \times P \times 500$$

$$P = \frac{700}{500} = 1.4$$

となります。「$k=1$」,「$Y=500$」のままで,M だけが「800」に増加したとします。このときは物価(P)は

$$800 = 1 \times P \times 500$$

$$P = \frac{800}{500} = 1.6$$

へと上昇します。このことから,マーシャルの k と実質GDPを表す Y が変化しなければ,貨幣供給(M)を増やせば物価(P)も上昇し,逆に貨幣供給(M)を減らせば物価(P)も低下することがわかります。11.6節の結論では貨幣供給(M)を増やせば金利(r)は低下し,逆に貨幣供給(M)を減らせば金利(r)は上昇するはずですが,この節のように貨幣需要から資産需要(L_2)を無視すると,貨幣供給を変化させても金利にはまったく影響を与えず,物価だけが変化することになるのです。このことは後の章で非常に重要な意味を持つことになります。

物価(P)は短期間のうちに大きく変動するものではないので,物価(P)は固定され,例えば「$P=1$」のように仮定し,⑧式に基づいて金利(r)が決まるという考えが正しいのか,あるいは資産需要(L_2)を無視し,⑦式に基づいて物価(P)が決まるという考えが正しいのか意見が分かれるところです。

物価(P)は短期的に一定で,⑧式に基づいて金利が決まると主張する経済学者のグループをケインジアン(＝ケインズ派),一方,マーシャルの k と実質GDP(＝Y)は短期的には一定で,貨幣数量説(⑦式)に基づいて,貨幣供給が物価を決めると主張する経済学者のグループを**マネタリスト**(monetarist)と呼びます。ちなみに,7章の45度線モデルを考案したアメリカの経済学者,ポール・サミュエルソン(Paul Anthony Samuelson, 1915-2009)がケインジアンの代表的経済学者,一方で6章6.7節において説明した恒常所得仮説を唱えたミルトン・フリードマンがマネタリストの代表的経済学者です。フリードマンについては16章16.4節の自然失業率仮説でもう一度登場します。

> **ケインジアン**
> - 流動性選好説の支持（＝貨幣需要は取引需要と資産需要から構成）
> - 物価は短期的には一定

> **マネタリスト**
> - 貨幣数量説の支持（＝貨幣需要は取引需要のみを考え，資産需要の存在を無視）
> - マーシャルの k と実質GDPは短期的には一定

　マネタリストの主張によれば貨幣供給を増やしても金利は低下せず，⑦式に基づいて物価だけが上昇します。逆に，貨幣供給を減らしても金利は上昇せず，⑦式に基づいて物価だけが低下するということになります。したがって，日本銀行など各国の中央銀行は物価が上昇を続けるインフレーションのときには貨幣供給を減少させ，物価が低下を続けるデフレーションのときには貨幣供給を増加させればよいことになります。このように貨幣供給の増減によって物価を安定化させるというマネタリストの主張は，アメリカがクリーピングインフレーションに襲われた1970年代から80年代前半（オイルショックに前後した時代）に受け入れられ，アメリカ国内のインフレーションの終息とともに下火になっていきました。

　一方，ケインジアンの主張によれば，物価は短期間では大きく変動しないものなので，貨幣供給を増やしても物価は上昇せず金利が低下するということになります（11.6節）。そして，金利の低下は投資を促し，実質GDPを増加させます。逆に，貨幣供給を減らしても物価は低下せず金利が上昇することになります（11.6節）。そして，金利の上昇は投資を抑制，実質GDPを減少させます。なぜ，金利が低下すれば投資や実質GDPが増加し，金利が上昇すれば投資や実質GDPが減少するのかについては12章で詳しく説明します。

11.10 マネタリストの金利決定

　ケインジアンは流動性選好説に基づいて金利が決まり，マネタリストは貨幣数量説に基づき物価が決まると考えました。それでは，ケインジアンは物価がどのように決まり，マネタリストは金利がどのように決まると考えたのでしょうか。

　ケインジアンはケインズの理論ではありませんでしたが，**フィリップス曲線**（Phillips curve）と呼ばれるインフレーション（＝物価の変化率）と失業率の関係を示す曲線からインフレーションが決まると考えました。ケインズの時代は物価の安定よりも大恐慌による失業の解決が重要課題だったので，ケインジアンは物価の決まり方について明確な理論を持っていませんでした。しかし，第二次世界大戦後，アメリカでクリーピングインフレーションが発生するようになると，ケインジアンにとってもインフレは無視できない問題になりました。しかし，ケインズ理論を使いながら物価を説明することは非常に困難だったため，代わりにフィリップス曲線を使うことで，アメリカのインフレ問題を分析しようとしました。フィリップス曲線については16章で説明します。

　一方，マネタリストは**貸付資金説**（loanable funds theory）によって金利が決まると考えました。貸付資金説とはある期に新たに行う貯蓄と，ある期に行う投資が等しくなるように，金利が決まると考える理論です。ここで，ある期に新たに行う貯蓄とは，その期の所得から消費を引いたもののことで，例えば今年の所得が500兆円，今年の消費が200兆円ならば，今年の貯蓄は300兆円（＝500兆円－200兆円）となります。簡単化のため，その300兆円すべてが銀行に預けられているとします。

　一方，ある期の投資とは，その期に企業が購入した機械，設備，建物など固定資本の大きさのことで，例えば，その金額が350兆円であるとします。企業は機械，設備，建物など固定資本を購入するために，銀行から350兆円を借りてこなければなりません。しかし，銀行が持っている資金は家計からの貯蓄300兆円しかないので，50兆円だけ資金不足となります。そのため，銀行は企

業に借入を諦めてもらうため，金利を引き上げます。金利が上がると，返済するとき苦労するので，企業は借入金額を減らして，投資の規模を350兆円から300兆円へと縮小しようとします。

　このことから，投資が貯蓄を上回る資金不足のとき，金利は上昇することがわかります。逆に，貯蓄が投資を上回るような資金余剰のときには金利は低下します。そして最終的に投資と貯蓄が等しくなる水準で金利が決まることになります。

　ケインジアンとマネタリストも資金不足や資金余剰がなくなるところで金利が決まるという点では共通しているのですが，ケインジアンは金利決定の際，「ストックの貯蓄」を重視しているのに対し，マネタリストは「フローの貯蓄」を重視しているという点で違いがあることに注意してください。「ストックの貯蓄」とは資産需要のことです。それは人々が資産として保有している現金や預金を表し，過去から現在に至るまで積み重ねられてきた貯蓄の合計でもあります。一方，「フローの貯蓄」は，上の数値例の300兆円のことで，その年に消費しなかった部分にすぎません。

　もちろん，毎年のフローの貯蓄が積み上がっていき，ストックの貯蓄が形成されていくので，両者は無関係ではありませんが，金利決定の際，貯蓄としてフローで考えるのか，ストックで考えるのかによって，マクロ経済学上の結論が大いに異なってしまうので，意識的に区別する必要があります。

貸付資金説
● 貯蓄 ＞ 投資 ⇒ 金利の低下
● 貯蓄 ＜ 投資 ⇒ 金利の上昇
● 貯蓄 ＝ 投資 ⇒ 金利の決定

図表11－5　ケインジアンとマネタリスト

	金利決定	物価決定
ケインジアン	流動性選好説	フィリップス曲線
マネタリスト	貸付資金説	貨幣数量説

第12章 投 資

12.1 資本の限界効率

　マクロ経済学における**投資**（investment）とは，企業が機器や設備，建物など固定資本を購入したり，家計がマンションや一戸建てなど住宅を購入したりすることです。企業による固定資本への支出を**設備投資**（business fixed investment），家計による住宅への支出を**住宅投資**（residential investment）と呼びます。

　7章と8章の45度線モデルでは，投資をある固定された数字とみなし分析してきたので，投資がどのようなメカニズムによって決定されるのかという点については考えませんでした。そこで，12章では，投資のうち最も割合が大きい，企業による設備投資の大きさがどのような要因によって影響を受けるのか，その決定因について考えたいと思います。

　設備投資の決定を説明する理論として初歩的なマクロ経済学でしばしば取り上げられるのは，ケインズによる**資本の限界効率**（marginal efficiency capital）の理論です。資本の限界効率とは固定資本を1単位増加させそれを生産に用いたとき得られる追加的な予想収益と，固定資本を1単位生産する原価（＝供給価格）との間の関係をいいます。この追加収益がかなり長期間にわたって毎年，得られると予想される場合，資本の限界効率は以下の式で定義されます。

$$
資本の限界効率 = \frac{固定資本の追加的予想収益}{固定資本の供給価格}
$$

　上の式から，資本の限界効率とは固定資本の供給価格1円につき追加的予想

収益がいくら得られるかを示しています。例えば，固定資本1単位として機械1台を考えます。この機械1台を5,000万円で購入し生産に使うと，毎年250万円ずつ追加的収益が長期間にわたって得られると予想されるとします。この機械1台を所有し生産に使うことによって得られる資本の限界効率は，機械1台5,000万円に対して250万円，つまり1円に対して0.05円ですので，限界効率は0.05になります。

$$資本の限界効率 = \frac{250万円}{5,000万円} = 0.05$$

　企業はこの機械を購入するため，銀行から5,000万円借りるとします。5,000万円の借入に対し毎年100万円の利息を銀行に返済しなければならないとすると，1年間の金利は借入金5,000万円に対して利息100万円なので，

$$金　利 = \frac{利　息}{借入金} = \frac{100万円}{5,000万円} = 0.02$$

となります。したがって，この数値例では限界効率が金利より高いことがわかります。

　いま限界効率が0.05なので，銀行から5,000万円を借りて機械を1台購入したとき，追加で年間250万円の収益が得られます。一方，金利は0.02なので，銀行から5,000万円を借りると，年間100万円の利息を支払わなければなりません。したがって，銀行から5,000万円を借りることで機械1台を購入したとしても，年間150万円（＝250万円－100万円）もの利益が予想されるので，限界効率が金利を上回る場合には，この機械1台に投資した方がよいことがわかります。

　しかし，年間300万円の利息がかかるとき金利は0.06になるので，金利が限界効率の0.05を上回ることになります。このようなとき，銀行から5,000万円を借りて機械1台を購入してしまうと，年間50万円（＝300万円－250万円）の損失が予想されるので，この機械1台に投資しない方がよいことがわかります。

第12章　投　資　191

　年間250万円の利息がかかるとき金利は0.05になるので限界効率と等しくなります。このようなとき，銀行から5,000万円を借りて機械1台を購入しても，250万円の予想収益に対して250万円の利息の支払いなので，得にも損にもなりません。したがって，この機械1台への投資は無差別になります。つまり，企業は機械1台を購入してもよいし購入しなくてもどちらでもよいということです。

> **金利と限界効率，投資との関係**
> ● 　金利 < 限界効率　⇒　投資する
> ● 　金利 > 限界効率　⇒　投資しない
> ● 　金利 = 限界効率　⇒　無差別

　投資資金の5,000万円を銀行から借りるケースを想定しましたが，企業が自己資金で機械1台を購入すると想定しても結論は変わりません。例えば，企業は5,000万円の定期預金を保有しているとします。定期預金の金利が2％であるとすると，定期預金からの年間の収益は100万円（＝5,000万円×0.02）になります。定期預金の5,000万円を解約し，代わりに機械1台を購入すると250万円もの収益が得られるので，定期預金で5,000万円を持つよりも機械1台を購入した方が150万円（＝250万円－100万円）も得をすると予想されます。したがって，銀行から借りようが，定期預金などの自己資金で賄おうが，限界効率が金利を上回る場合，機械1台に投資した方がよいことがわかります。

12.2　限界効率曲線

　次に，金利の変化と投資との関係を考えてみましょう。そこで，A，B，Cの3つの投資プロジェクトを考えます。プロジェクトAは投資金額が1,000万円で年間の予想収益が70万，プロジェクトBは投資金額が5,000万円で年間の予想収益が250万円，プロジェクトCは投資金額が3,000万円で年間の予想収益が90万円の3つのプロジェクトです。

それぞれのプロジェクトの資本の限界効率は

$$プロジェクトAの限界効率 = \frac{70万円}{1,000万円} = 0.07$$

$$プロジェクトBの限界効率 = \frac{250万円}{5,000万円} = 0.05$$

$$プロジェクトCの限界効率 = \frac{90万円}{3,000万円} = 0.03$$

となります。

図表12－1　投資プロジェクト

プロジェクト	投資金額	年間予想収益	資本の限界効率
プロジェクトA	1,000万円	70万円	0.07
プロジェクトB	5,000万円	250万円	0.05
プロジェクトC	3,000万円	90万円	0.03

　図表12－2のように，プロジェクトを資本の限界効率が高い順に並べて，階段状に描いたものを**限界効率曲線**（marginal efficiency）といいます。3つのプロジェクトしか考えていないため，限界効率曲線の階段の段数は3段しかありません（図表12－2）。しかし，経済には非常に多くの企業がそれぞれ複数の投資プロジェクトを持っているものなので，経済全体では無数の投資プロジェクトが存在することになります。そのため，図表12－3に描かれているように経済全体の限界効率曲線は段差を感じないくらい段数も無数になり，角がほとんどないなだらかな右下がりの曲線となります。

図表12－2　3つの投資プロジェクトと限界効率曲線

図表12－3　経済全体の限界効率曲線

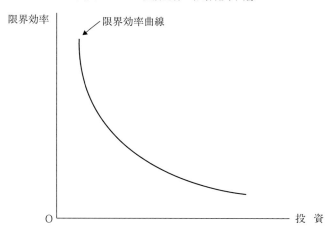

12.3 金利の変化と投資

　資本の限界効率が高いプロジェクトAから順に実施していくことになりますが，それらすべてが実行可能というわけではなく，12.1節で説明したように金利水準によって実行可能なプロジェクトが変わります。

金利 > 0.07

　金利が0.07を超えると，A，B，Cの3つのプロジェクトすべてが実行されません。例えば，金利が0.08のとき，プロジェクトAを実行するため銀行から1,000万円を借りると，年間の利息は80万円（＝1,000万円×0.08）となり，プロジェクトAの年間予想収益70万円を超えてしまい，年間10万円（＝80万円−70万円）の損失が出ます。また，プロジェクトBを実行するため銀行から5,000万円を借りると，年間の利息は400万円（＝5,000万円×0.08）となり，プロジェクトBの年間予想収益250万円を超えてしまい150万円（＝400万円−250万円）の損失が出ます。そして，プロジェクトCを実行するため銀行から3,000万円を借りると，年間の利息は240万円（＝3,000万円×0.08）となり，プロジェクトCの年間予想収益90万円を超えてしまい150万円（＝240万円−90万円）の損失が出ます。

0.05 < 金利 < 0.07

　金利が0.05と0.07の間のとき，プロジェクトAだけが実行されます。例えば金利が0.06のとき，プロジェクトAを実行するため銀行から1,000万円を借りると，年間の利息は60万円（＝1,000万円×0.06）となり，プロジェクトAの年間予想収益70万円を下回り，年間10万円（＝70万円−60万円）ほど得をします。プロジェクトBは50万円の損失，プロジェクトCも90万円の損失が出るため，BとCも実行されません。

第12章　投　資　195

0.03 ＜ 金利 ＜ 0.05

　金利が0.03と0.05の間のとき，プロジェクトAとプロジェクトBが実行されます。例えば金利0.04のとき，プロジェクトAを実行するため銀行から1,000万円を借りると，年間の利息は40万円（＝1,000万円×0.04）となり，プロジェクトAの年間予想収益70万円を下回り，年間30万円（＝70万円－40万円）ほど得をします。また，プロジェクトBを実行するため銀行から5,000万円を借りると，年間の利息は200万円（＝5,000万円×0.04）となり，プロジェクトBの年間予想収益250万円を下回り50万円（＝250万円－200万円）ほど得をします。しかし，プロジェクトCだけは30万円の損失が出るため実行されません。

金利 ＜ 0.03

　金利が0.03を下回るとき，A，B，Cの3つのプロジェクトすべてが実行されます。例えば，金利が0.02のときを考えると，プロジェクトAを実行するため銀行から1,000万円を借りると，年間の利息は20万円（＝1,000万円×0.02）となり，プロジェクトAの年間予想収益70万円を下回り，年間50万円（＝70万円－20万円）ほど得をします。また，プロジェクトBを実行するため銀行から5,000万円を借りると，年間の利息は100万円（＝5,000万円×0.02）となり，プロジェクトBの年間予想収益250万円を下回り150万円（＝250万円－100万円）ほど得をします。そして，プロジェクトCを実行するため銀行から3,000万円を借りると，年間の利息は60万円（＝3,000万円×0.02）となり，プロジェクトCの年間予想収益90万円を下回り30万円（＝90万円－60万円）ほど得をします。

　金利が0.07を下回ればプロジェクトAが実行されて投資金額の合計が1,000万円，金利が0.05を下回れば，1,000万円のプロジェクトAと5,000万円のプロジェクトBが実行されて投資金額が合計で6,000万円，金利が0.03を下回れば，1,000万円のプロジェクトAと5,000万円のプロジェクトB，3,000万円のプロジェクトCが実行されて投資金額が合計で9,000万円へと増加します。このことから，金利が低下すればするほど実行できる投資プロジェクトが増えていき，投資金額も増加します（図表12－4）。

したがって，金利と投資との間には以下の関係があることがわかります。

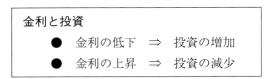

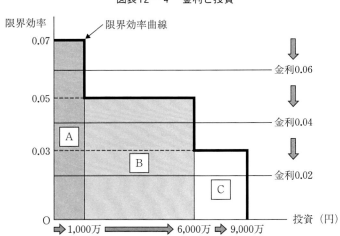

図表12－4　金利と投資

12.4　資本の使用者費用

12.3節の資本の限界効率に基づいた投資理論は，ミクロ経済学で学ぶ企業の利潤最大化理論より導いた結論ではありません。この節ではミクロ経済学の理論を使って企業の投資行動を説明します。ここで中心になる概念は**資本の使用者費用**（user cost of capital）と呼ばれるものです。これは固定資本を1単位利用するためにかかる追加費用のことで，

　　　資本の使用者費用 ＝ 金利 － 予想物価上昇率＋資本減耗率　　（①）

で表すことができます。

第12章 投 資 | 197

　①式の意味を考えるため，例えば，1,000万円の機械1台を考えます。さらに，年間の金利が0.07，予想物価上昇率が0.02，資本減耗率が0.025だと仮定します。ある企業が銀行から1,000万円を借りてこの機械1台を購入すると，毎年70万円（＝1,000×0.07）の利息を銀行に支払わなければなりません。また，予想物価上昇率が0.02なので，今年1,000万円だった機械は来年には1,020万円（＝1,000万円×0.02）に上昇すると予想されます。したがって，来年ではなく今年，機械を購入すれば20万円（＝1,020万円−1,000万円）ほど安上がりになります。このことを考慮に入れると，利息は年間70万円でしたが，実際のところ50万円（＝70万円−20万円）の利息負担にまで軽減されます。

　また，資本減耗率が0.025ということは，機械は1年間で25万円（＝1,000万円×0.025）ずつ価値を失うということを意味します。1年間で25万円ずつ価値を失うということは，40年間で機械の価格に相当する1,000万円（＝25万円×40年）すべての価値が失われます。言い換えると，40年で機械が完全に壊れ寿命を迎えてしまうことでもあります。

　したがって，1,000万円の資金を使って機械1台を購入し，それを1年間使用する費用は利息の70万円と資本減耗分の25万円の合計ですが，予想物価上昇の分だけ利息負担が軽減されるので，この合計から20万円を引く必要があります。したがって，それは

機械1台を1年間使用する費用 ＝ 利息 − 予想物価上昇分 ＋ 資本減耗分
$$= 1{,}000万円 \times 0.07 - 1{,}000万円 \times 0.02$$
$$+ 1{,}000万円 \times 0.025$$
$$= 1{,}000万円 \times (\underbrace{0.07 - 0.02 + 0.025}_{\text{資本の使用者費用}})$$
$$= 1{,}000万円 \times 0.075$$
$$= 75万円$$

と計算されます。ここで（　）内の式，「0.07−0.02＋0.025」が資本の使用者費用（①）にあたり，資本の使用者費用は0.075となります。ここで，0.07

は金利，0.02は予想物価上昇率，0.025は資本減耗率でした。

　ちなみに，金利から予想物価上昇率を引いたものを**実質金利**（real rate interest）といいます。

$$実質金利 ＝ 金利 － 予想物価上昇率 \quad （②）$$

　アメリカの経済学者アーヴィング・フィッシャー（Irving Fisher, 1867-1947）が金利と実質金利との違いを明確に区別したことから，②式のことを**フィッシャー方程式**（Fisher equation）といいます。実質金利と混同しないように，金利のことを**名目金利**（nominal interest rate）と呼ぶこともあります。ここで，②式を使って①式を表すと，

$$資本の使用者費用 ＝ 実質金利 ＋ 資本減耗率 \quad （③）$$

となります。

12.5　望ましい資本ストック

　ミクロ経済学では，企業は利潤を最大化するように**望ましい資本ストック**を決めると仮定します。企業の利潤最大化条件を導くため，まず，1,000万円の機械を1台ずつ増やしたときの追加収入を考えます。図表12－5で示されているように，機械を0台から1台に増やしたとき，収入が100万円増えるので，追加収入は100万円です。一方，資本の使用者費用は0.075であると仮定すると，機械1台増やすごとに75万円（＝1,000万円×0.075）の費用が余分にかかることになるので，機械1台増やすときの追加費用は75万円です。以上より，0台から1台にしたときの追加利潤は追加収入から追加費用を差し引いた25万円（＝100万円－75万円）なります。

　同様に，機械を1台から2台に増やしたとき収入は95万円増えるので，追加収入は95万円です。機械1台増やすごとに75万円（＝1,000万円×0.075）の費用が余分にかかるので，そのときの追加費用も75万円となります。したがって，機械を1台から2台にしたときの追加利潤は追加収入から追加費用を差し

第12章　投　資 ｜ 199

図表12－5　資本の使用者費用と限界生産力価値

台　数	0 ⇒	1 ⇒	2 ⇒	3 ⇒	4 ⇒	5 ⇒	6 ⇒	7 ⇒	8 ⇒	9
追加収入（万円）		100	95	90	85	80	75	70	65	60
追加費用（万円）		75	75	75	75	75	75	75	75	75
追加利潤（万円）		25	20	15	10	5	0	-5	-10	-15
利　　潤（万円）		25	45	60	70	75	75	70	60	45
限界生産力価値	0.10	0.095	0.09	0.085	0.80	0.075	0.70	0.065	0.60	
資本の使用者費用	0.075	0.075	0.075	0.075	0.075	0.075	0.075	0.075	0.075	

引いた20万円（＝95万円－75万円）です。同様の考え方で，2台から3台に増やしたときの追加利潤は15万円，3台から4台に増やしたときの追加利潤は10万円，4台から5台に増やしたときの追加利潤は5万円と，機械を1台ずつ増やすごとに追加利潤が発生します。

　しかし，図表12－5をみると，機械を5台から6台に増やしたとき，追加収入は75万円得られますが，それと同じだけ追加費用が発生するので，追加利潤は0（＝75万円－75万円）となっています。さらに機械を6台から7台に増やしたときの追加利潤は－5万円（＝70万円－75万円），7台から8台に増やしたときの追加利潤は－10万円（＝65万円－75万円）と，機械を1台ずつ増やすごとに，今度はマイナスの追加利潤が発生していきます。これは機械の保有台数がある程度まで増えていくと，これ以上に機械を増やし費用をかけたところで大した収入の増加にならないからです。

　追加利潤を足していったものが利潤です。0台から1台に増やすと25万円の利潤が追加され，1台から2台に増やすとさらに20万円の利潤が追加されるので，2台のときの利潤は45万円（＝25万円＋20万円）となります。そして，3台のときの利潤は60万円（＝25万円＋20万円＋15万円），4台のときの利潤は70万円（＝25万円＋20万円＋15万円＋10万円），5台のときの利潤は75万円（＝25万円＋20万円＋15万円＋10万円＋5万円），6台のときの利潤は75万円（＝25万円＋20万円＋15万円＋10万円＋5万円＋0）と，機械を増やしていけば利潤も増加していきます。

しかし，7台のときの利潤は70万円（＝25万円＋20万円＋15万円＋10万円＋5万円＋0－5万円）と，6台のときの利潤よりも少なくなってしまいます。そのため，7台目まで購入せず，その手前の5台，もしくは6台の機械を所有すれば，もっとも大きな利潤の75万円を獲得することができます。したがって，資本の使用者費用が0.75のときの望ましい資本ストックは機械が5台，もしくは6台となります。

図表12－5の限界生産力価値とは，

$$限界生産力価値 = \frac{追加収入}{機械1台の供給価格}$$

のことで，資本の限界効率と類似した概念です。例えば，機械を5台から6台に増やしたときの限界生産力価値は，機械1台の価格が1,000万円，追加収益は75万円なので

$$限界生産力価値 = \frac{75万円}{1,000万円} = 0.075$$

となります。資本の使用者費用も0.075でしたので，望ましい資本ストック5台，6台のときに，「資本の使用者費用 (0.075) ＝限界生産力価値 (0.075)」になっていることがわかります。

言い換えると，

利潤最大化条件
　　資本の使用者費用 ＝ 限界生産力価値

となっている場所を探せば，そこが望ましい資本ストックの大きさになっています。

図表12－6は図表12－5の限界生産力価値を描いたもので，それは階段状の曲線で表されます。これをここでは限界生産力価値曲線と呼ぶことにします。機械の台数を0台から1台，1台から2台，2台から3台と1台ずつ増やして

いくと，限界生産力価値も，0.1，0.095，0.09と逓減していきます。これは最初の1台は生産に非常に貢献するが，2台，3台と機械が増えていくと，1台増加させたことによる生産への効果が薄れていくことを示しており，ミクロ経済学では**限界生産力の逓減法則**（law of diminishing marginal productivity）と知られるものに対応しています。

図表12－6では限界生産力価値曲線と資本の使用者費用を示す水平線が等しいところで，望ましい資本ストックが決まることを示しています。資本の使用者費用が0.075のときは，望ましい資本ストックは5台もしくは6台となります。資本の使用者費用が0.075から0.065に低下すると，望ましい資本ストックは7台もしくは8台となります。逆に，資本の使用者費用が0.075から0.085に上昇すると，望ましい資本ストックは3台もしくは4台となります。

したがって，資本の使用者費用が低下すれば望ましい資本ストックは増加し，資本の使用者費用が上昇すれば望ましい資本ストックは減少することがわかります。資本減耗率は資本の耐用年数（寿命）が反映されていますので，あまり変化するものではありません。そのため，資本の使用者費用は実質金利の影響

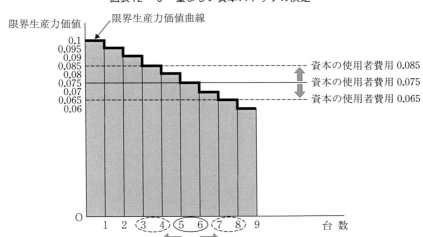

図表12－6　望ましい資本ストックの決定

を直接，受けることになります。資本減耗率が一定であるとすると，③式より実質金利が低下すると資本の使用者費用もそれと同じだけ低下し，実質金利が上昇すると資本の使用者費用もそれと同じだけ上昇します。したがって，実質金利と望ましい資本ストックの関係は以下のようになります。

実質金利と望ましい資本ストック

● 実質金利の低下 ⇒ 資本の使用者費用の低下
⇒ 望ましい資本ストックの増加

● 実質金利の上昇 ⇒ 資本の使用者費用の上昇
⇒ 望ましい資本ストックの減少

　この結論は12.3節による資本の限界効率の理論を用いた「金利と投資」の関係と類似しています。限界生産力価値は分子が追加収入なので，固定資本の導入によって将来どれだけ収入が増加するかを表す確定値となっています。したがって，図表12－6の限界生産力価値曲線は移動しません。

　一方，資本の限界効率は分子が追加的予想収入なので，それは固定資本の導入によって将来どれだけの収入の増加が見込まれるのかを表す予想値となっています。したがって，固定資本の導入によって収入が増加すると強気に予想されれば，図表12－2の限界効率曲線は右に移動しますし，あまり増加しないと弱気に予想されれば，限界効率曲線は左に移動します。このように，企業が固定資本の投資効果をどう予想するかによって，限界効率曲線そのものが移動し，望ましい資本の大きさに影響を与えるのです。

12.6　資本ストック調整原理

　12.5節の例では，企業の機械の最適保有台数（望ましい資本ストック）は5台もしくは6台でした。しかし，すべての望ましい資本をただちにそろえることは難しいでしょう。上の例ではいきなり5台，もしくは6台の機械をそろえることは難しいということです。

第12章　投　資 | 203

　例えば，現在，企業が1台だけ機械を保有しているとしましょう。望ましい資本ストックは5台もしくは6台だったので，5台でも6台でもどちらでもよいのですが，仮に企業は5台の機械をそろえたいと考えているとします。つまり企業は残りの4台を購入する必要があるのです。もともと1台だったところを4台追加して5台にするということは，機械の保有がこれまでの5倍になるということを意味します。

　機械をいきなり4台購入する資金を持っていたとしても，機械を新たに4台設置するための場所を確保したり，機械を動かすための新しい従業員を確保したり，従業員に機械の操作方法などを習熟させたり，組織を改編したりするなどの費用もかかります。このような固定資本の設置に関わる費用のことを**調整費用**（adjustment cost）といいます。そして，短期間で多くの資本を増加させようとすればするほど，追加的な調整費用も急激に増えていくことが考えられます。経済学ではこのような現象を，アメリカ出身の経営学者のエディス・ペンローズ（Edith Elura Tilton Penrose, 1914-1996）にちなんで，**ペンローズ効果**（Penrose effect）と呼んでいます。

　資本ストック調整原理（capital stock adjustment principle）は調整費用の存在ゆえに，短期間で5台の機械を購入するのではなく時間をかけてそろえていくという考えから，以下の式に基づいて投資を行うとします。

$$I = \lambda \times (K^* - K) \qquad (④)$$

　ここで，I は投資，K^* は望ましい資本の大きさ，K は現在保有している資本の大きさ，λ は伸縮的加速子と呼ばれるもので0と1の間をとる数字と仮定します。これまでの例では，望ましい資本の大きさは機械5台でしたので「$K^* = 5$」。保有している機械の台数は1台でしたので「$K = 1$」ということになります。調整費用がかからなければ「$\lambda = 1$」となります。この場合，④式は

$$I = 1 \times (5 - 1) = 4$$

となるため，投資（I）の大きさ4台と計算されます。しかし，現実には機械を4台いきなり購入すると多額の調整費用が必要になるため，いきなり4台を購

入するのではなく少しずつ投資して目標の5台に近づけていくというのが資本ストック調整原理の考えです。そのため，「$\lambda = 1$」とはならず，それは1より小さい値になります。

そこで1より小さい「$\lambda = 1/2$」で考えてみましょう。④式は

$$I = \frac{1}{2} \times (5-1) = 2$$

となるため，投資（I）は2台です。したがって，もともと機械は1台あったので，2台の投資によって3台にまで機械が増えることになります。保有している機械の台数は3台になったので「$K = 3$」ということになります。これを④式に代入すると，

$$I = \frac{1}{2} \times (5-3) = 1$$

となるため，投資は1台です。したがって，もともと機械は3台あったので，1台の投資によって4台にまで機械が増えることになります。

このように最初の投資は2台，次の投資は1台と少しずつ投資していき，目標の5台に近づけていく，そのようなプロセスこそが企業の投資行動を説明しているとするのが資本ストック調整原理の立場です。

アメリカの経済学者ジョルゲンソンは，ミクロ経済学の利潤最大化原理と資本ストック調整原理をあわせて活用し，企業の投資行動を説明しようとしました。このようなジョルゲンソンの投資理論のことを**新古典派投資理論**（neo-classical theory of investment）と呼んでいます。新古典派投資理論では12.5節で行ったようにミクロ経済学の企業の利潤最大化行動から望ましい資本（K^*）を計算します。そして12.6節の資本ストック調整原理（④式）を使って，現実の資本の大きさ（K）と望ましい資本の大きさ（K^*）との差によって，企業の投資の大きさが定まります。もちろん，望ましい資本（K^*）は一定ではなく，12.5節の「実質金利と投資」の関係より実質金利の大きさによって変化します。

第12章 投 資 | 205

新古典派経済学

　1870年代にフランス出身の経済学者のレオン・ワルラス（Léon Walras, 1834-1910），オーストリア出身の経済学者のカール・メンガー（Carl Menger, 1840-1921），イギリス出身の経済学者のウィリアム・スタンレー・ジェヴォンズ（William Stanley Jevons, 1835-1882）の3人の経済学者が限界効用理論に基づいた価値理論を展開し，経済学に数学の微積分を導入しました。経済学史ではこれを**限界革命**（marginal revolution）といい，これ以降，限界理論や市場均衡分析を取り入れた経済学のことを**新古典派経済学**（neo-classical economics）といいます。要するに新古典派経済学とは現在でいうところのミクロ経済学のことです。ジョルゲンソンの投資理論も限界理論に代表される新古典派経済学の流儀に則って展開されたので，新古典派投資理論と呼ばれています。一方，ケインズは新古典派経済学を使わずにむしろそれを批判し，新しいマクロ経済学を創始したため，ケインズはもちろん新古典派には含まれません。

例　題　投資（I）は以下の式で与えられているとする。

$$I = \frac{1}{2} \times (K^* - K) \qquad (①)$$

　望ましい資本（K^*）は資本の使用者費用（r）に依存し，

$$K^* = \frac{0.2}{r}$$

によって決まると仮定する。

（1）資本の使用者費用（r）が0.02のとき，望ましい資本ストック（K^*）を求めなさい。

（2）資本の使用者費用（r）が0.02であり，保有している資本（K）が2であるときの投資（I）を求めなさい。

（3）問（2）で求められた投資（I）が実行されたとき，企業が保有する資本（K）を求めなさい。

（4）資本の使用者費用（r）は0.02であり，資本（K）が問（3）で求められた値であるときの投資（I）を求めなさい。

（5）問（4）で求められた投資（I）が実行されたとき，企業が保有する資本（K）を求めなさい。

（解答）

（1）$r = 0.02$ より，

$$K^* = \frac{0.2}{0.02} = 10$$

（2）$r = 0.02$, $K^* = 10$, $K = 2$ より，

$$I = \frac{1}{2} \times (10 - 2) = 4$$

（3）$K = 2 + I = 2 + 4 = 6$

（4）$r = 0.02$, $K^* = 10$, $K = 6$ より

$$I = \frac{1}{2} \times (10 - 6) = 2$$

（5）$K = 6 + I = 6 + 2 = 8$

第13章　IS-LM分析

13.1　IS-LMモデル

　これまで生産物市場と貨幣市場とを分けて分析してきましたが，この章では生産物市場と貨幣市場とを同時に分析し，その2つの市場の相互依存関係について説明します。そのために利用するモデルは**IS-LMモデル**（IS-LM model）になります。IS-LMモデルはIS曲線とLM曲線の2本の曲線から構成され，それを図で示したものが図表13-1です。横軸にGDP（国内総生産），縦軸に金利をとった図表13-1において，**IS曲線**（IS curve）は右下がり，**LM曲線**（LM curve）は右上がりの曲線に描かれます。

　まずIS曲線は，生産物市場において総供給と総需要が等しくなるようにGDPと金利のペアを集め，それらを線で結んだものです。もう一方のLM曲

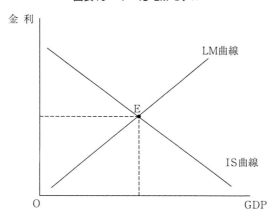

図表13-1　IS-LMモデル

線は貨幣市場において貨幣供給と貨幣需要が等しくなるようにGDPと金利の
ペアを集め，それらを線で結んだものです。そしてIS曲線とLM曲線が交わ
るE点において，生産物市場において総供給と総需要が等しく，貨幣市場にお
いても貨幣供給と貨幣需要が等しくなっています。E点のような場所を**IS–LM
均衡**（IS-LM equilibrium）といいます。

IS–LM モデル

IS 曲線
　生産物市場において総供給と総需要が等しくなるように，GDPと金利
　のペアを集め線で結んだもの

LM 曲線
　貨幣市場において貨幣供給と貨幣需要が等しくなるように，GDPと金
　利のペアを集め線で結んだもの

13.2　IS曲線の導出

　ここでは，12章12.3節で導いた以下の金利と投資の関係を用いて，IS曲線
を導出します。

● 金利の低下　⇒　投資の増加
● 金利の上昇　⇒　投資の減少

　IS曲線とは「総供給＝総需要」，つまり

$$\text{GDP} = \underbrace{\text{消費} + \text{投資} + \text{政府支出}}$$

$$\text{（総供給）} \qquad \text{（総需要）}$$

を満たすGDPと金利のペアを集めたものです。したがって，上の式を満たす
ように，GDPか金利のどちらか一方を動かし，もう一方がどう変化するのか
を確認すれば，IS曲線の形がわかります。

第13章　IS-LM分析 | 209

　そこで，金利を下げてみます。金利が低下すれば投資が増加するため，総需要（＝消費＋投資＋政府支出）も増加します。総需要が増加すると，総需要が総供給（＝GDP）を上回ります。

$$GDP < \underbrace{消費 + 投資 + 政府支出}$$

（総供給）　　　　　（総需要）

　金利の低下により企業が投資を増やすと，設備や機器機械，建物など固定資本の売れ行きが高まります。そのため固定資本を生産している企業は，売れ行きの増加に反応して固定資本の生産を増やしていきます。固定資本の生産拡大により新しい雇用が生まれ，そこに勤める従業員の給与やボーナスなど所得も増加します。従業員の所得が増加すると，従業員の消費も増えていきます。消費が増えると，飲食，娯楽，観光，小売，家電など消費財・サービス産業の売れ行きが高まり，それらの産業でも生産や雇用を増やし，そこに勤める従業員の所得も増加します。

　このように，金利が低下すれば投資が増加することでまず固定資本とその関連分野の生産が増え，次に消費財の生産の増加へと波及することで，経済全体の生産，つまりGDPが増加していきます。このように，金利の低下はGDPの増加をもたらすことがわかります。いまの説明と逆を考えれば，金利の上昇はGDPの減少をもたらすことになります。このような，生産物市場における金利とGDPの関係を示したものがIS曲線です。

図表13－2　IS曲線

金利の低下	GDPの増加
金利の上昇	GDPの減少

　横軸にGDP，縦軸に金利をとり，IS曲線を描くと，それは図表13－3のように右下がりの曲線となります。IS曲線の定義により，IS曲線の上であればどこでも総供給と総需要が一致しています。その一方でIS曲線の上にはない

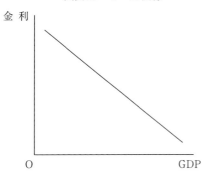
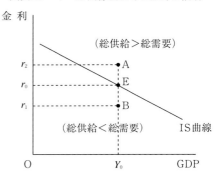

図表13－3　IS曲線　　　　図表13－4　IS曲線上とそれ以外の領域

場合，経済はどのような状態でしょうか。

　図表13－4をみてください。図のE点（Y_0, r_0）は，IS曲線上なので総供給と総需要が一致しています。しかし，A点（Y_0, r_2）はIS曲線より上にありIS曲線上ではありません。ところでA点の金利はr_2なので，E点のr_0よりも高くなっています。A点のように，金利が高い場合，投資は小さいので，総需要（＝消費＋投資＋政府支出）も小さくなります。そのため，A点のようにIS曲線より上方領域では総需要が総供給より小さいと考えることができます。

　逆に，IS曲線より下のB点（Y_0, r_1）では金利がr_1なので，E点の金利r_0よりも低くなっています。B点のように金利が低い場合，投資が大きいので，総需要（＝消費＋投資＋政府支出）も大きくなります。そのため，B点のようにIS曲線より下方領域では総需要が総供給より大きいと考えることができます。

IS曲線上と，それ以外の領域
● IS曲線上　　　⇔　総供給 ＝ 総需要
● IS曲線より上　⇔　総供給 ＞ 総需要
● IS曲線より下　⇔　総供給 ＜ 総需要

第13章 IS-LM分析 | 211

13.3 LM曲線の導出

　LM曲線とは,「貨幣市場において, 貨幣供給と貨幣需要が等しくなるGDP
と金利のペアを集め線で結んだもの」のことです。したがって, LM曲線を導
く場合,

$$貨幣供給 = 貨幣需要$$

をまず考え, この式を満たすように, GDPか金利のどちらか一方を動かし,
もう一方がどう変化するのかを確認すれば, LM曲線の形がわかります。

　そこで, GDPが増加したとします。GDPが増加すると, 取引需要が増加し
貨幣需要も増えます (10章10.4節)。貨幣需要が増加すると貨幣需要が貨幣供給
より大きくなり, 金利が上昇します (11章11.4節)。金利が上昇すると, 資産需
要が減少し貨幣需要も減ります (10章10.8節)。いったんはGDPの増加によっ
て貨幣需要は増えるのですが, 資金不足により金利が上昇するため, 貨幣需要
は最初の大きさ, つまり貨幣供給と等しい大きさに戻ってしまいます。

　このように, GDPが増加した場合, 貨幣供給と貨幣需要が等しくなるよう
に金利が上昇します。逆に, GDPが減少した場合, 貨幣供給と貨幣需要が等
しくなるように金利は低下します。

図表13－5　LM曲線

GDPの増加	金利の上昇
GDPの減少	金利の低下

　横軸にGDP, 縦軸に金利をとってLM曲線を描くと, それは図表13－6の
ように右上がりの曲線となります。

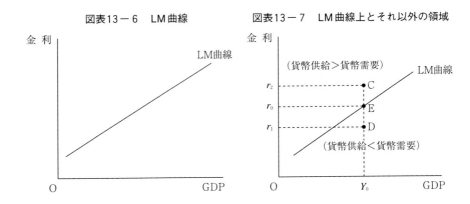

　LM曲線の定義により，LM曲線の上であればどこでも貨幣供給と貨幣需要が一致しています。それでは，LM曲線上ではない場合，どのような状態でしょうか。図表13－7をみてください。図のE点 (Y_0, r_0) は，LM曲線上なので，貨幣供給と貨幣需要が一致しています。LM曲線より上にあるC点 (Y_0, r_2) では，E点の金利 r_0 よりも高い r_2 の大きさで金利が決まっています。C点のように金利が高い場合，貨幣需要が小さいので，C点のようなLM曲線の上方領域では貨幣供給が貨幣需要より大きいと考えることができます。

　逆にLM曲線より下のD点 (Y_0, r_1) では，E点の金利 r_0 よりも低い r_1 で金利が決まっています。D点のように金利が低い場合，貨幣需要が大きいので，D点のようなLM曲線の下方領域では貨幣供給が貨幣需要より小さいと考えることができます。

LM曲線上と，それ以外の領域
- IS曲線上　　　⇔　貨幣供給 ＝ 貨幣需要
- LM曲線より上　⇔　貨幣供給 ＞ 貨幣需要
- LM曲線より下　⇔　貨幣供給 ＜ 貨幣需要

例題 1 以下の図を参考にして，表の(a)～(h)と(A)～(H)に適当な語句を入れなさい。ただし，(a)～(h)には総供給もしくは総需要が入り，(A)～(H)には貨幣供給もしくは貨幣需要が入る。

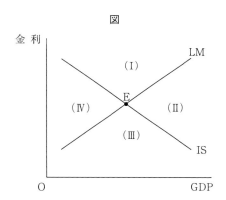

図

表

領　域	生産物市場	貨幣市場
(Ⅰ)	(a) ＞ (b)	(A) ＞ (B)
(Ⅱ)	(c) ＞ (d)	(C) ＞ (D)
(Ⅲ)	(e) ＞ (f)	(E) ＞ (F)
(Ⅳ)	(g) ＞ (h)	(G) ＞ (H)

（解答）

領　域	生産物市場	貨幣市場
(Ⅰ)	(総供給) ＞ (総需要)	(貨幣供給) ＞ (貨幣需要)
(Ⅱ)	(総供給) ＞ (総需要)	(貨幣需要) ＞ (貨幣供給)
(Ⅲ)	(総需要) ＞ (総供給)	(貨幣需要) ＞ (貨幣供給)
(Ⅳ)	(総需要) ＞ (総供給)	(貨幣供給) ＞ (貨幣需要)

13.4 IS-LMモデルの計算例

　ここでは，以下の数値例（図表13−8）を使って，IS曲線とLM曲線を導出し，IS-LM均衡を求めてみましょう。

図表13−8　数値例

消　費	$80+0.5\times Y$
投　資	$350-40\times r$
政府支出	70
貨幣需要	$0.5\times Y+500-60\times r$
貨幣供給	600

（＊ここでYはGDP，rは金利を表しています）

IS曲線の導出

　図表13−8から，まずIS曲線を求めてみましょう。IS曲線を求めるための基本式は，以下の式でした。

$$\text{GDP} = \underbrace{\text{消費} + \text{投資} + \text{政府支出}}$$

（総供給）　　　　（総需要）

　消費，投資，政府支出に図表13−8の数値を代入すると，

$$Y = 80 + 0.5Y + 350 - 40r + 70$$

となります。そして，上の式を整理すると，

$$0.5Y = 500 - 40r \quad \text{(IS曲線)}$$

が得られます。この式がIS曲線です。

第13章　IS-LM分析 | 215

LM曲線の導出

　次に，LM曲線を求めてみましょう。LM曲線を求めるための基本式は，以下の式でした。

$$\text{貨幣供給} = \text{貨幣需要}$$

　貨幣供給と貨幣需要に図表13－8の数値を代入すると，

$$600 = 0.5Y + 500 - 60r$$

となります。整理すると，

$$100 = 0.5Y - 60r \quad \text{（LM曲線）}$$

が得られます。この式がLM曲線です。

IS-LM均衡

　最後に，IS-LM均衡を求めてみましょう。IS-LM均衡とは，IS曲線とLM曲線の交点（E点）で求められる，GDP（Y）と金利（r）の値のことです。したがって，次の連立方程式

$$\begin{cases} 0.5Y = 500 - 40r & \text{（IS曲線）} \\ 100 = 0.5Y - 60r & \text{（LM曲線）} \end{cases}$$

を計算することで，その値を求めることができます。計算の結果，$Y = 680$，$r = 4$となります。

　図表13－9は，上の連立方程式の解を示したもので，E_0点（$Y = 680$, $r = 4$）がIS-LM均衡です。この数値が市場で成立すれば，生産物市場において総需要と総供給が等しくなり，貨幣市場においても貨幣需要と貨幣供給が等しくなります。

図表13-9　IS-LMモデルの数値例

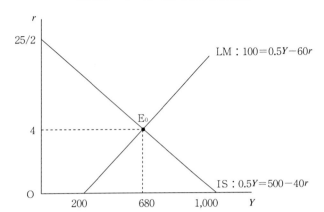

13.5　財政政策の効果

　この節からIS-LMモデルを使用し，財政政策と金融政策の効果を考えます。財政政策は国が行う政策ですが，金融政策は中央銀行（わが国では日本銀行）が行う政策です。最初に財政政策がGDPと金利に与える効果から考えます。財政政策とは，8章の45度線モデルでもその効果を分析したように政府が財政的手段（政府支出と税）を使って景気の安定化をはかる政策です。要するに，不況のときには政府支出を増やしたり，減税を行ったりすることで，GDPを増加させようとする政策です。

　ここでは公共投資などを通じた政府支出の増大が，GDPと金利にどのような影響を与えるのかを考えたいと思います。政府支出の増加がGDPと金利に与える効果は，GDPを増やす効果とGDPを減らす効果の2つに分けて考えることができます。

政府支出の増加がGDPを増やす効果―効果①

　最初にGDPを増やす効果について考えてみましょう。公共投資とは政府が

第13章 IS-LM分析 | 217

インフラ（道路，鉄道，港，空港，ダム，防災対策，都市計画など）を整備することをいいます。公共投資は土木・建設業中心です。そのため，公共投資を増やすということは，建設会社やその下請け会社，卸売業，商社，原材料メーカーの生産が増えるということです。生産が増えると売上も増加するので，従業員の所得（給与，ボーナスなど）もアップします。従業員の所得が増加すると消費も増えていきます。消費が増えると，今度は飲食店，小売店，家電，自動車など消費財・サービス産業の売れ行きが上がり，そのような産業でも生産が増えます。

このように，公共投資など政府支出が増加すれば，まず公共事業関連産業の生産が増え，それが消費財産業やサービス産業に波及し，経済全体の生産，つまりGDPが増加します。

金利が上昇しGDPを減らす効果ー効果②

次に貨幣市場に目を向けてみます。GDPが増加すると，取引需要の増加を通じ貨幣需要も増加します（10章10.4節）。貨幣需要が増加し，貨幣需要が貨幣供給より大きくなると，金利が上昇します（11章11.4節）。金利が上昇すると投資が減少し（12章12.3節），GDPも減少します。このように，政府支出の増加により金利が上昇しGDPが減少する効果のことを**クラウディング・アウト**（crowding out）といいます。

政府が政府支出を増やし資金を使うということは，政府が使った分だけ民間が利用できる資金が減少するということです。資金の減少により資金不足が起こると，金利が上昇します。資金不足のときは高い金利を払ってでも資金を借りたい企業や個人が出てくるため，金利が上昇してしまうのです。金利が上昇すれば，投資が減少しGDPも減少するため，クラウディング・アウトが生じます。

GDPを増やす効果（効果①）がGDPを減らす効果（効果②クラウディング・アウト）より大きい場合，政府支出の増加はGDPを増加させます。このケースは図表13－10で示してあります。図表13－10のE_0点は政府支出が増加する前のIS-LM均衡で，このときのGDPの大きさはY_0，金利の大きさはr_0です。政府

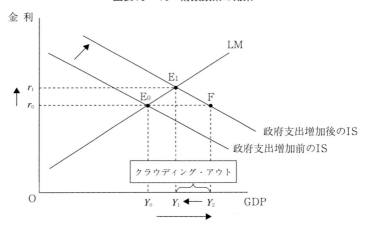

図表13−10　財政政策の効果

支出が増加するとGDPも増加するので、IS曲線はGDPを増やす方向、つまり右上方向へシフトします（効果①）。そのため、図表13−10ではGDPがY_0からF点のY_2まで増加しています。

　GDPの増加により金利は上昇しますが、図表13−10ではr_0からr_1への上昇によって示されています。金利がr_0からr_1へと上昇するにつれて投資は減少し、GDPもIS曲線に沿ってY_2からY_1へと減少していきます（効果②クラウディング・アウト）。ちょうどE_1点でIS曲線とLM曲線が交わっているため、生産物市場と貨幣市場の両方で供給と需要が一致します。図表13−10では政府支出の増加により最終的にY_0からY_1へと増加しているため、効果①の方が効果②より大きいことがわかります。

図表13−11　財政政策の効果

政府支出の増加	金利の上昇	GDPの増加
政府支出の減少	金利の低下	GDPの減少

第13章　IS-LM分析　| 219

> **例題2**　経済が13.4節の図表13－8で与えられているとする。政府支出が70から150に増加したときの，GDPと金利の大きさを求めなさい。また，このときのクラウディング・アウトの大きさも求めなさい。

（解答）

「GDP＝消費＋投資＋政府支出」に「$80＋0.5Y$」（消費），「$350－40r$」（投資），「150」（政府支出）を代入すると，政府支出増加後のIS曲線が求められます。

$$Y＝80＋0.5Y＋350－40r＋150$$
$$0.5Y＝580－40r \quad （政府支出増加後のIS曲線）$$

政府支出を増加させてもLM曲線は変化しないので，以下の連立方程式を解けば，政府支出増加のGDPと金利の大きさを求めることができます。

$$\begin{cases} 0.5Y＝580－40r & （政府支出増加後のIS曲線） \\ 100＝0.5Y－60r & （LM曲線） \end{cases}$$

計算の結果，$Y＝776$，$r＝4.8$となります。

図（a）は，上の連立方程式の解を示したもので，E_1点（$Y＝776, r＝4.8$）が政府支出増加後のIS-LM均衡です。政府支出が70から150へ増加したことにより，GDPが680から776へ増加し，金利は4から4.8へ上昇することがわかります。

政府支出が70から150へと80だけ増加することによって，GDPはどれだけ増加するでしょうか。8章8.5節において，

$$GDPの増加額 ＝ 政府支出の増加額 \times \underbrace{\frac{1}{1－限界消費性向}}_{政府支出乗数}$$

の関係を導きました。図表13－8の「$80＋0.5Y$」（消費）より，限界消費性向は0.5なので，上の式に当てはめると，GDPの増加額は，

$$GDPの増加額 ＝ 80 \times \frac{1}{1－0.5} ＝ 160$$

図 (a)

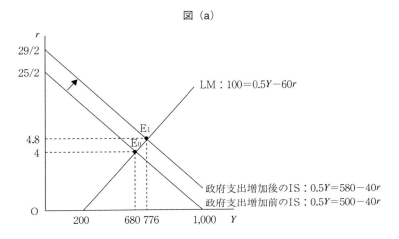

図 (b)

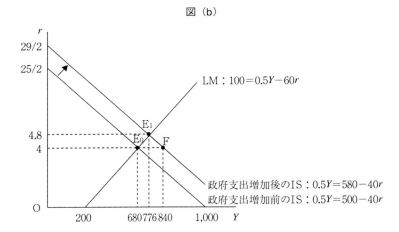

となります。そのため，政府支出増加前のGDPは680でしたが，政府支出増加後のGDPは840（＝680＋160）へと増加します。図(b)では，政府支出が増加したことによって，IS曲線がGDPの増加分だけ，つまり160だけ右にシフトし，まずE_0点からF点へと移動しています。

ところで，F点（$Y=840, r=4$）のときの貨幣需要の大きさは，図表13－8の「$0.5Y+500-60r$」（貨幣需要）より，

$$\text{貨幣需要} = 0.5 \times 840 + 500 - 60 \times 4 = 680$$

となります。一方，貨幣供給は600しかないので，貨幣市場では貨幣需要が貨幣供給を上回る超過需要（＝資金不足）が発生します。超過需要では超過需要が解消するまで金利は上昇します（11章11.4節）。この数値例では金利は4から4.8へと上昇することになります。

金利（r）が4のときの投資は，図表13－8の「$350-40r$」より，

$$\text{投 資} = 350 - 40 \times 4 = 190$$

でしたが，4.8のときの投資は

$$\text{投 資} = 350 - 40 \times 4.8 = 158$$

となるので，この金利上昇により32（＝190－158）だけ投資が減少します。投資の減少によるGDPの減少額は，8章8.5節の投資乗数

$$\text{GDPの減少額} = \frac{\text{投資の減少額}}{1 - \text{限界消費性向}}$$

より，

$$\text{GDPの減少額} = \frac{32}{1 - 0.5} = 64$$

です。政府支出の増加がもたらす金利上昇によるGDPの減少効果のことをクラウディング・アウトといいましたので，この数値例では64がクラウディング・アウトの大きさとなります。

金利上昇前のGDPはF点の840でしたが，金利上昇後のGDPはE_1点の776（＝840－64）へと減少します。図（b）では，政府支出増加後のIS曲線に沿って金利は4から4.8へと上昇していき，均衡点もF点からE_1点へと移動しています。

13.6 財政政策の無効

図表13-12は図表13-10とは異なりLM曲線が垂直に描かれています。このとき，政府支出の増加は金利をr_0からr_1へと上昇させるだけで，GDPの大きさはY_0のままであり，まったく財政政策の影響を受けていないことがわかります。それは，GDPを増やす効果①とGDPを減らす効果②（クラウディング・アウト）の大きさが等しいため，財政政策によってGDPが変化しないと考えることができます。

LM曲線が垂直になるという極端な例を考えましたが，LM曲線が右上がりでも，LM曲線の傾きが急になればなるほど，効果②が大きくなり政府支出の増加によるGDPへの効果はうすれていきます。傾きが急なLM曲線は，金利が変化しても貨幣需要の大きさはあまり変化しないということです。言い換えると，金利が大きく上昇しても貨幣需要はわずかしか減らない，あるいは金利が大きく低下しても貨幣需要はわずかしか増えないということです。

金利の変化（％）に対する貨幣需要の変化（％）のことを**貨幣需要の利子弾力性**（elasticity of money demand to interest rate）といいます。金利が変化しても貨幣需要の大きさにあまり影響を与えなければ，その状況を「貨幣需要の利

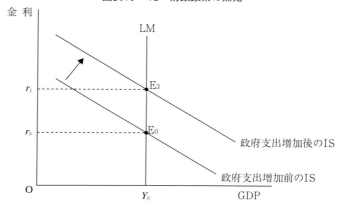

図表13-12　財政政策の無効

図表13－13　垂直なLM曲線

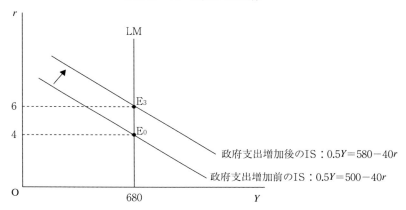

子弾力性が低い」といいます。貨幣需要の利子弾力性が低ければ低いほど，LM曲線の傾きは急になります。図表13－12のように金利の利子弾力性がゼロになるまで低くなれば，LM曲線の傾きは垂直になります。逆に，金利の変化が小さくても貨幣需要が大きく変化すれば，その状況を「貨幣需要の利子弾力性が高い」といいます。貨幣需要の利子弾力性が高ければ高いほど，LM曲線の傾きはゆるやかになります。

LM曲線が垂直，つまり貨幣需要の利子弾力性がゼロになるときは，貨幣市場の均衡式（貨幣供給＝貨幣需要）が11章11.9節の⑦式

$$M = k \times P \times Y$$

で与えられるときです。例えば，$P=1$，$M=136$，$k=1/5$のとき，Yの大きさは680となります。

$$136 = \frac{1}{5} \times 1 \times Y$$

$$Y = 680 \quad (\text{LM曲線})$$

このLM曲線は図表13－13で描かれています。

LM曲線は$Y = 680$で垂直なので，政府支出を増加させても金利が上昇するだけで，GDPには影響を与えません。例えば，IS曲線が13.4節と同様に，

$$0.5Y = 500 - 40r$$

で与えられているとします。

11章11.9節において，⑦式は貨幣需要について貨幣数量説のみ前提としたときの貨幣市場の均衡式を示していました。流動性選好説を否定し，貨幣数量説のみを支持する経済学者たちのことをマネタリストと呼びました。マネタリストは貨幣数量説を支持するだけではなく，貨幣数量説からLM曲線が垂直になると考え，政府支出の増加はGDPには影響を与えないという意見も持っています。

13.4節では政府支出が70のとき，IS曲線は

$$0.5Y = 500 - 40r$$

で与えられました。LM曲線は$Y = 680$で垂直なので，IS曲線に代入すると，金利（r）は，

$$0.5 \times 680 = 500 - 40r$$
$$r = 4$$

と計算されます。次に政府支出を70から150まで80だけ増加させてみます。そのとき，IS曲線は例題2の

$$0.5Y = 580 - 40r$$

になり，IS曲線は右上にシフトします（図表13−13）。LM曲線は$Y = 680$で垂直なので，上のIS曲線に$Y = 680$を代入して，金利（r）を計算すると，

$$0.5 \times 680 = 580 - 40r$$
$$r = 6$$

となります。つまり，LM曲線が垂直である場合，政府支出を増加させても，

第13章 IS-LM分析 | 225

図表13－13のように金利（r）だけが4から6に上昇し，GDPは増加しません。

例題3 貨幣需要が「$0.5Y + 500 - 60r$」で与えられているとする。$Y = 1240$のとき，金利（r）が2から3に上昇した。このときの貨幣需要の利子弾力性を求めなさい。

（解答）

貨幣需要の利子弾力性は金利の変化（％）に対する貨幣需要の変化（％）を示したものなので，まず金利の変化の大きさを求めます。

$$金利の変化 = \frac{上昇後の金利 - 上昇前の金利}{上昇前の金利} \times 100 = \frac{3 - 2}{2} \times 100 = 50\%$$

次に，貨幣需要の変化の大きさを求めます。金利（r）が2のときの貨幣需要は

$$貨幣需要 = 0.5 \times 1240 + 500 - 60 \times 2 = 1000$$

一方，金利（r）が3のときの貨幣需要は

$$貨幣需要 = 0.5 \times 1240 + 500 - 60 \times 3 = 940$$

したがって，貨幣需要の変化の大きさは

$$貨幣需要の変化 = \frac{上昇後の貨幣需要 - 上昇前の貨幣需要}{上昇前の貨幣需要} \times 100$$

$$= \frac{940 - 1000}{1000} \times 100 = -6\%$$

金利50％の上昇に対して，貨幣需要は6％減少しているので，貨幣需要の利子弾力性は

$$貨幣需要の利子弾力性 = \frac{6\%}{50\%} = 0.12$$

となります。

13.7 金融政策の効果

　次に金融政策が金利とGDPに与える効果を考えます。金融政策とは，中央銀行（わが国では日本銀行）が貨幣供給やマネタリーベース，金利などに目標値を設定し，物価の安定や景気の安定を図る政策です。財政政策と異なり国民から資金を借りてきたり増税したりする必要はありません。そのため，最近では，財政政策よりも金融政策に頼ろうとすることが多いようです。

　そこで，中央銀行による金融政策が，どのような経路で金利とGDPに影響を与えるのかを考えたいと思います。そのための仮定として，中央銀行は貨幣供給を目標にコントロールすることができるとします。つまり，中央銀行が貨幣供給の目標金額に達するように貨幣供給を増やし減らすことができるということです。

　中央銀行が買いオペレーションによって貨幣供給を増加させたとします（9章9.7節の買いオペレーション）。貨幣供給が増加すると金利が低下します（11章11.6節）。金利が低下すると投資が増加し（12章12.3節），総需要とGDPが増加します。逆に売りオペレーションによって貨幣供給を減少させたとします（9章9.7節の売りオペレーション）。貨幣供給が減少すると金利が上昇します（11章11.6節）。金利が上昇すると投資が減少し（12章12.3節），総需要とGDPが減少します。

図表13－14　金融政策の効果

貨幣供給の増加	金利の低下	GDPの増加
貨幣供給の減少	金利の上昇	GDPの減少

　図表13－15は貨幣供給の増加によるGDPと金利への影響を示したものです。図のE$_0$点は貨幣供給が増加する前のIS-LM均衡で，このときのGDPの大きさはY_0，金利の大きさはr_0です。貨幣供給が増加すると金利が低下する

ので，LM曲線は金利を下げる方向，つまり右下方へシフトします。LM曲線がシフトしながら金利はr_0からr_1へと低下するため，投資もそれに合わせて増えていきます。投資が増加するとGDPも増加します。そのため金利のr_0からr_1への低下に合わせ，GDPもY_0からY_1へと増加します。

図表13－15　金融政策の効果

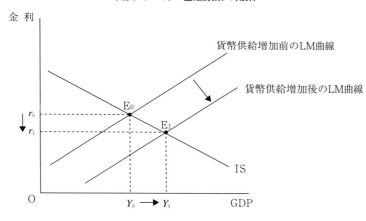

しかし，経済が「流動性のわな」(11章11.7節)におちいっているときには，金融政策は効果を発揮できません。"流動性のわな"とは金利が0である状況のことです。金利は一般的にはマイナスとならないため，金利が0のとき，中央銀行が買いオペレーションによりいくら貨幣供給を増やしたとしても，金利は0以下，つまりマイナスにまで下がりません。金利が下がらなければ投資は増加せず，GDPも増加しないのです。したがって，経済が「流動性のわな」(＝ゼロ金利)の状態であれば，買いオペレーションなど貨幣供給を増やす金融政策はGDPに影響を与えないことがわかります。

228

例題4 以下の経済を考える。

消　費	200
投　資	$500-70r$
政府支出	100
貨幣供給	200
貨幣需要	$Y-80r$

（1）IS曲線を求めなさい。

（2）LM曲線を求めなさい。

（3）IS–LM均衡を求めなさい。

（4）貨幣供給が200から350に増加したときのIS–LM均衡を求めなさい。

（5）貨幣供給を最低でいくらまで増やせば金利がゼロになるであろうか。

（解答）

（1）「GDP＝消費＋投資＋政府支出」に「200」（消費），「$500-70r$」（投資），「100」（政府支出）を代入すると，以下のようにIS曲線が求められます。

$$Y = 200 + 500 - 70r + 100$$
$$Y = 800 - 70r \quad \text{(IS曲線)}$$

（2）「貨幣供給＝貨幣需要」に「200」（貨幣供給），「$Y-80r$」（貨幣需要）を代入すると，以下のようにLM曲線が求められます。

$$200 = Y - 80r$$
$$Y = 200 + 80r \quad \text{(LM曲線)}$$

（3）次の連立方程式

$$\begin{cases} Y = 800 - 70r & \text{(IS曲線)} \\ Y = 200 + 80r & \text{(LM曲線)} \end{cases}$$

を計算することで，IS-LM均衡を求めることができます。計算の結果，「$Y = 520$」，「$r = 4$」となります。

（4）「貨幣供給＝貨幣需要」に「350」（貨幣供給），「$Y - 80r$」（貨幣需要）を代入すると，以下のように，貨幣供給増加後のLM曲線が求められます。

$$350 = Y - 80r$$
$$Y = 350 + 80r \quad （貨幣供給増加後のLM曲線）$$

　貨幣供給を増加させてもIS曲線は変化しないので，以下の連立方程式を解けば，貨幣供給増加後のIS-LM均衡を求めることができます。

$$\begin{cases} Y = 800 - 70r & （IS曲線） \\ Y = 350 + 80r & （貨幣供給増加後のLM曲線） \end{cases}$$

計算の結果，「$Y = 590$」，「$r = 3$」となります。

（5）$r = 0$のときのGDPの大きさはIS曲線より，

$$Y = 800 - 70 \times 0 = 800$$

となります。

　IS-LM均衡が「$Y = 800$」，$r = 0$となる貨幣供給の大きさを求めればよいので，それをxと置きます。「貨幣供給＝貨幣需要」に「x」（貨幣供給），「$Y - 80r$」（貨幣需要）を代入すると，以下のようにLM曲線が求められます。

$$x = Y - 80r \quad （LM曲線）$$

「$Y = 800$」，「$r = 0$」をLM曲線に代入して，xについて解くと，

$$x = 800 - 80 \times 0 = 800$$

したがって，最低でも800まで貨幣供給を増加させると，金利（r）はゼロになることがわかります。ちなみに，貨幣供給が800を超える950まで増加させた場合のIS-LM均衡はどうなるでしょうか。

$$\begin{cases} Y = 800 - 70r & \text{(IS 曲線)} \\ Y = 950 + 80r & \text{(貨幣供給＝950のLM 曲線)} \end{cases}$$

計算の結果，「$Y = 870$」，「$r = -1$」となります。

　しかし，現実経済において金利がマイナスになることはまれです。例えば，年間の金利が－1％であれば，100万円の預金が1年後には99万円に減少することを意味します。逆に100万円を貸せば，1年後には99万円しか返ってこないことを意味します。これでは，銀行に資金を預けたり，資金を貸したりする人はいなくなってしまうでしょう。そのため，金利はどれだけ低くなったとしてもゼロが限界となります。したがって，計算上は「$r = -1$」となり得ても，それは実現できる数字ではないので，貨幣供給を800から950にまで増加させても，金利はゼロのまま変わりません。金利が変わらなければGDPも変わらないので，貨幣供給が950のときのGDPは「$Y = 800$」のままとなります。

　このように，金利がゼロになる水準にまで貨幣供給を増加させると，そこからさらにいくら貨幣供給を増やそうが，金利がゼロに固定されてしまいます。この現象を流動性のわなといいます。

第14章 AD-ASモデル

14.1 AD曲線

13章のIS-LM分析では物価を一定と考え，生産物市場と貨幣市場の相互依存関係について考察し，IS曲線とLM曲線の交点でGDPと金利が決まることを学びました。本章では生産物市場と貨幣市場だけではなく労働市場を分析に追加することで，3つの市場を同時に分析するモデル，**AD-ASモデル**（AD-AS model）について解説します。

AD-ASモデルはAD曲線とAS曲線の2つの曲線から構成され，その2つの曲線の交点において実質GDPと物価が決定します。IS-LMモデルや45度線モデルでは物価が一定で変化しないと考えていたので，それらのモデルで決まるGDPは名目GDPであろうが実質GDP（＝名目GDP/物価）であろうが本質的な違いはなかったため，その違いを強調することなく単にGDPと呼んできました。

しかし，AD-ASモデルからは物価も決まるため，AD曲線やAS曲線の移動により物価が変動してしまいます。そのため，AD-ASモデルで決まるGDPは物価変動の影響を受ける名目GDPではなく，物価変動の影響を受けない実質GDPとなることに注意が必要です。以下でもこれまで同様にGDPという言葉を使い続けますが，特記しない限りそれは名目GDPではなく実質GDPを指しているものと理解してください。

AD曲線（AD curve）は**総需要曲線**（aggregate demand curve）とも呼ばれ，IS-LMモデルから導かれます。一方，**AS曲線**（AS curve）は**総供給曲線**（aggregate supply curve）とも呼ばれ，労働市場から導かれます。

そこで，最初にIS-LMモデルからAD曲線を導きましょう。IS-LMモデル

におけるIS曲線は消費と投資と政府支出の合計，つまり総需要がGDPに等しくなるという関係でした。

$$GDP = \underbrace{消費 + 投資 + 政府支出}_{(総需要)} \quad (\text{IS曲線})$$

一方，LM曲線は貨幣需要が貨幣供給に等しくなるという関係でした。

$$貨幣供給 = 貨幣需要 \quad (\text{LM曲線})$$

貨幣需要は取引需要と資産需要の合計のことで，取引需要は財・サービスを購入するために使う現金・預金の大きさを指し，一方，資産需要は将来に備えた貯蓄のための現金・預金の大きさを指していました。

　取引需要はGDPが増加すれば増加し，GDPが減少すれば減少するという関係（10章10.4節）がありましたが，実は物価の影響も受けます。これまで物価を一定と仮定し分析してきたため，物価が貨幣需要に与える影響を考える必要はありませんでした。しかし，AD–ASモデルは物価が変動すると考えるため，物価と貨幣需要との関係についても考慮しなければなりません。

　日常的な取引において，財やサービスの価格が上昇すれば，上昇した分だけ買い物に使うお金の大きさは増加します。例えば，130円であった缶ジュースが2倍の260円になれば，これまでの2倍の130円だけ多くお金を使わなければならなくなります。この関係は経済全体で見ても同じです。経済全体の価格はさまざまな財・サービスの価格を平均したものである物価です（5章）。物価が上昇すれば，さまざまな財・サービスの価格が広範囲にわたって上昇することになるので，物価が上昇すれば，上昇した分だけ，財・サービスを購入するために使う現金・預金の大きさ（＝取引需要）は増加します。逆に物価が低下すれば低下した分だけ取引需要は減少します。もちろん物価の上昇により取引需要が増加すれば貨幣需要（＝取引需要＋資産需要）も増加し，物価の低下により取引需要が減少すれば，貨幣需要（＝取引需要＋資産需要）も減少します。

第14章 AD-ASモデル | 233

> **物価と貨幣需要**
> ● 物価の上昇 ⇒ 取引需要の増加 ⇒ 貨幣需要の増加
> ● 物価の低下 ⇒ 取引需要の減少 ⇒ 貨幣需要の減少

　この物価と貨幣需要の関係を考慮に入れながら，IS-LMモデルからAD曲線を導いていきましょう。そこで物価が上昇し貨幣需要も増加したとします。このとき貨幣市場では貨幣需要が増加した分だけ貨幣供給よりも大きくなります。

$$貨幣供給 < 貨幣需要$$

　11章11.4節より，貨幣供給よりも貨幣需要が大きくなると金利が上昇します。金利が上昇すると投資が減少します（10章10.4節）。投資が減少すると総需要（＝消費＋投資＋政府支出）も減少します。したがって，生産物市場では総需要が減少した分だけGDPよりも小さくなります。

$$GDP > 消費 ＋ 投資 ＋ 政府支出$$

有効需要の原理（7章7.3節）より総需要に等しくなるように総供給（＝GDP）が決まるので，総需要が減少すると，総需要が減少した分だけGDPも減少します。
　逆に物価が低下し貨幣需要も減少したとします。このとき貨幣市場では貨幣需要が減少した分だけ貨幣供給よりも小さくなります。11章11.4節より，貨幣供給よりも貨幣需要が小さくなると金利が低下します。金利が低下すると投資が増加します（10章10.4節）。投資が増加すると総需要（＝消費＋投資＋政府支出）も増加するので，生産物市場では総需要が増加した分だけGDPよりも大きくなります。

$$GDP < 消費 ＋ 投資 ＋ 政府支出$$

有効需要の原理（7章7.3節）より総需要に等しくなるように総供給（＝GDP）が決まるので，総需要が増加すると，総需要が増加した分だけGDPも増加します。
　以上より，物価が上昇すれば総需要やGDPが減少し，物価が低下すれば総需要やGDPが増加することがわかります。この関係を図示したものをAD曲

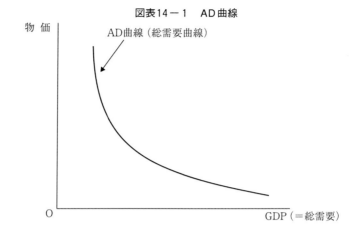

図表14－1　AD曲線

線あるいは総需要曲線といい，図表14－1で描かれているような右下がりの曲線となります。

例題1　経済が以下の表で与えられているとする。

消　費	200
投　資	$700-100r$
政府支出	100
貨幣供給	200
貨幣需要	$P\times(Y-100r)$

（＊Pは物価，rは金利，Yは実質GDP）

（1）AD曲線を導出しなさい。
（2）政府支出を100から200に増加させたときのAD曲線を導出しなさい。

（解答）
（1）AD曲線は物価（P）とGDP（Y）の関係を図示したものなので，まず，「$P=1$」のときのGDP（Y）の大きさをIS-LMモデルから求めます。まず，IS曲線は「GDP＝消費＋投資＋政府支出」に「200」(消費)，「700－

第14章 AD-ASモデル | 235

「$100r$」（投資），「100」（政府支出）を代入すると求められます。

$$Y = 200 + 700 - 100r + 100$$
$$Y = 1,000 - 100r \quad \text{（IS曲線）}$$

次に，LM曲線は「貨幣供給＝貨幣需要」に「200」（貨幣供給），「$1 \times (Y - 100r)$」（貨幣需要）を代入すると求められます。

$$200 = Y - 100r \quad \text{（$P = 1$のLM曲線）}$$

以下の連立方程式を解けば，「$P = 1$」のときのYとrの大きさを求めることができます。

$$\begin{cases} Y = 1,000 - 100r & \text{（IS曲線）} \\ 200 = Y - 100r & \text{（$P = 1$のLM曲線）} \end{cases}$$

計算の結果，「$Y = 600$」，「$r = 4$」となります。

次に物価（P）が「$P = 1$」から「$P = 2$」に上昇したときのYとrの大きさを求めます。物価が上昇した後のLM曲線は「貨幣供給＝貨幣需要」に「200」（貨幣供給），「$2 \times (Y - 100r)$」（貨幣需要）を代入すると求められます。

$$200 = 2 \times (Y - 100r)$$
$$100 = Y - 100r \quad \text{（$P = 2$のLM曲線）}$$

物価が上昇してもIS曲線は変わらないので，以下の連立方程式を解けば，「$P = 2$」のときのYとrの大きさを求めることができます。

$$\begin{cases} Y = 1,000 - 100r & \text{（IS曲線）} \\ 100 = Y - 100r & \text{（$P = 2$のLM曲線）} \end{cases}$$

計算の結果，「$Y = 550$」，「$r = 4.5$」となります。

以上より，「$P = 1$」のとき「$Y = 600$」，「$P = 2$」のとき「$Y = 550$」を通るように曲線で描いたものがAD曲線で，図表14－2に描かれています。

（2）政府支出増加後のIS曲線は「GDP＝消費＋投資＋政府支出」に「200」（消費），「700 − 100r」（投資），「200」（政府支出）を代入すると求められます。

$$Y = 200 + 700 - 100r + 200$$
$$Y = 1{,}100 - 100r \quad (\text{政府支出増加後のIS曲線})$$

政府支出を増加させてもLM曲線は変化しないので，「$P = 1$」のときは以下の連立方程式を解けば，「$P = 1$」のときのYとrの大きさを求めることができます。

$$\begin{cases} Y = 1{,}100 - 100r & (\text{IS曲線}) \\ 200 = Y - 100r & (\text{「}P = 1\text{」のLM曲線}) \end{cases}$$

計算の結果，「$Y = 650$」，「$r = 4.5$」となります。

「$P = 2$」のときは以下の連立方程式を解けば，「$P = 2$」のときのYとrの大きさを求めることができます。

$$\begin{cases} Y = 1{,}100 - 100r & (\text{IS曲線}) \\ 100 = Y - 100r & (\text{「}P = 2\text{」のLM曲線}) \end{cases}$$

計算の結果，「$Y = 600$」，「$r = 5$」となります。

以上より，「$P = 1$」のとき「$Y = 650$」，「$P = 2$」のとき「$Y = 600$」を通るように曲線で描いたものが政府支出増加後のAD曲線で，図表14 − 2に描かれています。図表14 − 2より政府支出を増加させると，AD曲線そのものがYを増やす方向，つまり右上に移動することがわかります。

13章13.7節より貨幣供給を増加させるとGDPが増加することがわかりました。そのため，貨幣供給を増加させると，政府支出を増加させたときと同じようにAD曲線そのものがYを増やす方向，つまり右上に移動すると考えられます。

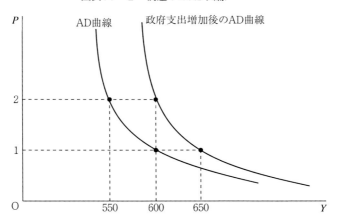

図表14－2　例題1のAD曲線

14.2　労働力状態の分類

　AD曲線はIS-LMモデル，つまり家計の消費や企業の投資，政府による政府支出といった財・サービスを購入する側の行動から導かれました。これに対しAS曲線は，企業や労働者といった財・サービスを生産する側の行動から導かれます。具体的にはAS曲線は，労働市場の均衡と集計的生産関数によって導出されます。ここで労働市場とは労働力が労働者と企業の間で取引される仕組みのことをいいます。それでは現実経済において労働力とは何を指し，それをどのように数えるのでしょうか。

　一般に労働力とは働く意思や能力のある人々のことを指しています。働く能力の有無に関しては年齢で判断されます。**国際労働機関**（International Labour Organization, ILO）は労働力を数えるときの基準となる年齢区分を15歳以上65歳未満としています。15歳以上65歳未満人口は**生産年齢人口**（working age population）と呼ばれ，働く能力があるとされるグループです。ちなみに，65歳以上人口は**老年人口**（aged population），0～15歳未満人口は**年少人口**（child population）と呼ばれています。

ただし，年齢区分による労働力の定義は各国でばらつきがあります。日本ではILOの65歳未満という年齢の上限は設けておらず，15歳以上の者であれば，働く能力を持っているとみなします。各国も15歳以上として，特に年齢に上限を設けないケースが多くなっています。また，イギリス，アメリカのように年齢の下限を1年だけ引き上げて16歳以上としている主要国もあります。

　わが国では15歳以上の人々の中から労働力を数えることになっていますが，15歳以上人口の中には働く意思のある人々と働く意思のない人々の双方が混ざっています。そのため，15歳以上の人々であっても，働く意思のある人々だけを労働力とみなし，そのような人々を**労働力人口**（working population）と呼びます。一方，15歳以上で働く意思のない人々は労働力とみなすことができないため，**非労働力人口**（non-working population）と呼んで両者を区別します。

　ここで，働く意思のある人々とは現在，仕事をしているか，もしくは仕事がないので仕事を探している者をいいます。一方，働く意思のない人々とは，現在，仕事をしておらず，仕事も探していない者のことです。例えば，通学，家事，高齢，病気などの理由で仕事をしていない人々は非労働力人口に入ります。

　労働力人口の中で仕事をしている人々を**就業者**（employed）といい，就業者には雇用者（正規の職員・従業員，非正規の職員・従業員），自営業主，家族従業者（自営業手伝い），休業者（仕事を持っているが病気や休暇などのため仕事をしなかった者）が含まれています。非正規の職員・従業員はパート，アルバイト，派遣社員，契約社員，嘱託が主なものです。ちなみに通学のかたわらに仕事をしている者や家事のかたわらに仕事をしている者も就業者に入ります。

　ここで仕事をしているといっても，わが国では月末1週間（ただし12月は20〜26日）に少しでも仕事をすれば就業者に含める決まりになっています。ILOも人々の一定期間の活動状況によって労働力や就業，失業の状態を分類する方式を正式なものとして各国にすすめているので，わが国の労働力調査もそれに従っているということです。一定期間をいつに定めるかについては各国によって異なり，日本ではそれを月末1週間（ただし12月は20〜26日）と定めていま

第14章　AD-ASモデル │ 239

す。

　一方，仕事をしていないが仕事があればすぐにつくことができ，仕事を探している人々を就業者に対して**失業者**（unemployed）といいます。この失業者の基準もILOが定めた国際基準です。日本では就業者でも休業者でもなく，月末1週間（ただし12月は20～26日）に仕事を探していた人々が失業者に区分され，わが国ではそのような失業者のことを**完全失業者**（wholly unemployed）といいます。

　日本では総務省統計局と呼ばれる国の行政機関が，月末1週間（ただし12月は20～26日）の労働力や就業あるいは失業の状態を明らかにするため，毎月の月末（ただし12月は26日）に「労働力調査」を行っています。国民全員が調査対象というわけではなく，調査員が約4万世帯を戸別訪問し，調査票（要するにアンケート用紙）を配り，それを回収してアンケート結果を分析するというサンプル調査です。

　完全失業者は何らかの理由により職を探している人々のことですが，仕事をやめたために職を探している人々と，これまで仕事をしてこなかったが収入を得る必要が生じたために新たに職を探している人々の2種類に分けられます。前者の仕事をやめたため求職している人々は，仕事をやめた理由により，さらに**非自発的失業**（involuntary unemployment）と**自発的失業**（voluntary unemployment）の2種類に分けられます。非自発的失業は定年や雇用契約の満了，勤め先や事業の都合により離職し求職している人々のことをいいます。一方，自発的失業は労働者がより良い職を求めるなど自己都合により自発的に離職し求職している人々のことをいいます。

　労働力人口と完全失業者から完全失業率を計算することができます。**完全失業率**（%）（unemployment rate）は以下の式で定義され，例えば，2023年12月の完全失業率は図表14－3で示した数字より

$$完全失業率 = \frac{完全失業者}{労働力人口} \times 100 = \frac{156万人}{6{,}910万人} \times 100 = 2.4\%$$

と計算されます。

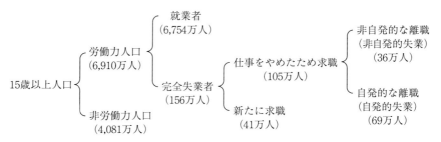

図表14－3　労働力調査（2023年12月）

（出所）総務省統計局「労働力調査（基本集計）」（2023年12月分）（2024年1月30日公表）より筆者作成。

14.3　労働市場の古典派の第一公準

　AS曲線は労働者や企業など財・サービスを生産する側の行動から導かれる物価とGDPの関係のことですが，この関係を考えるため，まずGDPと就業者数（＝仕事をしている労働者数）の関係について見てみましょう。

　まずGDPは一国経済全体の生産量のことです。そして生産を行うためには労働者が必要です。大きなGDPを生み出すためには多くの労働者が必要ですし，GDPが小さければあまり労働者を必要とはしません。言い換えると，一国経済全体で多くの労働者が雇用され，雇用数が増えれば，一国全体の生産量，つまりGDPも増加し，逆に一国全体で雇用が減少し雇用数が減るとGDPも減少することになります。このように雇用数とGDPとの関係を**集計的生産関数**（aggregate production function）といいます。

```
集計的生産関数
　● 雇用数の増加　⇒　GDPの増加
　● 雇用数の減少　⇒　GDPの減少
```

　ケインズはその主著『雇用・利子および貨幣の一般理論』（1936）の中で「労

第14章 AD-ASモデル | 241

働市場の古典派の第一公準」を使って，労働需要と賃金の関係を示しました。ここで労働需要とは企業が必要としている労働者数のことで，就業者数（＝仕事をしている労働者数）と求人数（＝新規に採用したい労働者数）の合計で表されます。

古典派

　『雇用・利子および貨幣の一般理論』における古典派とはイギリスの経済学者のデヴィッド・リカード（David Ricard, 1772-1823）を含め，リカードより古い経済学者たちと，リカードの経済理論を採用し完成させた経済学者たちを指しています。ケインズはケインズを育てたマーシャルや，マーシャルの後継者でイギリス出身の経済学者のアーサー・ピグー（Arthur Cecil Pigou, 1877-1959）などが古典派の代表と考えていました。ちなみに現代ではケインズのいう古典派のことを新古典派と呼んでいます。

　ケインズのいう古典派の第一公準とは「賃金は労働の限界生産力価値に等しい」という命題のことです。ここで**労働の限界生産力価値**（value of marginal product of labor）とは労働者の生産活動に対する貢献度を測る尺度で，企業が労働者を一人増やしたときどれだけ生産額（＝価格×生産量）が増えるか，その増え方を示したものになります。マクロ経済学における労働の限界生産力価値は，企業が労働者を一人増やしたときどれだけ総生産額（＝物価×総生産量）が増えるか，その増え方を示したものになります。ここで総生産額は名目GDP，物価はGDPデフレーター，総生産量は実質GDPです。

　古典派の第一公準における労働の限界生産力価値と賃金の関係を考えると，労働者を一人増やしたときに生産額が大きく増えれば，つまり労働の限界生産力価値が大きく増えれば，企業は労働者に高い賃金を支払うことができます。逆に一人増やしたときに生産額があまり増えなければ，つまり労働の限界生産力価値があまり増えなければ，労働者に支払う賃金は低くなります。

古典派の第一公準

労働の限界生産力価値が高い	賃金が高い
労働の限界生産力価値が低い	賃金が低い

242

ある一定の価格の下で，雇用される労働者が増えるほど生産額もそれにあわせて増えていきますが，生産額の増え方（＝労働の限界生産力価値）は労働者が増えるほど減少します。この関係を**労働の限界生産力逓減の法則**（law of diminishing marginal productivity）といいます。労働の限界生産力逓減の法則によれば，労働者が少なく人手が不足しているとき，労働者が一人追加されたことによって生産は大きく増えます。つまり労働者が少ないときは労働の限界生産力価値が高いということです。逆に労働者が多く人手が足りているときに労働者を一人追加したところで生産はさほど増えないということになります。つまり労働者が多いときは労働の限界生産力価値が低いということです。

労働の限界生産力逓減の法則

労働者が少ない	労働の限界生産力価値が高い
労働者が多い	労働の限界生産力価値が低い

労働の限界生産力逓減の法則と古典派の第一公準を結びつけると，労働者が少ないときは労働の限界生産力価値が高く賃金も高い，労働者が多いときは労働の限界生産力価値が低く賃金も低いということになります。このような企業が必要としている労働者数（＝労働需要）と，労働者に支払える賃金の関係のことを**労働需要曲線**（labor demand curve）といい，それは図表14－4に描かれている右下がりの曲線となります。労働需要曲線における労働者数とは企業側が必要としている労働者数のことで労働需要と呼ばれています。

労働需要曲線

労働需要が小さい	賃金が高い
労働需要が大きい	賃金が低い

> **労働の限界生産力価値**
>
> 　第一公準はミクロ経済学における企業の利潤最大化行動より導くことができます。そこで，企業の利潤をπ，労働者数をN，賃金をw，生産物の価格をp，生産量を$f(N)$と置きます。生産量は労働者数（N）によって変化するので，それを関数fで示しました。利潤πは生産額（$=p\times f(N)$）から労働者への賃金の支払い（$w\times N$）を引いたものと定義されるので，
>
> $$\pi = pf(N) - wN$$
>
> という式になります。Nについて微分して0とおくと，
>
> $$pf'(N) - w = 0$$
>
> となり，wを右辺に移項すると，第一公準が示す「労働の限界生産力価値＝賃金」
>
> $$pf'(N) = w$$
>
> が導出されます。ここで，$pf'(N)$が労働の限界生産力価値です。

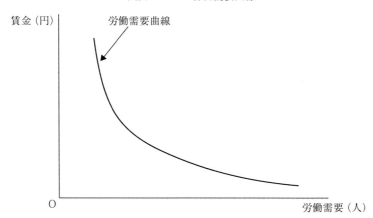

図表14－4　労働需要曲線

14.4　ケインズの雇用理論

　ケインズの雇用理論の大きな特徴として非自発的失業の存在が挙げられます。そこで図表14－5を使ってその存在を示してみましょう。いま何らかの

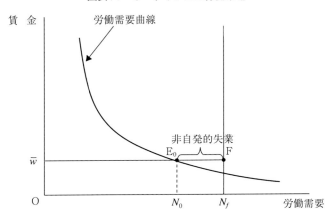

図表14−5　ケインズの労働市場

理由によって賃金が図表14−5の$\bar{w}$円より安くならない状態であるとします。ちなみに賃金が安くならない状態のことを「賃金が下方に硬直している」(**賃金の下方硬直性**; downward rigidity in nominal wages) といいます。図表14−5において賃金$\bar{w}$円における労働需要は労働需要曲線にそったN_0人となります (E_0点)。一方，賃金$\bar{w}$円で働く能力も意欲もある労働者数，つまり労働力人口はN_f人いると仮定します。このとき，E_0F ($=N_f-N_0$) 人の労働者は仕事を探しても採用されない者 (ケインズはこの者たちを"非自発的失業者"といいました) になります。このE_0F人の労働者は，好景気になり企業の求人が増えるまで就職できないので長期間失業することになります。

このE_0F人の労働者たちのように，働く意思と能力はあるが，長期間仕事がみつからない労働者が存在する状態をケインズは**非自発的失業** (involuntary unemployment) といいました。しかし，14.2節で説明した国の『労働力調査』における非自発的失業とは，定年や雇用契約の満了，勤め先や事業の都合により離職し求職している人々のことを指すので，ケインズのいう非自発的失業とは異なる概念であることに注意が必要です。ちなみに『労働力調査』においてケインズの非自発的失業に近い概念は「労働力調査」(詳細集計) の「失業期間別完全失業者数 (1年以上)」となります。例えば，わが国で2023年10〜12月期

第14章　AD-ASモデル ｜ 245

において仕事を失った状態が1年以上続いている長期失業者数は57万人いるようです。

14.5　AS曲線

AS曲線は図表14－5から導くことができます。いま賃金が$\bar{w}$円のままで物価だけが上昇するとします。労働者に支払う賃金はそのままで安く抑えられ，企業の売上増加に結びつく物価だけが上昇するので，企業の採用意欲は高まります。このことは図表14－6で描かれているように，労働需要曲線が労働需要を増やす方向，つまり右方向に移動することで示されます。図表14－6では労働需要はE_0点のN_0人からE_1点のN_1人に増加しています。賃金が$\bar{w}$円の安いままで物価だけがさらに上昇すると，ますます採用意欲が高まり労働需要曲線も右方向に移動していき，労働需要もE_1点のN_1人からF点のN_f人に増加します。

労働需要がN_f人にまでなると，**完全雇用**（full employment），つまり働く意思と能力のある労働者がすべて雇用されるという非自発的失業者数がゼロ状態になります。完全雇用水準を超えて物価が上昇すると，労働需要曲線はさらに右方向にシフトするので雇用をさらに増やそうとします。しかし働く能力も意欲もある労働者はN_f人しかおらず，しかもそのすべてが雇用されているので，$\bar{w}$円以上の賃金を提示することで労働者を確保しようとその獲得競争が始まります。働く意思と能力のある労働者が職につけない非自発的失業の状態であれば，安い賃金$\bar{w}$円であったとしても求人を出せば労働は集まってきます。しかし，完全雇用の状態で安い賃金$\bar{w}$円のまま求人を出しても労働者は集まらないのです。そのような理由から，図表14－6では，物価が上昇していき労働需要が完全雇用を突破すると，賃金がF点からG点へと上昇するよう描かれています。

物価と雇用数
- ● 物価の上昇　⇒　雇用される労働者数の増加
- ● 物価の低下　⇒　雇用される労働者数の減少

図表14－6　物価上昇と労働需要曲線

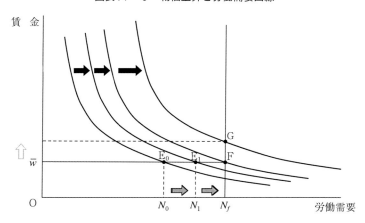

　14.3節の集計的生産関数より，物価の上昇により労働需要が増加し雇用数がN_0人からN_1人，N_f人へと増加すれば，一国経済全体の生産量を示すGDPも増加します。逆に物価の低下により雇用数がN_f人からN_1人，N_0人へと減少すればGDPも減少します。このことから，物価が上昇すればGDPも増加し，物価が低下すればGDPも減少することがわかります。この関係を図示したものを**AS曲線**あるいは**総供給曲線**といい，図表14－7で描かれているような右上がりの曲線となります。

　図表14－7の**完全雇用GDP**（full-employed GDP）とは働く意思と能力のある労働者がすべて雇用されたとき，図表14－6ではN_f人すべてが雇用されたときに達成されるGDPのことです。企業はこれ以上雇用を増やすことはできないので，完全雇用GDPの水準を超えて生産量を増やすことができません。その意味で完全雇用GDPはGDPの上限を表しています。

　もちろん，働く意思と能力のある労働者が増えれば，完全雇用GDPも増加します。しかし，労働力人口が急に増えるとは考えにくいので，短期的には完全雇用GDPは一定水準のままと仮定してよいでしょう。

　AS曲線と14.1節で導出されたAD曲線の交点でGDPと物価が決まります。その交点を**AD-AS均衡**（AD-AS equilibrium）といい，図表14－8のE点に対

図表14−7　AS曲線

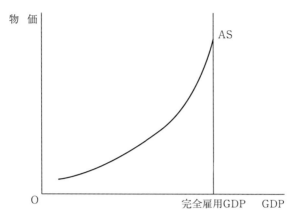

図表14−8　AD-AS均衡

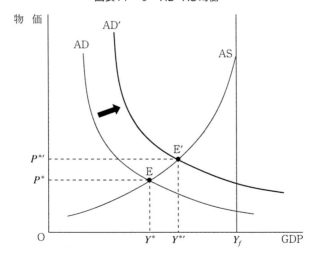

応しています。E点においてGDPはY^*，物価はP^*の水準に決まっています。図のY_fは完全雇用GDPであり，図よりGDP（$=Y^*$）は完全雇用GDP（$=Y_f$）より小さいので，E点では非自発的失業が存在していることになります。

　政府が政府支出を拡大させたり，中央銀行が貨幣供給量を増加させたりする

とAD曲線は右上方向にシフトするので（AD→AD′），AD–AS均衡はE点から
E′点へ移動します。その結果，GDPはY^*から$Y^{*\prime}$へと増加し，物価はP^*から
$P^{*\prime}$へと上昇します。新しいGDPの大きさ$Y^{*\prime}$もY_fより小さいので依然として
非自発的失業は存在していますが，Y^*よりはY_fに近づいているので，非自発
的失業の数は減少しています。

　ところでAS曲線を導くとき，賃金が$\bar{w}$円で固定されていると仮定しまし
た。その上で物価が上昇するとGDPも増加するというAS曲線を導きました。
しかし，このAS曲線の導出方法には欠陥があることがわかっています。なぜ
なら，この方法によれば実質GDPが増加すると実質賃金は下落してしまうこ
とになり，これは経験的事実に反するからです。**実質賃金**（real wages）とは
15章15.1節で改めて説明しますが，「実質賃金＝賃金／物価」のことです。こ
の式より，賃金が一定で物価だけが上昇すると，実質賃金が下落してしまいま
す。しかし，実質賃金と実質GDPの関係を事実に基づいて調べると，物価が
上昇し実質GDPが増加するとき，実質賃金も上昇する傾向があるようです。

　AS曲線の形は図表14－6のように右上がりの曲線と考えてよいですが，こ
れまで説明してきたような第一公準と固定賃金を仮定したケインズのモデルを
使って，物価と実質GDPの関係を説明しようとすると現実経済と矛盾が生じ
てしまうのです。そのため，それ以外の説明によって右上がりのAS曲線を求
める道を探さなければなりません。

例題2　集計的生産関数が「$Y = f(N) = \sqrt{N}$」（ここでYはGDP，Nは労働の雇
　用数），賃金（w）が1で与えられている経済を考えます。以下の問いに
　答えなさい。

（1）古典派第一公準を示しなさい。

（2）AS曲線を求めなさい。

（3）AD曲線が

$$Y = -\frac{P}{2} + 200$$

　で与えられているとすると，AD–AS均衡におけるYとPの大きさを

第14章 AD-ASモデル | 249

求めなさい。

（4）労働供給（＝働く能力と意思のある労働者数）が12,100いるとき，この経済の非自発的失業者数と完全雇用GDPを求めなさい。

（解答）

（1）古典派の第一公準は「労働の限界生産力価値＝賃金」でしたが，それを式で示したものは「$Pf'(N) = w$」でした（ここでPは物価，wは労働の賃金）。まず$f'(N)$を求めるため，「$Y = \sqrt{N}$」をNについて微分します。これは「ルートの微分公式」を使うと以下のように求められます。

$$f'(N) = \frac{1}{2\sqrt{N}}$$

ルートの微分公式

「$y = f(x) = \sqrt{x}$」をxについて微分すると，

$$f'(x) = \frac{1}{2\sqrt{x}}$$

したがって，古典派の第一公準は，「$w = 1$」より

$$\frac{P}{2\sqrt{N}} = 1$$

（2）古典派の第一公準に集計的生産関数「$Y = \sqrt{N}$」を代入すれば，

$$\frac{P}{2Y} = 1$$

$$Y = \frac{P}{2}$$

のように，AS曲線を求めることができます。

（3）以下の連立方程式を解くと

$$
\begin{cases}
Y = \dfrac{P}{2} \quad （\text{AS曲線}） \\[3mm]
Y = -\dfrac{P}{2} + 200 \quad （\text{AD曲線}）
\end{cases}
$$

AD–AS均衡におけるGDPと物価の大きさ，「$Y = 100$」，「$P = 200$」が得られる。

（4）「$Y = 100$」だけ生産するために必要な労働者数，つまり労働需要は集計的生産関数「$Y = \sqrt{N}$」より，「$100 = \sqrt{N}$」を充たすNの値，「$N = 10{,}000$」となります。一方，労働供給は12,100人もいるので，働く能力と意思がありながら職に就けない労働者数，非自発的失業者数は2,100（$= 12{,}100 - 10{,}000$）となります。完全雇用GDPとは働く能力と意思のある労働者がすべて職に就いている状態で生産したときに得られる生産の大きさのことでした。いま働く能力と意思のある労働者は「$N = 12{,}100$」いるので，これを集計的生産関数「$Y = \sqrt{N}$」に代入すると，完全雇用GDPは110（$= \sqrt{12{,}100}$）であることがわかります。つまり，GDPが「$Y = 100$」から「$Y = 110$」に増加すれば，非自発的失業者は2,100から0になり，働く能力と意思のある労働者12,100人がすべて雇用されることになります。

14.6　ケインズによる失業の分類と失業均衡

仕事を探していてもみつからない労働者がいる一方で，いまの賃金は低すぎるので，あえて仕事をしない自己意思で失業している労働者もいます。ケインズはこのような労働者が存在する状態を**自発的失業**（voluntary unemployment）といいました。

さらに，仕事をやめ就職先がみつかるまで失業している労働者や，新しく仕事を始めたいと考え，就職先がみつかるまで失業している労働者もいます。ケインズはこのような失業を**摩擦的失業**（frictional unemployment）といい，それを非自発的失業や自発的失業と区別しました。

第14章 AD-ASモデル | 251

　自発的失業は労働者の意思による失業であり，摩擦的失業は仕事がみつかるまでの一時的失業であるため，それほど深刻ではありません。しかし，非自発的失業は労働者の意思によるものではなく，就業を希望しているが長期間仕事がみつからない状態なので，そのような失業者が大量に発生していると，緊急に対処しなければならない問題となります。14.4節でも説明しましたが，ケインズは非自発的失業が存在しない状態を完全雇用と呼びました。

図表14－9　失業の種類と完全雇用

自発的失業	自己意思で失業している状態
摩擦的失業	労働回転に伴う一時的失業
非自発的失業	就業を希望しているのに，長期間仕事がみつからない状態
完全雇用	非自発的失業が存在しない状態

　まぎらわしいですが，わが国の『労働力調査』では，定年や雇用契約の満了による離職と，勤め先や事業の都合による離職のことを**非自発的な離職**（非自発的失業），自己都合による離職を**自発的な離職**（自発的失業）といい，労働者が離職した理由によって失業者を区別しています。

第15章 古典派の雇用理論

15.1 労働供給曲線

　ケインズの雇用理論では，まず，総需要からGDPが決まり，そしてGDPが決まると雇用される労働者数も決まります。この理論ではGDPが完全雇用GDPよりも小さい場合，総需要が増加しない限りはこれ以上の労働者は雇用されず，働く意思や能力があっても働く場所をみつけることのできない労働者，つまり非自発的失業が存在することになります。このような状態が一般的になっていることを失業均衡といいます。

　その一方でケインズの時代の主流であった古典派の雇用理論は，労働供給と労働需要が等しくなるように実質賃金が決まると考えてきました。ここで，労働供給は労働者が働く時間のことで，それは実質賃金の影響を受けると考えられます。ここで実質賃金とは物価の影響を加味した賃金のことで以下の式で表されます。

$$実質賃金 = \frac{賃 金}{物 価} \qquad (①)$$

　物価が上がったら賃金の実際の価値は減少し，逆に物価が下がると増加します。例えば，賃金1,000円に対して，1個100円のおにぎりが200円に上昇したとします。おにぎりの価格で測った実質賃金は，おにぎりが100円だったときは「1,000円／100円＝10個」ですが，200円になると「1,000円／200円＝5個」になり，実質賃金が10個から5個へと半減します。したがって，同じ賃金1,000円を稼ぐにしても，価格が低いときの方が価格の高いときよりも，実際の賃金の価値が大きくなることがわかります。もちろん，我々はおにぎりだ

第15章　古典派の雇用理論 | 253

けで生活しているわけではなく，さまざまな財・サービスを消費しています。そのため，実質賃金を計算するときは，おにぎりの価格ではなくさまざまな財・サービスの価格の平均値，つまり物価を使う方が現実的なので，①式の分母は物価となっています

　一般に実質賃金が上昇すると労働供給が増加し，低下すると減少すると考えられています。これを労働の供給法則といいます。それは次のように説明されます。実質賃金が上昇しているときに働かないでいると損をします。そのため，働いていない時間（＝余暇（leisure））を減らして働く時間，つまり労働供給を増やしたい気持ちがでてきます。経済学ではこれを余暇と所得の**代替効果**（substitution effect）といいます。これは，余暇時間を短くする代わりに労働時間を長くすることで所得（＝実質賃金）も増えるため，労働意欲が高まるというわけです。

　その一方，実質賃金が上昇すると生活が豊かになるので，働く時間を短くして，自分の時間を楽しもうという気持ちもでてきます。経済学ではこれを余暇と所得の**所得効果**（income effect）といいます。つまり，実質賃金が上昇すると労働供給を増やそうとする代替効果と，労働供給を減らそうとする所得効果が同時に生まれます。労働供給を増やそうとする代替効果が，労働供給を減らそうとする所得効果より大きいとき，実質賃金が上昇すると労働供給も増加します。逆に，実質賃金が低下すると労働供給も減少します。かなり多くの所得を稼いでいる人は例外ですが，一般の労働者は所得効果よりも代替効果の方が大きいと考えられるため，労働の供給法則が成立していると考えてよいでしょう。

　労働の供給法則が成立していれば，実質賃金と労働供給の関係を示す**労働供給曲線**（labor supply curve）は図表15－1で描かれているような右上がりの曲線となります。

図表15－1　労働供給曲線

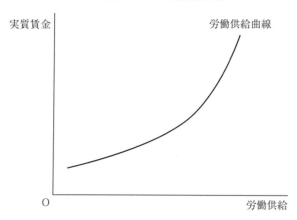

　マクロ経済学は一国経済全体で経済の動きを研究する分野なので，以下では，個々の労働者の労働<u>時間</u>を労働供給とするのではなく，働く意思と能力を持つ労働者の<u>人数</u>を労働供給とします。労働供給を時間ではなく人数で把握しても，上の労働供給曲線はそのまま成り立ちます。実質賃金が上昇すれば，自分の時間を大切にしたいと考える労働者よりも，働きたいと考える労働者が増えるので，労働供給（人数）は増加します。逆に実質賃金が低下すれば，労働供給（人数）は減少するので，人数で測った労働供給曲線も右上がりとなります。
　ところで働く能力と意思を持つ労働者数を示す労働供給は就業者数と失業者数の合計になります。

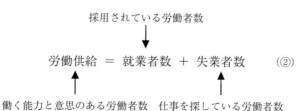

15.2 労働需要曲線

 一方,労働需要は企業が必要としている労働者数のことであり,就業者数と求人数の合計に等しくなります。

労働需要は「賃金は労働の限界生産力価値に等しくなる」という14章14.3節の古典派の第一公準から導かれます。

$$賃金 = \underbrace{労働の限界生産力価値}_{物価 \times 労働の限界生産力} \quad (古典派の第一公準)$$

 ここで,労働の限界生産力価値とは「物価×労働の限界生産力」のことです。また,労働の限界生産力は,労働者を1人増やしたとき生産量が<u>何単位増えるか</u>を示したものです。その労働の限界生産力に物価を掛けたものが労働の限界生産力価値なので,大雑把なイメージとしては,労働の限界生産力価値は労働者を1人増やしたとき生産額が<u>何円増えるか</u>を示したものになります。
 以下の展開より,古典派の第一公準は

$$\frac{賃金}{物価} = 労働の限界生産力$$

とも表現できます。「実質賃金=賃金/物価」より

$$実質賃金 = 労働の限界生産力 \quad (古典派の第一公準)$$

上の古典派の第一公準は労働の限界生産力が小さいときは実質賃金も低く，大きいときは高くなることを示しています。ここで労働の限界生産力とは，労働者を1人増やしたとき生産量が何単位増えるのか，労働者の生産への貢献度を表す指標でした。上の式には明示されていませんが，労働の限界生産力は労働者数の影響を受けます。例えば，企業がすでに多くの労働者を雇用していれば，そこから1人増やしたところで，その人はあまり生産に貢献することはできません。つまり労働の限界生産力は小さいということです。貢献していない労働者に多くの賃金を払うことはできないため，労働者数が多く労働の限界生産力が小さいときは実質賃金も低くなります。

　一方，企業による労働者の雇用が少なければ，1人の労働者を追加しただけで，その労働者は生産に大いに貢献します。つまり労働の限界生産力は大きいということです。貢献している労働者には多くの賃金を払うことができるため，労働者の数が少なく労働の限界生産力が大きいときは実質賃金も高くなります。

　以上より，実質賃金が低いときは企業が必要とする労働者数（＝労働需要）は多くなり，実質賃金が高いときは企業が必要とする労働者数（＝労働需要）は少なくなります。この関係を図示したものが労働需要曲線で，図表15−2で描かれているように右下がりの曲線となります。

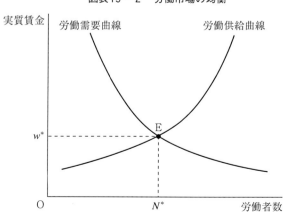

図表15−2　労働市場の均衡

第15章　古典派の雇用理論 | 257

15.3　労働市場の需給調整

　労働供給曲線と労働需要曲線の交点（図表15－2のE点）では労働供給と労働需要が等しくなっています。「労働供給＝労働需要」であるとき，「労働供給＝就業者数＋失業者数」（②式），「労働需要＝就業者数＋求人数」（③式）より

$$\underbrace{就業者数 + 失業者数}_{労働供給} = \underbrace{就業者数 + 求人数}_{労働需要}$$

が成立するので，

$$失業者数 = 求人数$$

となります。つまりE点のように「労働供給＝労働需要」のときは仕事を探している労働者数（＝失業者数）と労働者を探している企業の求人数が等しくなっているため，長期間にわたって働く能力や意思がありながら仕事が見つからない状態，つまりケインズのいう非自発的失業が起こっておらず，完全雇用になっていることがわかります。一方，「労働供給＞労働需要」の場合，「失業者数＞求人数」になるので非自発的失業が起こります。

　労働市場は基本的にE点の状態，つまり非自発的失業のない完全雇用の状態にあると古典派の経済学者は考えています。例えば，物価が上昇したとします。このとき，実質賃金は低下します。実質賃金が低下すると労働者の勤労意欲が失われるので，労働供給が減少し，労働市場は超過需要，つまり人手不足になります。企業は物価が上昇した分だけでも賃金を引き上げないと労働者は戻ってこないと考え，賃金を引き上げます。賃金が上がると，労働者はまた戻ってくるので，人手不足は解消され，労働供給と労働需要が等しいもとのE点におさまります。

　逆に物価が低下すると実質賃金は上昇するので，労働者の勤労意欲が高まり，労働供給が増加します。これでは人手が余る状態になるので，企業は物価が低

下した分だけ賃金を引き下げないと，余っている労働者を整理できないと考え，賃金を引き下げます。賃金が下がると，勤労意欲が低下するので，労働の超過供給，つまり余剰人員は解消され，労働供給と労働需要が等しかったもとのE点におさまります。このように，物価が上昇し「労働供給＜労働需要」になるときには，賃金が上昇することで人手不足が解消されます。逆に物価が低下し「労働供給＞労働需要」になるときには，賃金が低下することで非自発的失業が解消されます。

　一時的な人手不足や非自発的失業の発生は起こり得ても，そのようなときは賃金が上昇したり低下したりすることで解消されていきます。したがって，労働市場の賃金調整がうまく機能する限りにおいて，古典派の雇用理論では，長期間にわたって働く能力や意思がありながら仕事の見つからない状態，つまりケインズのいう非自発的失業が起こり得ないことになります。非自発的失業が起こったとしても一時的であり，やがて賃金が低下することで非自発的失業が次第に解消されていき，それがゼロとなる完全雇用が実現するというわけです。

労働市場の需給調整

● 労働供給 ＜ 労働需要　⇒　賃金上昇

● 労働供給 ＞ 労働需要　⇒　賃金低下

　完全雇用のときのGDPの大きさを完全雇用GDPといいましたが，古典派の雇用理論では物価が安定する限り，GDPは完全雇用GDPで一定となります。したがって，古典派の供給曲線は図表15－3のように完全雇用GDP（$=Y_f$）で垂直に描かれます。

第15章 古典派の雇用理論 | 259

図表15－3　垂直なAS曲線

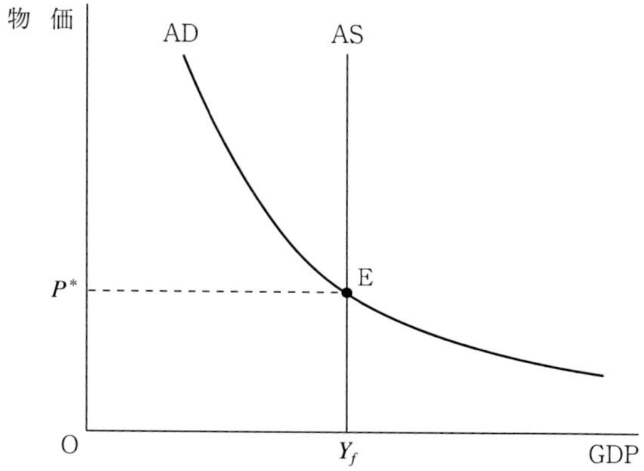

[図：物価を縦軸、GDPを横軸とし、右下がりのAD曲線と垂直なAS曲線が点Eで交わる。EでのGDPはY_f、物価はP^*]

　政府が政府支出を増やしたり中央銀行が貨幣供給を増やしたりすることで，AD曲線を右上方向にシフトさせようとしても，図表15－4のように物価だけがp^*から$p^{*\prime}$へと上昇するだけで，GDPはY_fのままで変化しません。物価が上昇しても賃金も同じだけ上昇するので，実質賃金は変化せず雇用も変わりません。雇用が増えないとGDPも増えないので，GDPはY_fのままで変化しないと

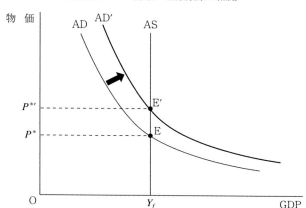

図表15－4　財政・金融政策の無効

いうわけです。

15.4　古典派の非自発的失業

図表15−5のE点では「労働供給＝労働需要」の関係が成立しているので，

$$\text{失業者数} = \text{求人数}$$

となっています。この状態では確かに失業者数（＝仕事を探している労働者数）だけ求人数はあるので，長期にわたって仕事が見つからない非自発的失業は起こりません。古典派は労働市場がうまく機能していれば，経済は図表15−5のE点上にあり，非自発的失業は発生しないと考えました。しかし，古典派の雇用理論であったとしても非自発的失業が発生しないわけではありません。それは賃金が何らかの理由によって下がらないときです。

例えば，物価が下落しても賃金が下がらないため実質賃金（＝賃金/物価）が上昇してしまい，図表15−5のE点のw^*より高い水準，例えば$\bar{w}$で実質賃金が決まったとします。$\bar{w}$のとき「労働供給（B点）＞労働需要（A点）」となります。この状態では「失業者数＞求人数」となるので，失業者数（＝仕事を探して

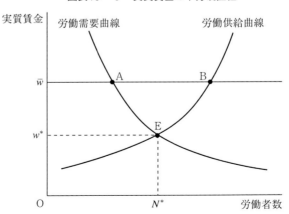

図表15−5　実質賃金の下方硬直性

第15章　古典派の雇用理論 | 261

いる労働者数）がすべて雇用されるだけの求人数はないことになります。したがっていくら就職活動を頑張ったとしても，ABの人数だけ，長期にわたって仕事が見つからない非自発的失業が発生します。賃金が$\overline{w}$からw^*へと下がれば人件費が安くすむようになるため企業は求人を増やします。求人が増えると非自発的失業は解消されます。しかし，賃金が下がらなければ，企業は求人を増やすことができないため，非自発的失業は解消されません。

　それではなぜ賃金が$\overline{w}$のまま固定され下落しないのでしょうか。古典派は労働者側が企業に対して団体交渉を行い，賃金の引き下げに抵抗するため生じると考えたようです。一方，ケインズは1932年のアメリカの失業（＊1932年のアメリカにおける失業者数は1,300万人，失業率は25％であったといわれています。）を例に挙げ，不況によって生じる大量の失業は労働者が賃金の引き下げを拒否することから起こるとは考えにくく，古典派の主張は事実によって支持されていないと主張しました。

　さらに，ケインズは，古典派の経済学者が望むように賃金が下がると，雇用が広がって失業が解消するどころかむしろ増加してしまうと考え，それよりも，貨幣賃金を政策によって固定化した方が，雇用量の変動がなくなり，物価も安定化すると主張しています。

例　題　労働供給曲線と労働需要曲線が以下の式で与えられているとする。

$$N^s = 5 \times w - 50 \quad \text{（労働供給曲線）}$$
$$N^d = 250 - 5 \times w \quad \text{（労働需要曲線）}$$

（N^d：労働需要，N^s：労働供給，w：実質賃金）

（1）物価が2であるとき，労働供給と労働需要が等しくなる賃金と雇用数（N）を求めなさい。

（2）労働市場がうまく機能しているとする。集計的生産関数が

$$Y = \sqrt{N}$$

（Y：GDP，N：雇用数）

で与えられるとき，古典派のAS曲線を求めなさい。
（3）物価が1.5に低下したが，労働市場がうまく機能せず賃金が問（1）で求めた値で固定されているとする。このときの非自発的失業者数（＝労働供給－労働需要）を求めなさい。

（解答）
（1）労働供給と労働需要が等しくなるように実質賃金と雇用が決まるので，「$N^s = N^d = N$」と置いて，以下の連立方程式を解きます。

$$\begin{cases} N = 5 \times w - 50 \\ N = 250 - 5 \times w \end{cases}$$

連立方程式の解は「$N = 100$」，「$w = 30$」となりますが，いま w は実質賃金（＝賃金/物価）ですので，「物価＝2」より賃金は60（＝30×2）です。

（2）「$N = 100$」を集計的生産関数「$Y = \sqrt{N}$」に代入すると，「$Y = \sqrt{100} = 10$」が得られ，「$Y = 10$」が完全雇用GDP（Y_f）の大きさとなります。労働市場がうまく機能すれば，以下の図のようにAS曲線は「$Y = 10$」で垂直となります。

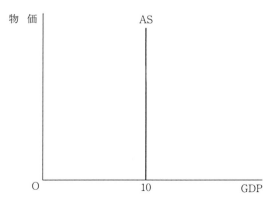

（3）物価が1.5，賃金が60のときの実質賃金（w）は40（＝60/1.5）となりま

す。「$w = 40$」のとき，「$N^s = 5 \times 40 - 50 = 150$」，「$N^d = 250 - 5 \times 40 = 50$」より，非自発的失業者数は**100**（$= 150 - 50$）です。

15.5　摩擦的失業と構造的失業

　労働供給と労働需要が等しい均衡状態では非自発的失業が存在しないということでしたが，失業者（＝仕事を探している労働者）がゼロというわけではありません。労働供給と労働需要が等しい均衡状態では

失業者数 ＝ 求人数

という関係が成立していました。この状態では確かに失業者数だけ求人数はあるので，仕事を探してもみつからないということはないように思われます。しかし，失業者数と求人数が等しいとき，言い換えると労働供給と労働需要が等しいときでも，2種類の失業が存在します。

　1つ目の失業の種類は**摩擦的失業**（frictional unemployment）です。これは仕事がみつかるまでの一時的失業で，時間がたてば解消される種類の失業です。2つ目の失業の種類は**構造的失業**（structural unemployment）と呼ばれるものです。企業の求める労働者の年齢，職種，性別，地域，知識や技能などの条件が，個々の労働者が求める条件と一致しないため，求人があっても応募できない労働者もいるでしょう。このように労働者と企業のミスマッチによって生じる失業が構造的失業です。

　お互いに条件が合わないということなので，労働者が企業の求める知識や技能を習得すれば応募できます。しかし，それには時間がかかります。また，能力や技能があっても，募集している企業が遠方にある場合には応募しない労働者もいます。このように，求人があるからといって，必ずしも応募できる失業者ばかりではないため，構造的失業も長期間解消しない失業といえます。仕事を探していても失業が長期化するという点で，構造的失業は非自発的失業に似ています。

　このため，労働供給と労働需要が等しい，言い換えると失業者数と求人数が

等しい均衡状態でも，摩擦的失業や構造的失業が一定数存在します。ケインズのいう非自発的失業は失業者数よりも求人数が少ない状態で起こるものです。これは総需要不足によりGDPが完全雇用GDPより小さいとき（14章14.5節例題2），失業者数よりも求人数が少ない状態に陥るので，最近ではケインズのいう非自発的失業のことを**需要不足失業**（demand-deficit unemployment）といい，摩擦的失業や構造的失業と区別します。一方，摩擦的失業や構造的失業など労働供給と労働需要が等しい均衡状態でも発生する失業のことを**均衡失業**（equilibrium unemployment）といいます。

15.6 UV分析

構造的失業のミスマッチの度合いはUV曲線によって把握できます。**UV曲線**（UV curve）は失業者数（unemployment）と求人数（vacancy）との関係を示す曲線です。イギリス出身の経済学者，ウィリアム・ベバリッジ（William Henry Beveridge, 1879-1963）のアイディアによる曲線ですので，**ベバリッジ曲線**（Beveridge curve）ともいいます。

求人数が減少しているときは，仕事がみつかりにくいため失業者数は増加していきます。逆に，求人数が増加しているときは，仕事がみつかりやすいため失業者数は減少していきます。縦軸に失業者数，横軸に求人数をとって，この関係を示すと，図表15-6のような右下がりの曲線として描かれます。この曲線がUV曲線です。

求人数の代わりに欠員率（＝求人数/労働需要），失業者数の代わりに失業率（＝失業者数/労働供給）を使っても同じことなので，欠員率と失業率との関係を示す曲線もUV曲線といいます。

UV曲線①
- 求人数の増加 ⇒ 失業者数の減少
- 求人数の減少 ⇒ 失業者数の増加

図表15－6　UV曲線

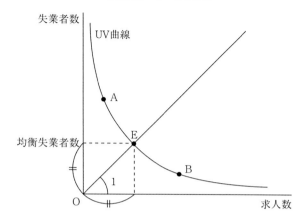

あるいは，

> **UV曲線②**
> ● 欠員率の増加　⇒　失業率の減少
> ● 欠員率の減少　⇒　失業率の増加

　図表15－6のE点において傾き1の直線とUV曲線が交わっています。E点では横軸の長さ，つまり求人数の大きさと，縦軸の長さ，つまり失業者数が等しくなっているため，労働市場が均衡していることがわかります。前節では労働市場において労働供給と労働需要が等しい均衡状態，言い換えると求人数と失業者数が等しい状態（E点）で発生する失業のことを均衡失業といいました。
　一方，A点のようにE点の左では失業者数が求人数より多いので，労働供給が労働需要を上回っているため，需要不足失業が発生しています。このようなとき，求人数が非常に少ないので，ミスマッチが多く，構造的失業も増加しています。そのため，経済は多くの非自発的失業（＝需要不足失業＋構造的失業）を抱えることになります。
　逆に，B点のようにE点の右では求人数が失業者数より多いので，労働需要

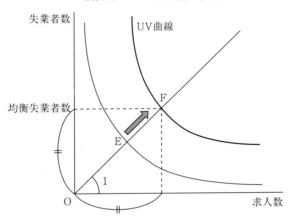

図表15－7　UV曲線の移動

が労働供給を上回っているため，人手不足が発生しています。このようなときは，求人数が十分に多いので，ミスマッチが少なく，構造的失業も減少します。そのため，経済が抱える非自発的失業者も少なくなります。

　ところで，均衡失業の大きさはE点の縦軸の長さに対応しています。均衡失業は摩擦的失業と構造的失業を含んだ失業のことでした。そのため，均衡失業が小さければ，摩擦的失業や構造的失業も小さいと考えられ，労働移動が円滑で労働市場のミスマッチも小さいといえます。逆に均衡失業が大きければ，摩擦的失業や構造的失業も大きいと考えられ，労働移動が困難で労働市場のミスマッチも大きいといえます。

　図表15－7のようにUV曲線が右上方向に移動すれば，均衡失業者数は増加し，労働移動が困難で労働市場のミスマッチも大きくなることを表しています。逆に，左下方向に移動すれば，均衡失業者数は減少し，労働移動が円滑で労働市場のミスマッチも小さくなることを表しています。

第16章　失業とインフレーション

16.1　オリジナルフィリップス曲線

　ケインズの時代は非自発的失業が大量に発生し，それが長期間にわたって解消しないことが重要な問題でした。しかし，第二次世界大戦後は，非自発的失業の問題よりもインフレーション（＝継続的な物価上昇）の問題が解決すべき新しい課題となりました。14章14.4節で明らかにしたように，ケインズの労働市場モデル（第一公準と固定賃金）では，GDPが増加しているにも関わらず実質賃金が低下してしまう問題が発生しました。つまり，景気が良くなっているのにも関わらず実質賃金が下がってしまうという，現実とは逆の結論が導かれてしまうというわけです。これでは物価の動きをうまく説明できません。

　経済学者がこの問題をどう解決したらよいか思案していたところ，朗報が届きました。それは，ニュージーランド出身の経済学者，ウイリアム・フィリップス（Alban William Housego Phillips, 1914-1975）が1958年に発表した論文です。フィリップスは1958年の論文で1861-1957年の約100年間のイギリスの失業率と賃金上昇率の関係を調べた結果，図表16－1で示されているように，E点を通る右下がりの関係があることを発見しました。

　図表16－1のE点では賃金上昇率がゼロで，失業率が5.5％になっています。賃金上昇率がゼロというのは賃金が上昇も低下もしない状態です。労働供給と労働需要が等しい均衡状態のとき，賃金は上昇も低下もしません。したがって，E点の失業率（＝5.5％）は労働供給と労働需要が等しい均衡状態における失業率の大きさということになり，15章の15.5節ではそのような失業率のことを均衡失業率といい，摩擦的失業と構造的失業が含まれる失業率のことでした。ちなみに，フリードマンはE点の均衡失業率のことを，**自然失業率**

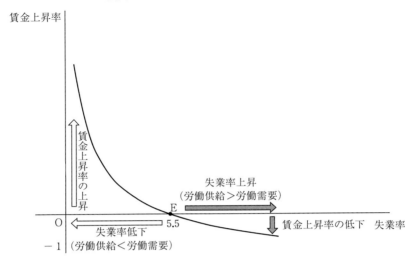

図表16－1　オリジナルフィリップス曲線

(natural rate of unemployment) といいました。

　また，図表16－1から，失業率がE点の均衡失業率（＝5.5％）より小さくなると賃金の上昇率はプラスになり，失業率が低下すればするほど賃金上昇率は上昇していくことがわかります。賃金の上昇率がプラスというのは賃金が上昇している状態です。労働需要が労働供給を上回るとき，つまり人手不足のとき，賃金は上昇します。したがって，失業率が均衡失業率（＝5.5％）より小さいと，労働需要が労働供給を上回っていることがわかります。

　逆に，失業率が均衡失業率（＝5.5％）より大きくなると賃金の上昇率はマイナスになり，失業率が上昇すればするほど賃金上昇率は低下していくことがわかります。賃金の上昇率がマイナスというのは賃金が低下している状態です。労働供給が労働需要を上回るとき，つまり人手が余っているとき，賃金は低下します。したがって，失業率が均衡失業率（＝5.5％）より大きいと，労働供給が労働需要を上回っていることがわかります。

図表16-2　オリジナルフィリップス曲線

賃金上昇率	労働市場の需給	失業率
プラス	労働供給 ＜ 労働需要	失業率 ＜ 均衡失業率
ゼロ	労働供給 ＝ 労働需要	失業率 ＝ 均衡失業率
マイナス	労働供給 ＞ 労働需要	失業率 ＞ 均衡失業率

16.2　フィリップス曲線

　オリジナルのフィリップス曲線は失業率と賃金上昇率との関係を示すものでしたが，フィリップス曲線といえば失業率と物価上昇率の変化との関係を示すものになっています。それは，サミュエルソンと，アメリカ出身の経済学者，ロバート・ソロー（Robert Merton Solow, 1924-2023）が1960年に発表した論文がきっかけです。

　サミュエルソンとソローのフィリップス曲線（図表16－3）では，横軸はオリジナルのフィリップス曲線（図表16－1）と同様に失業率になっていますが，縦軸は賃金上昇率の代わりに物価上昇率となっています。

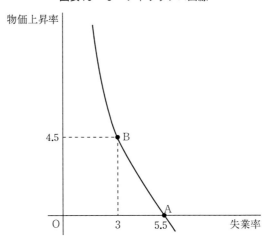

図表16－3　フィリップス曲線

GDPに占める労働所得の割合を**労働分配率**（labor share）といい，ここでは
それをαという記号で表すことにします。労働分配率（α）は一国経済全体で
生産した金額（＝GDP）のうちどれだけの金額が労働者に支払われたかを示す
数字です。例えば，GDPが500兆円あり，労働者がそのうちの350兆円を賃金
として受け取っていたら，この経済の労働分配率（α）は，0.7（＝350兆円/500
兆円）と計算されます。

いま，一国経済全体でL人の労働者が雇用され，労働者1人につき年間，w
の賃金が支払われているとしたら，労働者に支払われる金額の合計は「$w \times L$」になります。また，財・サービスの1個あたりの平均価格，つまり物価が
Pで，1年間の生産量，つまり実質GDPがYであるとすると，1年間に生産
された金額を表す名目GDPの大きさは「$P \times Y$」となります。そのため，労働
分配率（α）は

$$\alpha = \frac{w \times L}{P \times Y}$$

で表すことができます。この式は

$$\frac{w}{P} = \alpha \times \frac{Y}{L}$$

と書くこともできます。ここで，右辺の「Y/L」は**労働生産性**（labor productivity）と呼ばれる指標で，労働者1人でどのくらい生産しているのかを示して
います。以下では労働生産性をθ（「シータ」と呼ぶギリシャ記号）で表します。そ
こで，θを使うと上の式は

$$\frac{w}{P} = \alpha \times \theta$$

となります。

分子と分母を率（％）にすると，分数が引き算になる，つまり「（分子の率）
－（分母の率）」になるという数学上の性質があります。したがって，この性質

第16章　失業とインフレーション ｜ 271

を使うと，左辺の「w/P」も「(wの率）$-$（Pの率）」になります。また，掛け算を率（％）にすると足し算になるという数学上の性質もあります。したがって，この性質を使うと，右辺の掛け算，「$\alpha \times \theta$」も「(αの率）$+$（θの率）」になります。したがって，上の式を率（％）の式で表すと

$$(w\,\text{の率}) - (P\,\text{の率}) = (\alpha\,\text{の率}) + (\theta\,\text{の率})$$

となることがわかります。

　ここでwの率は賃金上昇率，Pの率は物価上昇率，αの率は労働分配率の上昇率，θの率は労働生産性の上昇率を表しています。そのため，

　賃金上昇率 $-$ 物価上昇率 $=$ 労働分配率の上昇率 $+$ 労働生産性の上昇率

と書き直すことができます。労働分配率は0.7（＝70％）くらいといわれており，さらにその数字から大きく上昇したり低下したりすることもないため，労働分配率の上昇率は短期においてゼロと考えることができます。したがって，

　　　　　賃金上昇率 $-$ 物価上昇率 $=$ 労働生産性の上昇率

つまり，

　　　　物価上昇率 $=$ 賃金上昇率 $-$ 労働生産性の上昇率　　（①）

となります。

　①式によれば，労働生産性の上昇率がゼロならば，「物価上昇率＝賃金上昇率」となるので，フィリップス曲線の縦軸に賃金上昇率を使ったとしても物価上昇率を使ったとしても，同じものを表すことになります。

　サミュエルソンとソローは労働生産性の上昇率は2.5％と考えています。第二次世界大戦後，失業率が5.5％のとき，賃金上昇率は2.5％だったため，①式より物価上昇率は０％（＝2.5％－2.5％）と計算されます。そのため，図表16－3のサミュエルソンとソローのフィリップス曲線はA点（物価上昇率＝2.5％，失業率＝5.5％）を通るように描かれています。

　サミュエルソンとソローは図表16－3のB点については明示的に説明して

いませんが，B点は物価上昇率が4.5％で失業率が3％です。労働生産性の上昇率は2.5％ですので，賃金上昇率は7％（＝4.5％＋2.5％）となります。

　したがって，賃金上昇率が0％から7％に上昇すると，失業率は5.5％から3％に低下します。これは，サミュエルソンとソローのように，賃金上昇率の代わりに物価上昇率を使うのであれば，物価上昇率が0％から4.5％に上昇すると，失業率は5.5％から3％に低下するという表現になります。

　縦軸に物価上昇率，横軸に失業率をとり，フィリップス曲線を示したものを，オリジナルのフィリップス曲線と区別して**修正フィリップス曲線**（modified Phillips curve）と呼ぶことがあります。しかし，フィリップス曲線といえば，オリジナルではなく修正フィリップス曲線を指すことがほとんどです。

16.3　物価の決定とフィリップス曲線

　1960年代はケインズのIS–LMモデルと，サミュエルソンとソローのフィリップス曲線の2つを使えば，短期的なマクロ経済学の動きは説明できると考えられていました。13章のIS–LMモデルによって，金利とGDPが決まります。そして，GDPが決まれば，それを生産するために必要な労働者の雇用数（＝労働需要）が決まります。働く意思と能力がありながら採用から漏れてしまった労働者が失業者になるため，そこから失業率も計算されます。失業率がわかれば，フィリップス曲線から物価上昇率と賃金上昇率も決まります。さらに，物価上昇率がわかれば自動的に物価も計算されます。

　このように問題点のあるケインズ労働市場モデル（第一公準と固定賃金）の代わりにフィリップス曲線とIS–LMモデルの2つのモデルを使えば，GDPと物価の動きを説明することができるようになります。この意味でフィリップスが発表した論文はケインズのIS–LMモデルを支持する経済学者にとって朗報だったというわけです。

　しかし，早くも1960年代後半からフィリップス曲線の形状に疑問を投げかけるような現象がアメリカで起こりました。それは，高い物価上昇率と高い失業率が同時に発生する**スタグフレーション**（stagflation）と呼ばれる現象です。

第16章 失業とインフレーション | 273

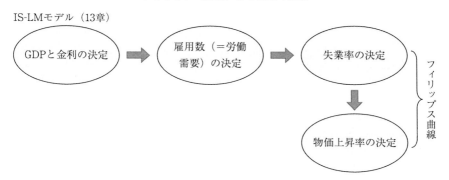

フィリップス曲線による物価の決定

スタグフレーションとは物価の継続的上昇を示す**インフレーション**（inflation）という用語と，景気の停滞を示す**スタグネーション**（stagnation）という用語を組み合わせた造語です。

フィリップス曲線によれば，好景気で失業率が低下しているときは，物価が上昇し続け，逆に不況で失業率が上昇しているときは，物価が低下し続けるはずです。しかし，1960年代後半から，アメリカでは高い失業率と高い物価上昇率に悩まされ，フィリップス曲線の示す予測を裏切る事実が起こったのです。

1967年12月にワシントンで開かれた第18回アメリカ経済学会年次会合の会長講演で，フリードマンは，フィリップス曲線が図表16－3で示されているような右下がりの曲線になるのは一時的なものに過ぎないと主張しました。つまり，物価上昇率の上昇と失業率の低下，物価上昇率の低下と失業率の上昇というフィリップス曲線の関係は"短期"で観察される現象であり，"長期"ではそのような関係はないとフリードマンは主張しました。

確かにアメリカのフィリップス曲線（図表16－4）をみると，フィリップス曲線は安定した右下がりの曲線ではなく，フィリップス曲線が渦を巻いて移動しているようにもみえます。一方，日本のフィリップス曲線（図表16－5）はアメリカのものよりはフィリップス曲線らしい形状をしています。

ここで用いた"短期"，"長期"という言葉は，実は時間の長さを表していま

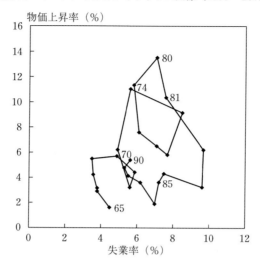

図表16－4　アメリカのフィリップス曲線（1965－2012）

（出所）木村正信（2014）『入門マクロ経済学』創成社, p.164より。

せん。短期とは労働者が貨幣錯覚におちいっている状態のことで，長期とは労働者が貨幣錯覚から抜け出した状態のことです。**貨幣錯覚**（money illusion）とは，労働者は価格の情報を集める能力が劣るので，物価が上昇したとしてもそれに気づかずにいる状態のことです。現代においては物価変動に関する情報はニュースでもしつこいくらいに報じられるので，物価が上昇しても労働者が貨幣錯覚におちいるとは考え難いですが，1960～70年代は今よりも情報が不足しているのでそのような事態も起こり得たのかもしれません。

16.4　自然失業率仮説

　フリードマンは，労働者が貨幣錯覚におちいっている短期においてのみフィリップス曲線は右下がりになるが，貨幣錯覚から抜け出した長期には垂直になるという**自然失業率仮説**（natural rate of hypothesis）を唱え，図表16－4のように渦を巻いているフィリップス曲線の新しい形を説明しようとしました。フ

図表16−5　日本のオリジナルフィリップス曲線（1971−2011）

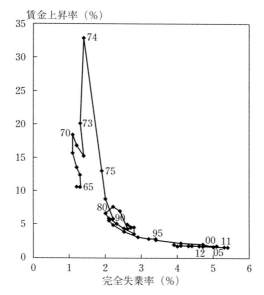

(出所) 木村正信 (2014)『入門マクロ経済学』創成社, p.164より。

　フリードマンは，なぜ貨幣錯覚におちいっている短期にはフィリップス曲線が右下がりになるかについて次のように説明します。まず，以下のフィリップス曲線を考えます。

$$\pi = -4 \times u + 20 + \pi^e \quad ②$$

　ここでπは物価上昇率，π^eは予想物価上昇率，uは失業率を表しています。現時点において経済は図表16−6のE点にあり，E点における賃金は1,000円，物価は100，失業率は5％であるとします。過去の賃金も1,000円，過去の物価も100とすると，現在の物価上昇率（π）と賃金上昇率はともに0％になります。

　実は物価が何％上昇するかについての労働者の予想値，つまり予想物価上昇率（π^e）が上がればその分だけは現実の物価上昇率（π）も上がります。将来，物価が上がると人々が思えば，物価が上がる前に商品を購入しようとする人々

図表16-6 フィリップス曲線の移動

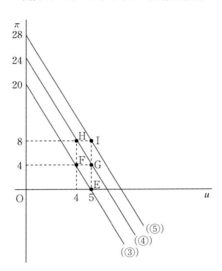

が増えるので、商品が品薄になり、本当に物価が上がってしまうというわけです。消費税の増税前の駆け込み需要と似ています。逆に、将来、物価が下がると人々が思えば、物価が下がるまで商品の購入を控えようとする人々が増えるので、本当に物価が下がってしまいます。このように物価上昇率（π）が予想物価上昇率（π^e）の影響を受けると考えて、フィリップス曲線を示す②式では予想物価上昇率（π^e）を付けた形で表しています。

ところで、人々の物価予想、予想物価上昇率（π^e）は過去の物価上昇率の影響を受けると考えられます。例えば、昔からずっと物価上昇率が０％なら現在も０％になると予想するということです。過去において物価が上がっていないので現在も上がらないだろうと予測するのは自然なことと思われます。このように、人々が過去に起こった結果に基づいて予想することを**適応的期待**（adaptive expectation）といいます。

いま、予想物価上昇率（π^e）は０％と仮定します。そのとき、フィリップス曲線は②式より

$$\pi = -4 \times u + 20 + 0 \quad \text{③}$$

となります。経済は図表16－6のE点にあると仮定していますが，図表16－6の縦軸をみるとE点では物価上昇率（π）は0％です。また，予想物価上昇率（π^e）も0％なので，③式より失業率（u）は

$$0 = -4 \times u + 20 + 0$$
$$u = 5\%$$

となり，それは均衡失業率，フリードマンの言葉では自然失業率（u_n）の大きさでもあります。

　ここで中央銀行（わが国では日本銀行）が金融政策を行うとします。13章13.7節のIS–LMモデルでその理由が説明されたように金融政策によってGDPを増加させることで雇用が生まれ，失業率（u）が5％から4％に改善したとします。その結果，物価上昇率（π）は0％から4％に上昇します。この値4％は以下のように，③式のuに4％を代入することで求められます。

$$\pi = -4 \times 4 + 20 + 0 = 4$$

　図表16－6では，この金融政策の効果は，E点（$\pi=0, u=5$）からF点（$\pi=4, u=4$）への移動によって示されます。物価上昇率（π）が4％になるということは，物価が100から104に上昇することを意味します。15章15.3節より物価が4％上昇すると賃金も4％増加するので，賃金は1,000円から1,040円へ増加します。賃金が4％増加しても物価も4％上昇しているため，現実の生活レベルは賃金が4％上がる前と上がった後とで変わりません。言い換えると，賃金を物価で割った実質賃金は，賃金が上がる前は10（＝1,000/100），上がった後も10（＝1,040/104）なので変化していないということです。

　ここで貨幣錯覚が登場します。貨幣錯覚とは労働者は賃金が4％上昇したことについてはわかっていますが，物価も4％上がったことにはすぐには気づかないという状態です。現代は情報社会なので，貨幣錯覚に陥るような労働者が現実にいるのかと疑問を感じる読者もいるかもしれませんが，50年以上も前

の理論なので大目に見て，とりあえずそういうこともあり得ると考えてください。貨幣錯覚によって労働者は物価が100のまま変わっていないと思い込んでいるので，実質賃金は10から10.4（＝1,040/100）に上昇したと勘違いしています。

　しかし，労働者は実際に生活していく中でどうやら物価が4％上昇したことに気づき始めます。貨幣錯覚から抜け出した労働者は予想物価上昇率（π^e）を0％から4％に修正します。修正した後のフィリップス曲線は，②式に「$\pi^e = 4$」を代入した

$$\pi = -4 \times u + 20 + 4 \qquad (④)$$

となります。

　賃金が上昇したのは錯覚で，物価上昇により実質的に賃金が上がっていないと労働者が気づくと，労働者の勤労意欲が低下し労働供給を減らそうとします。そのため，失業率（u）は4％からもとの5％に戻ってしまいます。失業率5％は，以下のように，④式のπに4％を代入して求められます。

$$4 = -4 \times u + 20 + 4$$
$$u = 5$$

図表16－6ではF点（$\pi = 4, u = 4$）からG点（$\pi = 4, u = 5$）への移動で示されます。

　以上から，労働者が貨幣錯覚におちいっているときは，金融政策によって失業率を5％から4％に減らすことができますが，やがて労働者が貨幣錯覚から抜け出すと労働供給を減らそうとするため，失業率（u）は4％からもとの自然失業率の水準，5％に戻ってしまうことがわかります。ただし，金融政策が実施される前と異なり，物価上昇率（π）は0％から4％まで上昇しています。

　再び，中央銀行が金融政策を行い，労働者の貨幣錯覚によって失業率（u）が5％から4％に改善されたとします。ここで物価上昇率（π）は4％から8％に上昇します。この値8％は以下のように，④式のuに4％を代入することで求められます。

$$\pi = -4 \times 4 + 20 + 4 = 8$$

　図表16－6ではG点（$\pi = 4$, $u = 5$）からH点（$\pi = 8$, $u = 4$）への移動によって示されます。物価上昇率（π）が8％になると賃金上昇率も8％になります。ここで再び，貨幣錯覚です。つまり，労働者は賃金上昇率が8％だったことについてはわかっていますが，物価上昇率も8％になったことにはすぐには気づかないということです。しかし，しばらくすると労働者はおかしいと感じ，物価上昇率（π）が8％になったことに気づき始めます。そこで，貨幣錯覚から抜け出した労働者は予想物価上昇率（π^e）を4％から8％に修正します。修正した後のフィリップス曲線は，

$$\pi = -4 \times u + 20 + 8 \quad ⑤$$

となります。

　賃金が上昇したのは錯覚で，実質的には上がっていないと労働者が気づくと，労働者の勤労意欲が低下し，労働供給を減らそうとします。そのため，失業率（u）は4％からもとの自然失業率の水準，5％に戻ってしまうのです。この値5％は以下のように，⑤式のπに8％を代入して求められます。

$$8 = -4 \times u + 20 + 8$$
$$u = 5$$

図表16－6ではH点（$\pi = 8$, $u = 4$）からI点（$\pi = 8$, $u = 5$）への移動で示されます。

　以上から，労働者が貨幣錯覚におちいっているときは，金融政策によって失業率（u）を5％から4％に引き下げることができますが，やがて労働者が貨幣錯覚から抜け出すと労働供給を減らそうとするため，失業率（u）は4％からもとの自然失業率の水準，5％に戻ってしまうことがわかります。ただし，金融政策が実施される前と異なり，物価上昇率（π）は4％から8％まで上昇しています。

図表16－7　失業率，物価上昇率と予想物価上昇率

	E点 ⟹	F点 ⟹	G点 ⟹	H点 ⟹	I点
π	0	4	4	8	8
π^e	0	0	4	4	8
u	5	4	5	4	5

　図表16－7はこれまで説明したフィリップス曲線の移動による，E点からI点にかけての均衡点の動きを示したものです。表から明らかなように，金融政策によって失業率を5％から4％に下げようとしても，下がるのは労働者側に貨幣錯覚のある短期においてのみであり，貨幣錯覚から抜け出した長期において失業率はもとの自然失業率の水準，5％に戻ってしまいます。

　図表16－6からE点，F点，G点，H点，I点だけを取り出したものが図表16－8です。図表16－8をみると，図表16－4のアメリカのフィリップス曲線と似ているような気がします。そのため，フィリップス曲線は右下がりの曲線を保ち続けるのではなく，予想物価上昇率が変わればフィリップス曲線そのものが移動してしまうという考えが受け入れられるようになりました。

　ちなみに，図表16－9で示されているように，E点とG点とI点を結んだ直線を**長期フィリップス曲線**（long-run Phillips curve）といいます。長期フィリップス曲線が図のように垂直になるという仮説を**自然失業率仮説**（hypothesis of natural rate of unemployment）といいます。金融政策によってGDPを増やし失業率を下げようとしても，効果があるのは貨幣錯覚におちいっている短期だけで，貨幣錯覚から抜け出した長期にはもとの自然失業率の水準に戻ってしまい，物価上昇率だけを引き上げてしまう結果になります。つまり，失業率が高いときに失業率を下げようと大きな金融政策を行ってしまうと，長期的には失業率が下がらずに物価だけが上昇してしまうというスタグフレーションが起こってしまうということになるのです。

　そのため，フリードマンは金融政策で無理矢理に失業率を下げようとするのではなく，金融政策を裁量的に実施できないよう一定のルールを設けた方が，物価上昇率が急激に上昇せずに済むと主張しました。

図表16－8　フィリップス曲線の散布図

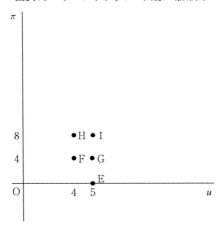

図表16－9　長期フィリップス曲線

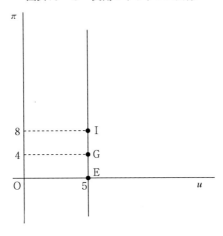

例　題　フィリップス曲線が，次の方程式で与えられているとする。

$$\pi = -\frac{1}{2} \times u + 2 + \pi^e$$

ここで，π は今期の物価上昇率，π^e は今年予想した来期の物価上昇率，u は失業率である。

（1）予想物価上昇率が $\pi^e = 0, 1, 2$（％）であるとき，それぞれのフィリップス曲線を求めなさい。

（2）長期（$\pi = \pi^e$）のときのフィリップス曲線（これを長期フィリップス曲線と呼ぶ）を導きなさい。

（解答）

（1）

「$\pi^e = 0$」のとき

$$\pi = -\frac{1}{2} \times u + 2$$

「$\pi^e = 1$」のとき

$$\pi = -\frac{1}{2} \times u + 3$$

「$\pi^e = 2$」のとき

$$\pi = -\frac{1}{2} \times u + 4$$

（2）「$\pi = \pi^e$」のとき

$$\pi = -\frac{1}{2} \times u + 2 + \pi$$

より，長期フィリップス曲線は

$$u = 4$$

となる。

第16章　失業とインフレーション │ 283

16.5　NAIRU

　ケインズ経済学の立場から研究している**ケインジアン**（Keynesian）と呼ばれる経済学者たちの中には，自然失業率という言葉を使わず，代わりに**NAIRU**（non-accelerating inflation rate of unemployment，インフレ非加速的失業率）という言葉を用いる場合が多く，最近では自然失業率よりもNAIRUの方が一般的かもしれません。

　その言葉通り，NAIRUは物価上昇率が加速的に上昇していかない失業率のことです。図表16－7をみると物価上昇率が0％から4％，4％から8％へと加速的に増加していますが，物価上昇率が上昇するタイミングはE点からF点，そしてG点からH点の2回です。そこでF点とH点に注目してみましょう。

　F点の物価上昇率（π）は4％で予想物価上昇率（π^e）は0％ですので，F点では物価上昇率（π）が予想物価上昇率（π^e）を上回っていることがわかります。つまり，労働者が現実よりも物価上昇率を低く予想している貨幣錯覚が起きている状態です。これはH点においても同様です。H点の物価上昇率（π）は8％で予想物価上昇率（π^e）は4％ですので，H点では物価上昇率（π）が予想物価上昇率（π^e）を上回っていることがわかります。

　以上のことから，物価上昇率が加速的に上昇するのは，

　　　　物価上昇率（π）＞予想物価上昇率（π^e）　　　（貨幣錯覚状態）

が原因であることがわかります。

　一方，物価上昇率が加速していないE点，G点，I点にも注目してください。E点もG点もI点も，物価上昇率（π）と予想物価上昇率（π^e）とが等しくなっています。つまり，物価上昇率（π）と予想物価上昇率（π^e）が等しいということは，労働者の予想通りに現実の物価が動いているということですので，貨幣錯覚がない状態です。

物価上昇率（π）＝ 予想物価上昇率（π^e）　　　（貨幣錯覚がない状態）

　この状態のとき，E点では物価上昇率が0％，G点では4％，I点では8％と，物価上昇率が加速せずに安定しています。そのため，E点，G点，I点における失業率5％が，物価上昇率が加速しない失業率，NAIRUの大きさになります。5％は自然失業率の大きさでもあるので，NAIRUと自然失業率は同等のものとして扱っています。

索　引

A−Z

AD曲線 ·······························231
AD-AS均衡 ····························246
AD-ASモデル ·························231
AS曲線 ·······························231
CD ···································133
GDP（国内総生産）·····················8
　　　───ギャップ ···················117
　　　───デフレーター ················43
　　　───統計 ························34
GNI ···································32
GNP ···································33
IS曲線 ·······························207
IS-LM均衡 ····························208
IS-LMモデル ·························207
LM曲線 ··························176, 207
M1 ···································132
M2（エムツー）························134
M3（エムスリー）······················133
NAIRU ·······························283
NPO ····································3
SNA ···································34
UV曲線 ·······························264

ア

赤字財政政策 ·························125
インフレギャップ ·····················119
インフレーション ·····················273
インフレ率 ····························63
売りオペレーション ···················146
オペレーション ·······················146

カ

買いオペレーション ···················146
会社 ····································3
家計 ································3, 23
貸付資金説 ···························187
可処分所得 ···························121
価値尺度機能 ·························127
価値保蔵機能 ·························128
貨幣 ·································127
　　　───供給（マネーサプライ）·······131
　　　───錯覚 ························274
　　　───市場 ························10
　　　───資本 ·························5
　　　───需要関数 ···················170
　　　───需要の利子弾力性 ············222
　　　───乗数 ························140
　　　───数量説 ················155, 182
完全雇用 ····························245
　　　───GDP ···············116, 246
完全失業者 ···························239
元本 ·································157
管理通貨制度 ·························131
企業 ····································3
　　　───物価指数（CGPI）············55
帰属計算 ·····························21
基礎消費 ·····························68
規範分析 ·····························2
キャピタルゲイン ·····················158
均衡 ·································92
　　　───失業 ························264
　　　───GDP ························90

均衡予算	125	固定資本減耗	28
———乗数の定理	126	今年までの売れ残り	26
金属貨幣	129	コンソル債	165

サ

金融市場	9	債券	156
金融政策	104	最後の貸し手	145
金利	158	在庫変動	26
クラウディング・アウト	217	財政黒字	31
クロスセクションデータ	88	財政政策	104
経済活動別国内総生産	35	裁量的財政政策	104
経済主体	2	三面等価の原理	23, 29
経済政策	104	時系列データ	88
経済成長率	46	資源	4
ケインジアン	283	資産需要	153
———の交差図	96	市場	6
ケインズ型消費関数	70	———経済	6
限界革命	205	———の失敗	3
限界効率曲線	192	自然失業率	267
限界消費性向	68	———仮説	274, 280
限界生産力の逓減法則	201	失業者	239
現金通貨	132	実質金利	198
公開市場操作	145	実質GDP	40
交換機能	127	実質賃金	248
公共財	4	実証分析	2
公共投資	25	自発的失業	239, 250
広義流動性	134	自発的な離職	251
恒常所得	66	資本	5
———仮説	77	———財	5
合成の誤謬	102	———ストック調整原理	203
構造的失業	263	———の限界効率	189
公定歩合	147	———の使用者費用	196
———操作	147	社会資本	25
国債	160	社債	160
国際労働機関	237	就業者	238
国内総支出	27	集計的生産関数	240
国内総所得（GDI）	28, 36	修正フィリップス曲線	272
国内総生産（GDP）	14, 35	住宅投資	23, 189
国民経済計算（SNA）	34	需給ギャップ	117
国民総所得（GNI）	32		
国民総生産（GNP）	33		

需要不足失業 ……………………264
準通貨 ……………………………133
準備預金 …………………………135
　　　──制度 ……………………138
純輸出 ……………………………26
乗数効果 …………………………109
消費 …………………………6，23
　　　──関数…………………………67
　　　──者物価指数（CPI）…………55
所得効果 …………………………253
新古典派経済学 …………………205
新古典派投資理論 ………………204
信用乗数 …………………………140
信用創造 …………………………137
スタグネーション ………………273
スタグフレーション ……………272
ストック …………………………13
生産年齢人口 ……………………237
生産物市場 ………………………6
生産要素 …………………………4
政府 ………………………………3
政府支出 ……………………7，25
　　　──乗数 …………………107
政府消費 …………………………24
設備投資 ………………24，189
節約のパラドックス ……………102
潜在GDP …………………………116
総供給曲線 ………………………231
総需要 ……………………………91
　　　──曲線 …………………231
相対所得仮説………………………85
租税乗数 …………………………123

タ

代替効果 …………………………253
兌換紙幣 …………………………130
短期消費関数………………………70
中央銀行 …………………………145
中間投入額…………………………15

超過供給 …………………………92
超過需要 …………………………92
長期消費関数………………………76
長期フィリップス曲線 …………280
調整費用 …………………………203
貯蓄 ………………………………73
　　　──のパラドックス ……………102
賃金の下方硬直性 ………………244
定期性預金 ………………………133
適応的期待 ………………………276
デフレギャップ …………………119
デモンストレーション効果…………67
投機的動機 ………………………150
投資 …………………7，24，189
　　　──乗数 …………………113
取引需要 …………………………153
取引動作 …………………………150

ナ

72の法則…………………………50
二重計算 …………………………16
日銀当座預金 ……………………138
日本銀行 …………………………144
年少人口 …………………………237
望ましい資本ストック …………198

ハ

ハイパワードマネー ……………138
パーシェ指数………………………45
パネルデータ………………………88
非自発的失業………………239，244
非自発的な離職 …………………251
表面利率 …………………………157
ビルトイン・スタビライザー
　　（景気の自動安定化装置）………104，105
非労働力人口 ……………………238
フィッシャー方式 ………………198
フィリップス曲線 ………………187
不換紙幣 …………………………131

物価指数‥‥‥‥‥‥‥‥‥‥44，55
物価上昇率‥‥‥‥‥‥‥‥‥‥‥63
物品貨幣‥‥‥‥‥‥‥‥‥‥‥129
物々交換‥‥‥‥‥‥‥‥‥‥‥128
フロー‥‥‥‥‥‥‥‥‥‥‥‥‥12
平均成長率‥‥‥‥‥‥‥‥‥‥‥48
ベースマネー‥‥‥‥‥‥‥‥‥138
ベバリッジ曲線‥‥‥‥‥‥‥‥264
ペンローズ効果‥‥‥‥‥‥‥‥203
法定準備率‥‥‥‥‥‥‥‥‥‥137
ポートフォリオ‥‥‥‥‥‥‥‥154
本源的預金‥‥‥‥‥‥‥‥‥‥136

マ

マクロ経済学‥‥‥‥‥‥‥‥‥‥1
マクロ経済変数‥‥‥‥‥‥‥‥‥12
摩擦的失業‥‥‥‥‥‥‥‥250，263
マーシャルのk‥‥‥‥‥‥‥‥169
マネタリスト‥‥‥‥‥‥‥‥‥185
マネタリーベース‥‥‥‥‥‥‥138
ミクロ経済学‥‥‥‥‥‥‥‥‥‥1
名目金利‥‥‥‥‥‥‥‥‥‥‥198
名目GDP‥‥‥‥‥‥‥‥‥‥‥40

ヤ

有効需要‥‥‥‥‥‥‥‥‥‥‥‥91
　──の原理‥‥‥‥‥‥‥‥‥‥93
輸出‥‥‥‥‥‥‥‥‥‥‥‥‥‥25

要求払預金‥‥‥‥‥‥‥‥‥‥133
余暇‥‥‥‥‥‥‥‥‥‥‥‥‥253
預金準備率‥‥‥‥‥‥‥‥‥‥135
預金通貨‥‥‥‥‥‥‥‥‥‥‥133
欲望の二重の一致‥‥‥‥‥‥‥128
予備的動機‥‥‥‥‥‥‥‥‥‥150
45度線図‥‥‥‥‥‥‥‥‥‥‥96

ラ

ライフサイクル仮説‥‥‥‥‥‥84
ラスパイレス指数‥‥‥‥‥‥‥59
ラチェット効果‥‥‥‥‥‥‥‥67
利回り‥‥‥‥‥‥‥‥‥‥‥‥158
流通速度‥‥‥‥‥‥‥‥‥‥‥182
流動性のわな‥‥‥‥‥‥‥‥‥182
流動選好説‥‥‥‥‥‥‥‥‥‥155
連邦準備制度（Fed）‥‥‥‥‥‥145
労働‥‥‥‥‥‥‥‥‥‥‥‥‥‥5
　──供給曲線‥‥‥‥‥‥‥‥253
　──市場‥‥‥‥‥‥‥‥‥‥‥8
　──需要曲線‥‥‥‥‥‥‥‥242
　──生産性‥‥‥‥‥‥‥‥‥270
　──の限界生産力価値‥‥‥‥241
　──の限界生産力逓減の法則‥‥242
　──分配率‥‥‥‥‥‥‥‥‥270
　──力人口‥‥‥‥‥‥‥‥‥238
老年人口‥‥‥‥‥‥‥‥‥‥‥237

《著者紹介》
木村正信（きむら・まさのぶ）

1996年　慶應義塾大学経済学部卒業。
2001年　慶應義塾大学大学院経済学研究科博士後期課程修了。
現在，金沢星稜大学経済学部教授。

主要著書

『ほんとうの経済学入門』（共著）学陽書房，2004年。
『マクロ経済学入門』創成社，2014年。
"The impact of a microfinance program via self-help group on household income:
A case study in Aurangabad, Maharashtra state, India"（共著）Journal of
Food, Agriculture & Environment Vol.17(2): 35-41, 2019.

（検印省略）

2024年10月20日　初版発行　　　　　　　　略称―マクロ経済

新・マクロ経済学

著　者　木　村　正　信
発行者　塚　田　尚　寛

発行所　東京都文京区　　**株式会社　創 成 社**
　　　　春日2−13−1

電　話 03（3868）3867　　FAX 03（5802）6802
出版部 03（3868）3857　　FAX 03（5802）6801
http://www.books-sosei.com　振　替 00150-9-191261

定価はカバーに表示してあります。

©2024 Masanobu Kimura　　組版：でーた工房　印刷：エーヴィスシステムズ
ISBN978-4-7944-3252-0 C3033　製本：エーヴィスシステムズ
Printed in Japan　　　　　　落丁・乱丁本はお取り替えいたします。

———————————— 経 済 学 選 書 ————————————

新 ・ マ ク ロ 経 済 学	木 村 正 信	著	3,200円
環 境 経 済 学 入 門 講 義	浜 本 光 紹	著	2,200円
環 境 学 へ の 誘 い	浜 本 光 紹 獨 協 大 学 環 境 共 生 研 究 所	監修 編	3,000円
社 会 保 障 改 革 2025 と そ の 後	鎌 田 繁 則	著	3,100円
投資家のための「世界経済」概略マップ	取 越 達 哉 田 端 克 至 中 井 誠	著	2,500円
現 代 社 会 を 考 え る た め の 経 済 史	髙 橋 美由紀	編著	2,800円
財 政 学	栗 林 隆 史 江波戸 順 夫 山 田 直 原 田 誠	編著	3,500円
テ キ ス ト ブ ッ ク 租 税 論	篠 原 正 博	編著	3,200円
テ キ ス ト ブ ッ ク 地 方 財 政	篠 原 正 博 大 澤 俊 一 山 下 耕 治	編著	2,500円
世 界 貿 易 の ネ ッ ト ワ ー ク	国際連盟経済情報局 佐 藤 純	著 訳	3,200円
み ん な が 知 り た い ア メ リ カ 経 済	田 端 克 至	著	2,600円
「復 興 の エ ン ジ ン」 と し て の 観 光 ―「自然災害に強い観光地」とは―	室 崎 益 輝 橋 本 俊 哉	監修・著 編著	2,000円
復興から学ぶ市民参加型のまちづくりⅡ ―ソーシャルビジネスと地域コミュニティ―	風 見 正 三 佐々木 秀 之	編著	1,600円
復 興 か ら 学 ぶ 市 民 参 加 型 の ま ち づ く り ―中間支援とネットワーキング―	風 見 正 三 佐々木 秀 之	編著	2,000円
福 祉 の 総 合 政 策	駒 村 康 平	編著	3,200円
マ ク ロ 経 済 分 析 ―ケ イ ン ズ の 経 済 学―	佐々木 浩 二	著	1,900円
入 門 経 済 学	飯 田 幸 裕 岩 田 幸 訓	著	1,700円
マ ク ロ 経 済 学 の エ ッ セ ン ス	大 野 裕 之	著	2,000円
国 際 経 済 学 の 基 礎 「100 項 目」	多和田 眞 近 藤 健 児	編著	2,700円
フ ァ ー ス ト ス テ ッ プ 経 済 数 学	近 藤 健 児	著	1,600円

(本体価格)

———————————— 創 成 社 ————————————